아이원 토익

START

개정판

이성영 저

PAGODA Books

이성영

군산대학교 교양교육원 영어과 강의교수
아이원어학원 원장

아이원토익 START 개정판 (파고다북스, 2018)
아이원토익 BASIC 개정판 (파고다북스, 2018)
English Focus 시리즈 (파고다북스, 2017)
I WANT TOEIC (파고다북스, 2015)
INTRO TOEIC (다락원, 2014)
시나공 TOEIC Listening 단기완성 (길벗이지톡, 2008)
시나공 TOEIC 시험에 나오는 문장듣기 (길벗이지톡, 2008)
시나공 TOEIC Listening (길벗이지톡, 2007)

초 판 1쇄 인쇄 2018년 6월 12일
초 판 1쇄 발행 2018년 6월 22일

지 은 이 | 이성영
펴 낸 이 | 고루다
펴 낸 곳 | Wit&Wisdom 도서출판 위트앤위즈덤
임프린트 | PAGODA Books
출판등록 | 2005년 5월 27일 제 300-2005-90호
주   소 | 06614 서울특별시 서초구 강남대로 419, 19층(서초동, 파고다타워)
전   화 | (02) 6940-4070
팩   스 | (02) 536-0660
홈페이지 | www.pagodabook.com

저작권자 | ⓒ 2018 이성영

ISBN 978-89-6281-815-4 (13740)

도서출판 위트앤위즈덤   www.pagodabook.com
파고다 어학원   www.pagoda21.com
파고다 인강   www.pagodastar.com
테스트 클리닉   www.testclinic.com

PAGODA Books는 도서출판 Wit&Wisdom의 성인 어학 전문 임프린트입니다.
낙장 및 파본은 구매처에서 교환해 드립니다.

〈아이원토익 START〉는 토익에 입문하는 왕초보 토익커를 위한 교재입니다. 이 책은 일반적인 베이직 교재보다 더 간결한 구성으로 더 쉽게 토익에 입문하도록 돕습니다. 이 책은 현장에서 토익 수업을 진행하고 계신 선생님들의 하소연, "책 제목은 베이직이지만 내용은 베이직이 아니다"라는 뼈 있는 의견을 반영해 만들어진 책입니다. 따라서 본 교재의 용도는 점수 지향, 요령 지향이 아닌 토익 정복을 위한 확실한 기초를 다지는 것입니다.

토익 입문에서 가장 중요한 것은 기존의 영어 실력과 관계없이 토익이 요구하는 토익스러운 어휘와 구문, 토익에 빈출되는 문법, 반복 출제되는 기출 문제의 맥을 잡는 것입니다. 이 책에서는 이 부분을 충족할 수 있는 충분한 예제와 설명을 제공합니다. 토익에 입문하는 독자들은 이 책의 예문을 모두 암기한다 생각하고 공부해야 확실한 결과물을 얻을 수 있습니다.

토익은 기본적으로 우리가 중고등학교 시절에 학습했던 문장 구조 5형식과 품사를 근간으로 하는 시험입니다. 이 책의 Reading 부분에 제시된 문장 구조 5형식의 기본 패턴과 토익 학습에 맞추어 숫자로 제시된 품사와 품사별 상당어구를 꼼꼼히 암기하고 학습하면 원하는 목표 점수까지 이르는 데 큰 도움이 될 것입니다. 아울러 Listening 부분의 각 파트별 길라잡기를 암기해두면 큰 학습 효과를 얻을 것입니다.

발간에 붙여 이 책이 나오도록 출간을 허락하신 박경실 회장님, 고루다 사장님, 편집과 진행을 맡아주신 편집부 선생님들, 마케팅부 도정환 부장님, 원어감수를 해주신 Thomas 교수님께 진심으로 감사드립니다. 모두의 도움이 있어 이 책이 세상 밖으로 나오게 되었습니다. 아울러 이 책으로 공부하시는 모든 독자님들이 중급, 고급반으로 발전하시는 데 이 교재가 친절한 길라잡이가 되기를 간절히 기원합니다.

2018년 6월 저자 이성영

CONTENTS

Reading Comprehension

PART 5, 6 & 7

이 책의 구성과 특징

Listening Comprehension

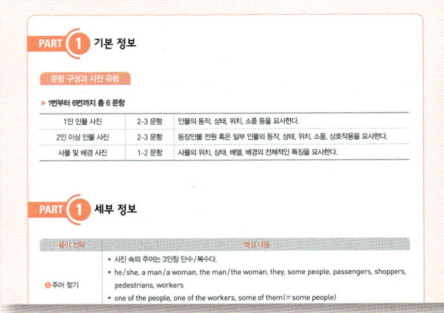

길라잡기

Listening 각 PART를 본격적으로 학습하기 전 해당 PART를 가장 효율적으로 학습하도록 핵심내용을 정리해 놓았다. 기본적인 문제의 형식과 구성, 정답과 오답을 가리는 비법을 눈에 보이듯 풀어놓았다. 각 파트 학습에 앞서 이 부분을 철저히 숙지해야 학습효과를 배가 시키고 실전 예상 문제의 해설을 쉽게 이해할 수 있다.

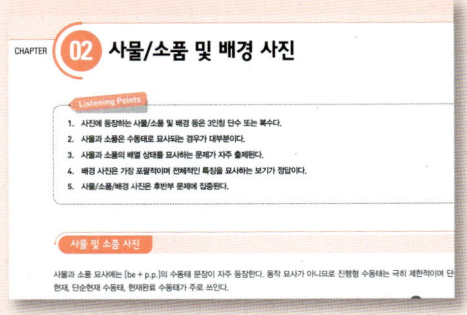

Listening Points

기본이 되는 정보로 해당 Chapter에서 학습할 내용을 한 눈에 파악할 수 있도록 번호를 달아 정리해 놓았다.

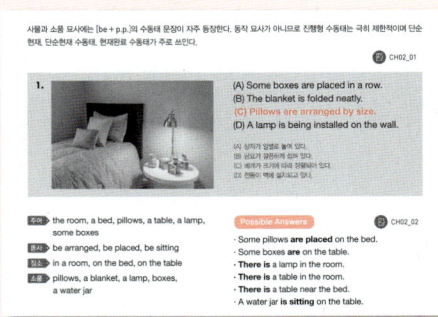

이론 설명 및 유형 분류

예제를 통해 학습하는 부분이다. 가장 출제빈도가 높은 유형을 모아 각 파트에서 꼭 필요한 핵심어휘와 구문으로 완성해 놓았다. 유형을 한 눈에 파악할 수 있다.

실전 예상 문제

이론을 토대로 정기 시험의 유형과 가장 흡사하게 만들었으며 학습자들의 수준을 고려하여 출제 빈도가 높은 유형을 쉽게 재구성했다. 정기 시험에 대한 적응력을 높이고 학습한 내용을 얼마나 이해하고 문제풀이에 적용할 수 있는지를 측정할 수 있다. 테스트 이후에는 해설서의 설명을 꼼꼼히 읽어가며 문제 해결 방법을 익혀야 더 좋은 학습 효과를 낼 수 있다.

Dictation Drill

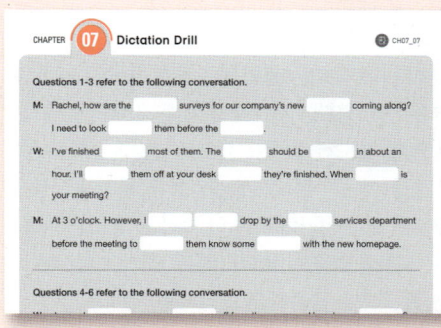

각 Chapter의 실전 예상 문제에 출제된 문제를 꼼꼼히 받아 적으며 학습하는 부분이다. 받아쓰기는 리스닝 학습에서 가장 고전적이지만 가장 많이 추천되는 방식으로, 받아 적은 이후 소리 내어 반복해 읽으면 학습 효과가 더 크다.

Reading Comprehension

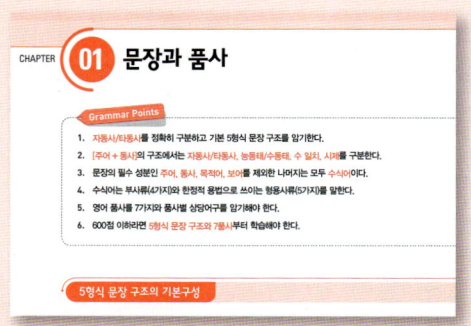

Grammar Points

해당 Chapter에서 다루어질 문법사항을 번호로 정리했다. 이 부분을 이해하면 이후의 주요 내용을 쉽게 파악할 수 있다.

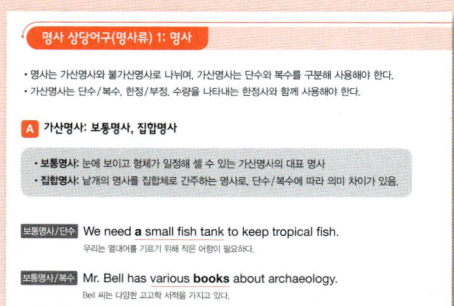

이론 설명 및 유형 분류

해당 Chapter에서 다루어지는 문법 사항을 표와 숫자, 예문 등으로 정리한 부분이다. 정확한 이해를 돕기 위해 우리말 해석을 붙여 놓았으며 밑줄, 볼드체, 화살표 등으로 낱말과 구, 절 등이 어떠한 품사 기능을 하는지 정확하게 설명했다. 특히 품사를 숫자로 정리한 부분을 모두 암기해 두면 이 책의 전 영역을 학습하는 데 대단히 큰 도움을 얻을 수 있다. 예문은 정기 시험 빈출 어휘와 구문을 사용했으므로 꼼꼼히 읽고 암기해야 한다.

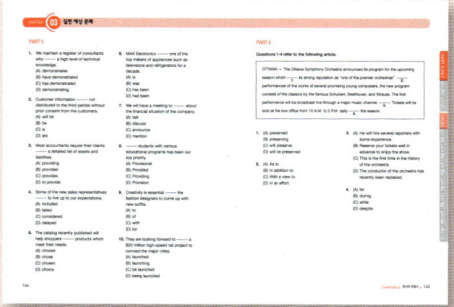

실전 예상 문제

PART 5, 6 & 7의 문제로 고르게 구성했다. Reading의 특정 부분에만 치중하지 않고 전 영역을 연습하기 위함이다. 문제의 난이도는 다소 낮추었지만 기출 문제의 패턴을 충실히 따랐다. 문제를 푼 이후 해설과 어휘 정리 부분을 충분히 학습하면 중급이나 실전 단계에 들어갈 때 더 많은 도움을 받을 수 있다.

PART별 점수 공략법

PART 1
사진 묘사

··· 기본적으로 등장인물의 기본 동작, 상태, 소품 등을 묘사하는 핵심 어휘를 숙지해야 한다.

··· 동사의 시제와 태도 반드시 숙지해야 한다.

PART 2
짧은 질의응답

··· 문제의 유형인 의문사 의문문, 일반의문문, 선택의문문, 평서문의 특징을 정확히 파악해야 한다.

PART 3 & 4
짧은 대화와
짧은 담화

··· 대화나 담화 시작 전에 반드시 문제와 보기, 시각화된 도표 등을 미리 읽어두고, 지문이 나오는 동안 정답을 시험지에 바로 표시한 후, 문제를 읽어주는 틈을 타 다음 문제와 보기를 읽어두어야 한다.

··· 특히 패러프레이징 함정이 있으니 조심해야 하고 받아쓰기 연습보다는 본문의 어휘를 미리 공부한 후 본문을 여러 번 소리 내어 읽고 다시 한번 듣는 것으로 마무리 학습하는 것이 효과적이다.

PART 5
단문 빈칸 채우기

··· 가장 흔히 사용하는 기본 문법과 어휘를 묻는 영역으로 본문의 예문, 예상 문제 등을 암기하다시피 학습해야 한다.

··· 항상 나오는 문제가 살짝 변형되어 다시 출제되기 때문에, 어느 정도 학습하면 반복되는 문제의 정답을 쉽게 찾을 수 있으니 약 6개월 내외 지속적으로 학습해야 한다.

PART 6
장문 빈칸 채우기

··· 글쓴이의 의식을 따라 가며 글을 쓴 상황, 글의 내용과 시제 등을 파악해야 한다.

PART 7
독해

··· 초보 단계에서는 직접 문장 하나하나를 노트에 써가면서 머릿속으로 해석하는 연습이 효과적이며 동시에 문법과 어휘 수준도 함께 늘릴 수 있다.

PART 1

사진 묘사

PART 1 기본 정보

문항 구성과 사진 유형

▶ **1번부터 6번까지 총 6 문항**

1인 인물 사진	2-3 문항	인물의 동작, 상태, 위치, 소품 등을 묘사한다.
2인 이상 인물 사진	2-3 문항	등장인물 전원 혹은 일부 인물의 동작, 상태, 위치, 소품, 상호작용을 묘사한다.
사물 및 배경 사진	1-2 문항	사물의 위치, 상태, 배열, 배경의 전체적인 특징을 묘사한다.

PART 1 세부 정보

풀이 전략	핵심 내용
❶ 주어 찾기	* 사진 속의 주어는 3인칭 단수/복수다. * he/she, a man/a woman, the man/the woman, they, some people, passengers, shoppers, pedestrians, workers * one of the people, one of the workers, some of them(= some people) * a vehicle/some vehicles, a painting/some paintings, the book/the books
❷ 동사 처리	* be + -ing의 현재진행형 비율 약 80~90% * 단순현재/현재완료 시제 비율 약 10~20% * 능동태 비율 약 70~80%, 수동태 비율 약 20~30% * 유도부사 there가 이끄는 문장 약 10%
❸ 기본 동사	using, holding, walking(=strolling), running, standing, leaning (against), sitting(=resting), kneeling, looking at(=reading, reviewing, examining), playing, wearing, reaching (for), pointing (at), talking, speaking, working
❹ 사람/사물 배열	* in a row/in rows, in line, be piled up(= be stacked up)
❺ 포괄적인 묘사	* playing the piano, playing the cello → playing an instrument * playing baseball, playing basketball → playing a sport * working with a backhoe[forklift] → working with heavy machinery * using a shovel[ladder/screwdriver] → using a tool
❻ 난이도 높이기	* looking at the monitor → focusing on the monitor * looking at pottery → admiring artworks
❼ 오답 함정	* all the seats, every seat * looking for sth, searching for sth → looking at sth * paying for sth, buying sth, purchasing sth, a lunch table

14

01 인물 관련 사진

Listening Points

1. 사진에 등장하는 인물은 3인칭 단수/복수다.
2. 인물의 동작을 서술하는 동사의 80~90%는 [be + -ing]의 [현재진행형]이다.
3. 인물의 동작, 상태를 나타내는 빈출 동사를 암기해야 한다.
4. 인물의 부분 동작보다는 포괄적인 묘사가 정답이다.
5. 다수의 인물 중 일부, 혹은 1인의 동작을 서술하는 문제도 출제된다.

1인 인물 사진

1인 인물의 큰 동작/상태부터 작은 동작/상태, 장소, 소품 순으로 정답을 좁혀가야 한다.

 CH01_01

1.

(A) A man has a bag on his shoulder.
(B) A man is standing near the railing.
(C) A man is putting on a jacket.
(D) A man is walking up the stairway.

(A) 남자가 어깨에 가방을 메고 있다.
(B) 남자가 난간 옆에 서 있다.
(C) 남자가 재킷을 입는 중이다.
(D) 남자가 계단을 오르는 중이다.

주어 ▶ a man, the man, he

동사 ▶ has a bag, talking on the phone
holding a cell phone
wearing a jacket
carrying a shoulder bag

장소 ▶ near the window, in the hallway

소품 ▶ a cell phone, a jacket, a bag

Possible Answers

 CH01_02

· The man **is talking** on the phone.
· A man **is carrying** a shoulder bag.
· He **is wearing** a jacket.
· He **is walking** along the hallway.
· A man **is holding** a cell phone.
· The man **is using** a cell phone.

2인 이상 인물 사진에서는 모든 등장인물의 동작인지, 그 중 일부 혹은 1인의 동작인지 등 주어부터 집중해야 한다. 1인 인물 사진과 달리 2인 이상 인물 사진에는 등장인물들 간의 상호작용이 있다.

 CH01_03

2.

(A) They are sliding on the ice.

(B) A woman is helping the other.

(C) They are facing each other.

(D) One of them is wearing goggles.

(A) 사람들이 얼음 위를 미끄러지고 있다.
(B) 한 여자가 다른 여자를 돕고 있다.
(C) 사람들이 서로 마주 보고 있다.
(D) 사람들 중 한 명이 고글을 착용하고 있다.

주어 ▶ they, a woman, the women,
one of them, both of them

동사 ▶ helping the other, wearing hats
holding hands, has fallen on the ice

장소 ▶ on the ice, outside

소품 ▶ hats, gloves, winter attire, skates

Possible Answers   CH01_04

· One of them **has fallen** on the ice.
· One of them **is sitting** on the ice.
· They **are holding** hand in hand.
· They **are wearing** winter attire.
· They **are enjoying** a winter sport.
· They **are playing** a sport outdoors.

1.

2.

3.

4.

5.

6.

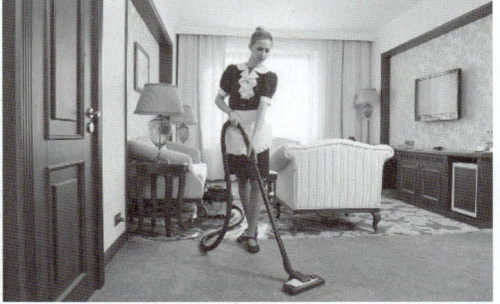

PART 1

CH 01 CH 02 CH 03 CH 04 CH 05 CH 06 CH 07 CH 08 CH 09 CH 10

1. (A)
   (B)
   (C)
   (D)

2. (A)
   (B)
   (C)
   (D)

3. (A)
   (B)
   (C)
   (D)

4. (A)
   (B)
   (C)
   (D)

5. (A)
   (B)
   (C)
   (D)

6. (A)
   (B)
   (C)
   (D)

02 사물/소품 및 배경 사진

Listening Points

1. 사진에 등장하는 사물/소품 및 배경 등은 3인칭 단수 또는 복수다.
2. 사물과 소품은 수동태로 묘사되는 경우가 대부분이다.
3. 사물과 소품의 배열 상태를 묘사하는 문제가 자주 출제된다.
4. 배경 사진은 가장 포괄적이며 전체적인 특징을 묘사하는 보기가 정답이다.
5. 사물/소품/배경 사진은 후반부 문제에 집중된다.

사물 및 소품 사진

사물과 소품 묘사에는 [be + p.p.]의 수동태 문장이 자주 등장한다. 동작 묘사가 아니므로 진행형 수동태는 극히 제한적이며 단순 현재, 단순현재 수동태, 현재완료 수동태가 주로 쓰인다.

 CH02_01

1.

(A) Some boxes are placed in a row.
(B) The blanket is folded neatly.
(C) **Pillows are arranged by size.**
(D) A lamp is being installed on the wall.

(A) 상자가 일렬로 놓여 있다.
(B) 담요가 깔끔하게 접혀 있다.
(C) 베개가 크기에 따라 정렬되어 있다.
(D) 전등이 벽에 설치되고 있다.

주어	the room, a bed, pillows, a table, a lamp, some boxes
동사	be arranged, be placed, be sitting
장소	in a room, on the bed, on the table
소품	pillows, a blanket, a lamp, boxes, a water jar

Possible Answers

 CH02_02

· Some pillows **are placed** on the bed.
· Some boxes **are** on the table.
· **There is** a lamp in the room.
· **There is** a table in the room.
· **There is** a table near the bed.
· A water jar **is sitting** on the table.

PART 1 문제 중 고난도 유형이다. 예측 가능한 동작이 없으므로 전체적인 분위기나 배경의 특징을 언급하는 진술이 정답이다.

 CH02_03

2.

(A) **The boats are tied on both sides of the canal.**
(B) A boat is sailing down the waterway.
(C) Some buildings are under renovation.
(D) The boats are being tied to the poles.

(A) 운하의 양쪽에 보트가 묶여 있다.
(B) 보트 한 척이 수로를 향해 중이다.
(C) 몇몇 건물들이 공사 중이다.
(D) 보트가 기둥에 묶이고 있다.

주어 ▶ buildings, a canal, a waterway, boats, clouds

동사 ▶ be lined up, sailing, be reflected, overlooking

장소 ▶ between the buildings, on the water, on both sides of the canal

소품 ▶ boats, buildings, poles

Possible Answers CH02_04

· **There is** a canal between the buildings.
· The buildings **are overlooking** the water.
· Clouds **are reflected** on the water.
· Clouds **are hanging** in the sky.
· Some boats **are floating** on the water.
· Buildings **are lined up** along the waterway.

1.

2.

3.

4.

5.

6.

1. (A)

(B)

(C)

(D)

2. (A)

(B)

(C)

(D)

3. (A)

(B)

(C)

(D)

4. (A)

(B)

(C)

(D)

5. (A)

(B)

(C)

(D)

6. (A)

(B)

(C)

(D)

PART 2

짧은 질의응답

PART ② 기본 정보

문항 구성과 질문 유형

▶ 7번부터 31번까지 총 25 문항

의문사 의문문	9-13 문항	• what, which, who, where, when, why, how로 묻는 의문문 • 각 의문사가 묻는 특정 정보만 정답, **Yes / No 답변은 불가**
일반의문문	8-12 문항	① 일반의문문　　Q. ~~Do~~ you **like** coffee? ② 부정의문문　　Q. ~~Don't~~ you **like** coffee? ③ 부가의문문　　Q. You **like** coffee, ~~don't~~ you? 　　　　　　　　Q. You ~~don't~~ **like** coffee, do you? 　　　　　　　　A. **Yes,** I do. / **No,** I don't. • 질문은 조동사와 부정부사는 무시하고 모두 긍정으로 해석, 본동사에 초점을 맞춰 긍정이면 yes, 부정이면 no로 답한다. ④ 간접의문문　　Q. ~~Do~~ you **know** when Ms. Sheen will be back? 　　　　　　　　A. **Yes,** she is coming tomorrow. 　　　　　　　　A. She is coming **tomorrow.** • 본동사 know에 맞추어 Yes / No로 답하거나 의문사 when에 맞추어 답한다.
선택의문문	1-2 문항	Q. Do you prefer classical **or** pop music? A. I prefer **classical music.** A. I usually enjoy **pop music.** A. I like **both** of them. A. **Neither,** I am a jazz maniac. • A or B에서 둘 중 하나를 택하거나 either, both, neither 등이 빈출 정답 • Yes / No로 답할 수 없다.
평서문	2-3 문항	Q. We have to work overtime tonight. A. Yes, we have no choice. A. Please count me out. A. Can we get off work before 10 o'clock? • 하나의 진술에 다양한 의견이 제시될 수 있다.

PART ② 세부 정보

정해진 오답 유형

중복음 함정	**Q** How many vehicles did we sell **this month**? **A** **This month** is almost over. (✕) • 질문에 사용된 특정 표현이 보기에 그대로 반복되면 대부분 오답이다. 가장 자주 나오는 함정이다.
유사발음 함정	**Q** When is the deadline for the **proposal**? **A** He **proposed** several ideas. (✕) • 중복음 함정이 확장된 방식으로, 질문에 사용된 특정 낱말과 유사한 발음의 낱말이나 파생어를 보기에 제시한다.
연상단어 함정	**Q** Who's going to **lunch** with us? **A** At the fancy **restaurant**. (✕) • lunch와 restaurant처럼 관련성이 높아 연상하기 쉬운 낱말을 이용하여 착각을 유도하는 함정이다.

정해진 정답 유형

역질문	**Q** Did you read the e-mail from the manager? **A** **No, what's it about?** • 질문에 대한 [역질문] 보기는 대부분 정답이다. • 의문문, 평서문 등에 역질문으로 답하면 대부분 정답이다.
회피성 답변	**Q** When is your business trip to Tokyo? **A** **It hasn't been decided yet.** • 보기에 '모른다'는 의미의 표현이 사용되면 대부분 정답이다. **A1** I'm not (really) sure. = I have no idea. = We don't know yet. **A2** I have to check first. = Let me check that for you. = I'll check that for you. **A3** It depends on the situation.
명령문 답변	**Q** Who should I talk to about travel expenses? **A** **Ask** your immediate supervisor. • '~하라'는 의미의 명령문 답변도 대부분 정답이다.
청유문	**Q** Let's take a break for a while. **A** **That's a good idea.** • 청유문에 긍정형 답변은 대부분 정답이다.
부사적 의미	**Q** Are you going to the party this evening? **A** **Actually**, it was canceled. **A** **In fact**, it was canceled. **A** **I think** it was canceled. • 답하기 애매하거나 의외의 상황이 발생했을 때 주로 쓰이는 부사/부사구/I think ~ 등도 대부분 정답이다.

03 What, Which, Who

1. 의문사 의문문에는 Yes/No로 답할 수 없다.
2. 중복음, 유사발음, 연상단어 등 기본적인 함정을 피해야 한다.
3. 역질문, 회피성 답변, 명령문 답변 등 정해진 정답에 유의한다.
4. What은 구체적인 사물, 계획, 행동, 직업, 이유, 가격, 시간, 숫자 등을 묻는다.
5. Which는 특정 대상 중 '어떤 것' 하나를 묻는 의문사로 선택의문문에도 쓰인다.
6. Who, Whose, Whom 의문문에는 해당하는 인물의 이름, 직함 등이 정답이다.

What

 CH03_01

What은 구체적인 **사물, 계획, 행동, 직업, 이유, 가격, 시간, 숫자** 등을 묻는다.

구체적인 사물, 계획, 직업

Q **What** would you like to have for lunch?
점심으로 무엇을 드시겠어요?

A I'll have **a beef sandwich**.
쇠고기 샌드위치를 먹겠습니다.

Q **What** are you going to do over the weekend?
주말 동안 무엇을 하실 건가요?

A I don't have **anything special**.
특별한 계획이 없어요.

Q **What do you do** for a living?
당신의 직업은 무엇입니까?

A I'm **a news reporter**.
저는 취재 기자입니다.

원인/이유, 가격, 숫자

Q **What** made you decide to change your job?
어떤 이유로 직업을 바꾸셨나요?

A The service business was **not in my field**.
서비스업은 제 분야가 아니었어요.

Q **What's the price** of these shirts?
이 셔츠의 가격은 얼마입니까?

A Each one costs **20 dollars**.
한 벌에 20달러입니다.

Q **What's the extension** for Mr. Jack Jones?
Jack Jones 씨의 내선번호는 무엇입니까?

A Dial **313**.
313번을 누르세요.

Which

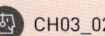 CH03_02

Which는 선택의 대상 중 '**어떤 것**'인지를 묻는 의문사로 보통 '**the one ~**'이 정답이며 **선택의문문**에도 사용된다.

둘 이상의 대상 중 구체적인 하나

Q **Which room** can we use for the meeting?
우리는 어떤 회의실을 사용할 수 있죠?

A **The one** on the 4th floor.
4층에 있는 곳이요.

Q **Which** is your new car?
당신의 새 차는 어떤 거죠?

A **The red one** next to the Mustang.
머스탱 바로 옆에 있는 빨간색 차요.

Q **Which proposal** was sent to the main office?
본사에는 어떤 안건이 올라갔나요?

A **The one** for the new town project.
신도시 사업안이요.

PART 2

CH 01
CH 02
CH 03
CH 04
CH 05
CH 06
CH 07
CH 08
CH 09
CH 10

which를 이용한 선택의문문

Q **Which music** do you like better, **classical or modern pop**?
고전음악과 대중가요 중 어떤 음악을 더 좋아하세요?

A I like **both**.
둘 다 좋아해요.

Q **Which one** would you like to try, **pasta or fried rice**?
파스타와 볶음밥 중 어떤 걸 먹어 볼래요?

A **Either** is fine with me.
둘 중 아무거나 좋아요.

Q **Which one** would you like to drink, tea or coffee?
차와 커피 중 어느 걸 드시겠어요?

A **It doesn't matter** to me.
아무거나 괜찮습니다.

 CH03_03

Who (Whose, Whom)

Who는 **인명, 신분, 직위, 관계** 등을 묻는 의문사로 인명 외에도 **막연한 인물(someone), 의외의 장소** 등도 정답으로 등장한다.

구체적인 인명, someone, 장소

Q **Who** is going to work overtime this evening?
오늘 밤에 누가 초과근무를 하는 거죠?

A **Ms. Stephen** said she would.
Stephen 씨가 하겠다고 했어요.

Q **Who**'s going to lead the training session?
누가 연수를 담당할 거죠?

A **Someone** from the main office.
본사 담당자요.

Q **Who** took the large envelopes on the table?
테이블 위의 큰 봉투는 누가 가져갔죠?

A I put them **in the supply cabinet**.
제가 비품 캐비닛에 넣어 놓았어요.

1. Mark your answer on your answer sheet.   (A) (B) (C)

2. Mark your answer on your answer sheet.   (A) (B) (C)

3. Mark your answer on your answer sheet.   (A) (B) (C)

4. Mark your answer on your answer sheet.   (A) (B) (C)

5. Mark your answer on your answer sheet.   (A) (B) (C)

6. Mark your answer on your answer sheet.   (A) (B) (C)

7. Mark your answer on your answer sheet.   (A) (B) (C)

8. Mark your answer on your answer sheet.   (A) (B) (C)

9. Mark your answer on your answer sheet.   (A) (B) (C)

10. Mark your answer on your answer sheet.   (A) (B) (C)

11. Mark your answer on your answer sheet.   (A) (B) (C)

12. Mark your answer on your answer sheet.   (A) (B) (C)

PART 2

CH 01 CH 02 CH 03 CH 04 CH 05 CH 06 CH 07 CH 08 CH 09 CH 10

1. Q
   A

2. Q
   A

3. Q
   A

4. Q
   A

5. Q
   A

6. Q
   A

7. Q
   A

8. Q
   A

9. Q
   A

10. Q
    A

11. Q
    A

12. Q
    A

Where, When, Why, How

Listening Points

1. 의문사 의문문에는 Yes/No로 답할 수 없다.
2. 중복음, 유사발음, 연상단어 등 기본적인 함정을 피해야 한다.
3. 역질문, 회피성 답변, 명령문 답변 등 정해진 정답에 유의한다.
4. Where는 장소를 묻는 의문사로 답변의 시제는 중요하지 않다.
5. When은 구체적인 시간을 묻는 의문사로 질문에 쓰인 동사의 시제에 따라 답이 달라진다.
6. Why는 이유를 묻는 의문사로 청유의문문에 사용된다.
7. How는 각종 수단, 방법, 안부, 기호, 빈도, 수량 등을 묻는 의문사이다.

Where

 CH04_01

Where는 장소를 묻는 의문사로 장소를 나타내는 **부사구, 완전한 문장** 등이 정답이다.

부사구, 완전한 문장

Q **Where** will the new warehouse be located?
새 창고는 어디에 위치하게 됩니까?

A **In the suburbs.**
교외 지역예요.

Q **Where** should we set up the display booth?
전시 부스는 어디에 설치해야 하죠?

A **In the center** of the hall.
홀의 중앙예요.

Q **Where** is the nearest bus stop?
가장 가까운 버스 정류장이 어디에 있죠?

A **There is one** across the street.
길 건너편에 한 군데 있어요.

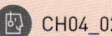
When은 **시간, 요일, 날짜**를 묻는 의문사로 **질문의 시제**에 따라 정답의 시간표시 부사도 달라진다.

현재, 과거, 미래

Q **When is** your connecting flight to Paris?
파리행 연결편 시간은 언제입니까?

A **In half an hour.**
30분 뒤에요.

Q **When did** you proofread the manuscript?
그 원고를 언제 교정 봤죠?

A **As soon as** I got to the office.
사무실에 도착하자마자요.

Q **When are you going to** start the project?
프로젝트를 언제 시작할 건가요?

A Sometime **next week**.
다음 주 중으로요.

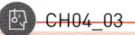
Why는 **이유**를 묻는 의문사이지만 '**~해 보세요, ~해 봅시다**'라는 의미의 **제안, 청유**의 의문문도 만들 수 있다.

단순 이유

Q **Why** is it so hot in this office?
사무실 안이 왜 이리 덥죠?

A **The air conditioner is broken.**
에어컨이 고장이에요.

Q **Why** do they conduct the survey?
그들은 왜 설문조사를 하는 거죠?

A **To reflect** diverse opinions.
다양한 견해를 반영하기 위해서요.

Q **Why** did they take some tables out of the hall?
사람들이 왜 홀에서 테이블 몇 개를 치운 거죠?

A **To make room** for a special party.
특별 파티를 위한 공간을 만들려고요.

제안, 청유

Q **Why don't we** reschedule the staff meeting?
직원회의 일정을 다시 잡는 거 어때요?

A OK, **I will take care of it**.
네, 제가 처리하겠습니다.

Q **Why don't you** ask Nancy for some help?
Nancy에게 도움을 청하는 게 어때요?

A **That's a good idea.**
그거 좋은 생각이네요.

How

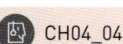 CH04_04

How는 각종 **수단, 방법, 안부, 기호**를 묻는 의문사이며 **수량, 정도, 빈도** 등 구체적인 **숫자**를 물을 때도 쓴다.

수단, 방법

Q **How are you going to** the convention center?
컨벤션 센터에는 어떻게 가실 건가요?

A Mr. Jefferson will **give me a ride**.
Jefferson 씨가 저를 태워 줄 거예요.

Q **How** did you make this sauce?
이 소스를 어떻게 만들었어요?

A **I saw a cooking show on TV.**
TV 요리쇼를 봤어요.

수량, 정도, 빈도

Q **How long** will it take to finish the work?
그 일을 마치는 데 얼마나 걸릴까요?

A **A couple of hours.**
한두 시간은 걸릴 거예요.

Q **How much** is the bill?
계산할 금액이 얼마죠?

A It's **30 dollars**.
30달러입니다.

Q **How many people** have applied for the job?
그 자리에 몇 명이나 지원했죠?

A **Approximately 30** so far.
지금까지 30명 정도요.

1. Mark your answer on your answer sheet.   (A) (B) (C)

2. Mark your answer on your answer sheet.   (A) (B) (C)

3. Mark your answer on your answer sheet.   (A) (B) (C)

4. Mark your answer on your answer sheet.   (A) (B) (C)

5. Mark your answer on your answer sheet.   (A) (B) (C)

6. Mark your answer on your answer sheet.   (A) (B) (C)

7. Mark your answer on your answer sheet.   (A) (B) (C)

8. Mark your answer on your answer sheet.   (A) (B) (C)

9. Mark your answer on your answer sheet.   (A) (B) (C)

10. Mark your answer on your answer sheet.   (A) (B) (C)

11. Mark your answer on your answer sheet.   (A) (B) (C)

12. Mark your answer on your answer sheet.   (A) (B) (C)

1. Q
   A

2. Q
   A

3. Q
   A

4. Q
   A

5. Q
   A

6. Q
   A

7. Q
   A

8. Q
   A

9. Q
   A

10. Q
    A

11. Q
    A

12. Q
    A

PART 2

CH 01
CH 02
CH 03
CH 04
CH 05
CH 06
CH 07
CH 08
CH 09
CH 10

05 일반 · 부정 · 부가 · 간접의문문

일반의문문

 CH05_01

일반의문문은 be동사나 조동사로 시작하는 의문문으로 **1형식 be동사**에는 **동사**에 초점을 맞춰 답한다. **2형식 be동사**에는 **보어**에 초점을 맞춰 답한다. 그 외의 경우에는 조동사를 무시하고 **본동사**에 초점을 맞춰 Yes/No, 또는 대체 표현으로 답할 수 있다.

1형식/2형식 be동사

Q **Is** there any way I can contact Ms. Park?
Park 씨에게 연락할 수 있는 방법이 있나요?

A **Yes**, I'll let you know her e-mail address.
네, 그녀의 이메일 주소를 알려 드릴게요.

Q Are you **ready** to order?
주문하시겠어요?

A **Yes**, I will have a grilled chicken.
네, 저는 닭구이를 먹겠어요.

do/have동사

Q Do you **need** some help with the filing?
서류 정리를 도와드릴까요?

A I think I can manage it myself.
혼자 할 수 있을 것 같아요.

Q Has the repair person **fixed** the copier yet?
수리공이 복사기를 벌써 고쳤나요?

A He's just finished.
방금 전에 작업을 마쳤어요.

부정의문문

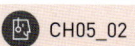 CH05_02

부정부사 not과 조동사는 무시하고 **긍정으로 해석**하며, **본동사**에 초점을 맞춰 **Yes/No**, 또는 대체 표현으로 답한다.

be동사/조동사

Q Aren't you **interested** in buying a new printer?
새 프린터 구입에 관심 있어요?

A **No**, mine is working just fine.
아니요, 제 프린터는 작동이 잘 되고 있어요.

Q Didn't you **see** a memo on your desk?
당신 책상에 둔 메모 보셨죠?

A I didn't have time to drop by my office.
사무실에 들를 시간이 없었어요.

Q Won't you **show** me how this machine works?
이 기계 작동법을 보여주시겠어요?

A **Sure**, it's very easy.
물론이죠. 아주 쉬워요.

부가의문문

 CH05_03

부정의문문과 마찬가지로 **긍정으로 해석**하고 **본동사**에 초점을 맞춰 **Yes/No**, 또는 대체 표현으로 답한다.

be동사/조동사

Q Our presentation is not **supposed** to last over 20 minutes, is it?
우리 발표는 20분이 넘게 걸려요. 그렇죠?

A I don't think so.
그렇지 않을 거예요.

Q Ms. Gomez used to **work** at the counter, didn't she?
Gomez 씨는 카운터 일을 했었어요, 그렇죠?

A **Yes**, for about a year.
네, 1년 정도요.

Q Tony **changed** our dessert menu, didn't he?
Tony가 우리 디저트 메뉴를 바꿨네요, 그렇죠?

A **Yes**, I have the new list here.
네, 여기 새 디저트 목록을 가지고 있어요.

간접의문문

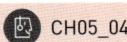

간접의문문은 일반의문문 형식에 의문사 의문문이 결합된 형태로 Yes/No로 답할 수 있지만, 보통 **의문사**에 초점에 맞춰 답하는 것이 일반적이다.

Yes/No로 답하는 경우

Q Do you **know** when the reception will begin?
환영회가 언제 시작되는지 아세요?

A **Yes**, in about 10 minutes.
네, 약 10분 뒤에요.

의문사에 초점을 맞춰 답하는 경우

Q Can you tell me **why** you refused their proposal?
왜 그들의 제안을 거부했는지 말해 줄 수 있어요?

A I thought their idea was unfeasible.
그들의 아이디어는 실현 불가능하다고 생각했어요.

Q Do you know **how often** the train to Boston leaves?
보스턴행 기차가 얼마나 자주 출발하는지 아세요?

A It leaves **every hour on the hour**.
매시 정각에 출발해요.

1. Mark your answer on your answer sheet.   (A) (B) (C)

2. Mark your answer on your answer sheet.   (A) (B) (C)

3. Mark your answer on your answer sheet.   (A) (B) (C)

4. Mark your answer on your answer sheet.   (A) (B) (C)

5. Mark your answer on your answer sheet.   (A) (B) (C)

6. Mark your answer on your answer sheet.   (A) (B) (C)

7. Mark your answer on your answer sheet.   (A) (B) (C)

8. Mark your answer on your answer sheet.   (A) (B) (C)

9. Mark your answer on your answer sheet.   (A) (B) (C)

10. Mark your answer on your answer sheet.   (A) (B) (C)

11. Mark your answer on your answer sheet.   (A) (B) (C)

12. Mark your answer on your answer sheet.   (A) (B) (C)

1. Q
   A

2. Q
   A

3. Q
   A

4. Q
   A

5. Q
   A

6. Q
   A

7. Q
   A

8. Q
   A

9. Q
   A

10. Q
    A

11. Q
    A

12. Q
    A

CHAPTER

선택의문문, 평서문

> **Listening Points**
>
> 1. 선택의문문은 Yes/No로 답할 수 없다.
> 2. 중복음, 유사발음, 연상단어 등 기본적인 함정을 피해야 한다.
> 3. 역질문, 회피성 답변, 명령문 답변 등 정해진 정답에 유의한다.
> 4. 선택의문문은 둘 중 하나, 또는 either, both, neither 등이 정답으로 자주 출제된다.
> 5. 평서문은 정해진 정답 패턴이 없으며 대화의 일부로 생각하고 접근해야 한다.
> 6. 선택의문문, 평서문 모두 역질문 보기는 대부분 정답이다.

선택의문문

 CH06_01

선택의문문은 A or B 중 하나를 선택하는 의문으로 Yes/No로 답할 수 없다. 보통 '**A나 B 중 하나**'를 선택하거나 '**either, both, neither**' 등이 정답으로 자주 출제된다.

A, B 중 하나를 택하는 형태

Q Which task should I do first, <u>finish the report</u> **or** <u>meet the clients</u>?
어떤 일을 먼저 끝내야 하나요, 보고서 마감인가요 아니면 고객 면담인가요?

A Please **meet the clients** first.
우선 고객들을 만나 보세요.

Q Should we check the sales figures <u>now</u> **or** <u>tomorrow</u>?
매출액을 지금 확인해야 하나요 아니면 내일 해야 하나요?

A **Tomorrow** is better for me.
저는 내일이 더 좋을 것 같아요.

Q Do you need <u>small</u> **or** <u>large envelopes</u>?
작은 봉투가 필요한가요 아니면 큰 봉투가 필요한가요?

A **Large ones** would be better.
큰 봉투가 좋겠네요.

either, neither, both, 역질문

Q Would you prefer a table <u>inside</u> **or** <u>out on the patio</u>?
실내에 있는 테이블을 원하세요 아니면 야외 테라스를 원하세요?

A **Either** would be fine with me.
아무 데나 좋아요.

Q How will you go to the convention, <u>by bus</u> **or** <u>by train</u>?
회의는 어떻게 가시겠어요, 버스로요 아니면 기차로요?

A **Neither,** I'm driving myself.
둘 다 아니에요, 직접 운전해서 갈 거예요.

Q Which one do you prefer, <u>working inside</u> **or** <u>outside</u>?
내근과 외근 중 뭘 선호하세요?

A I enjoy **both**.
둘 다 좋아요.

Q Would you like to go over the survey result <u>now</u> **or** <u>later</u>?
조사 결과를 지금 살펴보실래요 아니면 나중에 보실래요?

A **When is it convenient for you?**
당신은 언제가 더 편하세요?

평서문
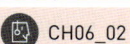 CH06_02

평서문 문제는 질문과 답변에 일정한 형식이 없고 첫 화자의 대화 내용에 호응하는 **맞장구 대답**을 찾는 것이 관건이다. 보통 2~3 문제가 출제되며 다소 고난도 유형이다.

일반적인 문제와 정답유형

Q Let's review the agenda for the meeting.
회의 의제를 살펴봅시다.

A **That's a good idea.**
좋은 생각이에요.

Q We should check out before noon.
우리는 정오 전까지 퇴실해야 합니다.

A OK, **I'd better hurry.**
네, 서둘러야겠군요.

Q Mr. Lucas will resign as president this month.
Lucas 씨는 이번 달에 사장직에서 물러날 거예요.

A **I'm sorry to hear that.**
그렇다니 유감이군요.

평서문 질문에 대한 역질문

Q I'm thinking about joining a band.
밴드에 가입할까 생각 중이에요.

A **What instrument do you play?**
어떤 악기를 연주하세요?

Q We'd better clear up the warehouse.
창고를 청소하는 것이 좋겠어요.

A **How about this afternoon?**
오늘 오후에 하는 거 어때요?

Q We'll test the durability of the machine.
우리는 기계의 내구성을 테스트할 거예요.

A **When can we get the result?**
언제쯤 결과를 받아볼 수 있죠?

Q We are suffering from working overtime.
우리는 초과근무에 시달리고 있어요.

A **How about hiring a few more employees?**
직원 몇 명을 더 고용하는 것은 어때요?

1. Mark your answer on your answer sheet.　　　　　(A) (B) (C)

2. Mark your answer on your answer sheet.　　　　　(A) (B) (C)

3. Mark your answer on your answer sheet.　　　　　(A) (B) (C)

4. Mark your answer on your answer sheet.　　　　　(A) (B) (C)

5. Mark your answer on your answer sheet.　　　　　(A) (B) (C)

6. Mark your answer on your answer sheet.　　　　　(A) (B) (C)

7. Mark your answer on your answer sheet.　　　　　(A) (B) (C)

8. Mark your answer on your answer sheet.　　　　　(A) (B) (C)

9. Mark your answer on your answer sheet.　　　　　(A) (B) (C)

10. Mark your answer on your answer sheet.　　　　　(A) (B) (C)

11. Mark your answer on your answer sheet.　　　　　(A) (B) (C)

12. Mark your answer on your answer sheet.　　　　　(A) (B) (C)

PART 2

1. Q
   A
2. Q
   A
3. Q
   A
4. Q
   A
5. Q
   A
6. Q
   A
7. Q
   A
8. Q
   A
9. Q
   A
10. Q
    A
11. Q
    A
12. Q
    A

CH 01 CH 02 CH 03 CH 04 CH 05 CH 06 CH 07 CH 08 CH 09 CH 10

PART 3

짧은 대화

PART ③ 기본 정보

문항 구성과 문제 유형

▶ **32번부터 70번까지 총 39 문항**

일반 정보 문제	대화의 전체적인 내용	전체적인 대화 내용을 염두에 두고 대화의 주제, 화자의 직업이나 업무, 대화 장소와 관련된 특정 어휘에서 정답의 힌트를 파악한다.
세부 정보 문제	남/여 화자 관련 문제	남/여 화자 각각의 직업, 요구, 바람, 제안, 계획 등이 질문의 소재로 등장한다.
	사건, 시간, 장소, 숫자	사건, 시간, 요일, 장소, 숫자 등 특정 정보가 정답의 힌트이므로 해당 정보를 간략히 메모해 둔다.
	화자의 의도 파악	인용 부호로 제시된 특정 화자의 대사의 의도를 파악하는 문제로 전후 상황을 이해해야 맞출 수 있다.
	시각자료 연계 문제	대화가 시작되기 전 시각자료를 보고 정보를 미리 파악해 둔다.

PART ③ 문제 풀이 전략

필수 전략	• PART 3 direction이 나오는 약 30초 동안 32~34번 문제와 보기를 미리 읽는다. • 정답은 대부분 대화 순서대로 제시되므로 차례대로 문제를 풀며 정답을 표시한다. • 대화가 끝나기 전에 3 문항의 정답을 모두 찾았으면 답지에 마킹한 후, 다음 35~37번 문제와 보기를 미리 읽어 둔다. • PART 3가 끝날 때까지 문제와 보기를 미리 읽어 가며 문제를 풀어야 한다.
패턴 파악	• PART 3는 매회 비슷한 유형이 반복 출제된다. 문제 유형을 꼼꼼히 파악해 두면 빠른 시간 내에 다음 문제를 읽을 수 있다.
패러프레이징	• PART 3는 정답을 다른 표현으로 바꿔서 제시한다. 예를 들면, a month라는 표현은 4 weeks, 혹은 30 days로 패러프레이징되므로 꾸준한 연습이 필요하다.

학습법	• 전략을 익힌 후 전략을 토대로 실전에 임한다.
	• 정답과 오답을 확인한 후, 다음과 같이 복습한다.
	  - 풀어 본 문제의 지문을 꼼꼼히 읽고 모르는 어휘를 익혀 둔다.
	  - 음성을 들으며 눈으로 지문을 따라 읽는다.
	  - 눈으로 지문을 보면서 소리 내어 반복해 읽는 연습을 한다.
	  - 지문 없이 음성만 들어도 해석이 가능할 때까지 듣기를 반복한다.
	  - 총 10개월 주당 10시간, 즉 400시간 동안 [문제 풀고, 받아쓰고, 소리 내어 읽고, 음성 반복 듣기] 연습을 거쳐야 목표를 달성할 수 있다.

PART 3 일반 정보 문제

Listening Points

1. PART 3 direction이 나오는 동안 32~34번 문제와 보기를 미리 읽어 둔다.

2. 정답은 대부분 대화 순서에 따라 제시되므로 차례대로 문제를 풀며 정답을 표시해 둔다.

3. 일반 정보, 특히 대화 주제는 첫 화자의 첫 번째 대사에 정답의 힌트가 있다.

4. 남/여 화자와 관련된 문제는 대부분 해당 화자의 대사에 정답의 힌트가 있다.

5. 장소 관련 정보는 대화의 정황을 파악해 유추해야 하는 경우가 대부분이다.

대화 주제와 관련된 문제   CH07_01

What are the speakers discussing?
화자들은 무엇을 논의하고 있는가?

What are the speakers talking about?
화자들은 무엇에 대해 이야기하고 있는가?

What's the topic of the conversation?
대화의 주제는 무엇인가?

What's the problem of the conversation?
대화의 문제점은 무엇인가?

남/여 화자와 관련된 문제   CH07_02

Who is the man?
남자는 누구인가?

Who most likely is the woman?
여자는 누구일 것 같은가?

Who is the man speaking with?
남자는 누구와 이야기하고 있는가?

What does the man want to do?
남자는 무엇을 하고 싶어 하는가?

What will the speakers do next?
화자들은 다음에 무엇을 할 것인가?

What problem does the woman mention?
여자는 무슨 문제를 언급하는가?

What does the woman offer to do?
여자는 무엇을 하겠다고 제안하는가?

What does the man suggest the woman do?
남자는 여자에게 무엇을 하라고 제안하는가?

What does the man ask the woman to do?
남자는 여자에게 무엇을 하라고 요청하는가?

대화 장소와 관련된 문제 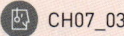 CH07_03

Where does the conversation take place?
대화는 어디에서 일어나는가?

Where is the conversation taking place?
대화가 일어나고 있는 곳은 어디인가?

Where are the speakers?
화자들은 어디에 있는가?

Where do the speakers work?
화자들은 어디에서 일하는가?

1. What are the speakers talking about?
   (A) Mountain climbing
   (B) Investment plans
   (C) Holiday plans
   (D) Their relatives

2. What will the woman do during the break?
   (A) Take a trip abroad
   (B) See her parents
   (C) Meet some friends
   (D) Catch up with some work

3. How will the man spend his time?
   (A) He will stay home.
   (B) He will visit his grandparents.
   (C) He will go on a picnic.
   (D) He will exercise outdoors.

Questions 1-3 refer to the following conversation.

M: Cathy, (1) what's your plan over the holidays?

W: Well, (2) I'm going to the mountain with my high school friends. We haven't met each other for a long time. I want to spend time with them and try to do something fun. How about you?

M: (3) I'm planning to pay a visit to my grandparents' house in the countryside. I'd like to get out of the city and enjoy nature.

W: I can't wait to see my friends. After coming back from the mountain, we're going to a fancy restaurant for dinner.

남: Cathy, 휴일에 뭘 할 계획이에요?

여: 고등학교 친구들과 등산을 할 예정이에요. 오랫동안 못 봤거든요. 친구들과 시간을 보내며 뭔가 재미있는 일을 해 보려고요. 당신은요?

남: 시골에 계신 조부모님 댁을 방문할 거예요. 도시를 벗어나 자연을 즐기려고요.

여: 저는 친구들이 너무 보고 싶어요. 산에서 돌아온 후 저녁을 먹으러 고급 음식점에 갈 생각이에요.

|정답| 1. (C) 2. (C) 3. (B)

4. What are the speakers mainly discussing?

(A) A newly released film

(B) A new special effect

(C) The movie industry

(D) The man's wedding ceremony

5. What is true about the heroine?

(A) She was an extra.

(B) This movie is her first work.

(C) This movie was filmed in her hometown.

(D) She began promotional events.

6. Who's going to the movie with the man?

(A) His colleagues

(B) His parents

(C) His wife

(D) His children

Questions 4-6 refer to the following conversation.

M: ⁽⁴⁾**Have you heard about a new 3D movie recently released?** The movie had its first run last week and already won the hearts of over one million viewers. **W:** Yeah, it's quite surprising. ⁽⁵⁾**The lead actress debuted with this movie** but her performance has been reviewed favorably by movie critics and fans. **M:** The timing is perfect for me. ⁽⁶⁾**I've been looking for a film to watch with my wife for our wedding anniversary.** **W:** That sounds romantic. I hope you and your wife enjoy the movie.	남: 최근 개봉된 3D 영화에 대해 들어 보셨어요? 지난주에 개봉했는데 이미 백만명이 넘는 관객의 마음을 사로잡았대요. 여: 네, 매우 놀라운 일이에요. 주연 여배우가 이 영화로 데뷔했는데 그녀의 연기력이 영화평론가들과 팬들에게 긍정적으로 평가받고 있어요. 남: 때마침 잘됐어요. 결혼기념일에 아내와 함께 볼 영화를 찾던 중이었거든요. 여: 낭만적이군요. 당신과 아내 분이 영화를 재미있게 보시길 바라요.

|정답| 4. (A) 5. (B) 6. (C)

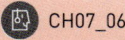

1. What are the speakers discussing?
   (A) Customer surveys
   (B) A project deadline
   (C) Sample items
   (D) New software

2. According to the woman, when will the report be finished?
   (A) At noon
   (B) In half an hour
   (C) In an hour
   (D) In one and a half hours

3. What will the man do before the meeting?
   (A) Copy some documents
   (B) Visit an office
   (C) Make a phone call
   (D) Organize some papers

4. What happened to the man?
   (A) He lost his job.
   (B) He was sick.
   (C) He was promoted.
   (D) He got a job.

5. What's the man doing these days?
   (A) Looking for an apartment
   (B) Searching for a new job
   (C) Taking a few months off
   (D) Preparing for an exam

6. What does the man ask for?
   (A) Financial information
   (B) A phone number
   (C) Severance pay
   (D) A set of instructions

7. Where do the speakers work?
   (A) At a family restaurant
   (B) At a furniture manufacturer
   (C) At a recruiting agency
   (D) At a department store

8. What problem does the woman mention?
   (A) They don't have skilled workers.
   (B) They are short of raw materials.
   (C) Some machines are not working.
   (D) The deadline is too tight.

9. How will the speakers solve the problem?
   (A) By renting some machines
   (B) By negotiating the price
   (C) By hiring additional workers
   (D) By extending the deadline

---

10. What are the speakers mainly discussing?
    (A) A failed project
    (B) A job transfer
    (C) Language classes
    (D) A coworker

11. What is the advantage of the man?
    (A) He is from Santiago.
    (B) He has more experience.
    (C) He speaks several languages.
    (D) He is a team leader.

12. What can be inferred about the man?
    (A) He will take a new position.
    (B) He will take a business trip.
    (C) He will meet new clients.
    (D) He will ask for a pay raise.

Questions 1-3 refer to the following conversation.

M: Rachel, how are the _____ surveys for our company's new _____ coming along? I need to look _____ them before the _____.

W: I've finished _____ most of them. The _____ should be _____ in about an hour. I'll _____ them off at your desk _____ they're finished. When _____ is your meeting?

M: At 3 o'clock. However, I _____ _____ drop by the _____ services department before the meeting to _____ them know some _____ with the new homepage.

Questions 4-6 refer to the following conversation.

W: James, I _____ you were _____ off from the company. How do you _____ ?

M: I'm _____ about how I'm going to _____ a new job. I have to _____ rent and my bills, but if I don't _____ paid, I won't be _____ to pay them. I'm _____ looking for a new _____ .

W: I'm _____ to hear that. I have a _____ that is the _____ of a small business. I could _____ him if he is _____ .

M: That would be _____ . Can I _____ his phone number? I want to _____ to him in person _____ _____ .

08 PART 3 세부 정보 문제

1. 대화가 시작되기 전에 항상 문제와 보기를 미리 읽어 둔다.
2. 날짜, 요일, 시간, 숫자와 관련된 문제는 더 유심히 들어야 한다.
3. 추론 문제의 정답은 특정 어휘가 아니라 대화의 전체 내용에 집중해서 찾아야 한다.
4. 화자의 의도 파악 문제는 전후 상황을 고려해야 한다.
5. 시각자료 연계 문제는 미리 시각의 정보를 파악해 둔다.

세부 정보 빈출 문제 CH08_01

What's the man's problem?
남자의 문제는 무엇인가?

What's the woman concerned about?
여자는 무엇을 걱정하고 있는가?

What does the man say about the project?
남자는 그 프로젝트에 관해 무엇이라고 말하는가?

What has the woman recently done?
여자는 최근에 무엇을 했는가?

Why is the man calling?
남자는 왜 전화를 하고 있는가?

Why was the event canceled?
행사는 왜 취소되었는가?

When is the deadline for the report?
보고서 마감일은 언제인가?

What time is the man's flight?
남자의 비행기는 몇 시인가?

Where will the meeting be held?
회의는 어디서 열릴 것인가?

Where will the speakers meet tomorrow?
청자들은 내일 어디에서 만날 것인가?

Who will order office supplies?
누가 사무용품을 주문할 것인가?

Who most likely is Mr. Perez?
Perez 씨는 누구일 것 같은가?

How will the man go to the convention?
남자는 회의장까지 어떻게 갈 것인가?

How do the speakers know each other?
화자들은 서로를 어떻게 알고 있는가?

How soon will the man reply to the e-mail?
남자는 얼마나 빨리 이메일에 답장할 것인가?

How long has the woman worked at her current job?
여자는 현재 직장에서 얼마 동안 일했는가?

추론 문제   CH08_02

What can be inferred about the woman?
여자에 관해 추론할 수 있는 것은 무엇인가?

What can be implied about the new plan?
새로운 계획에 관해 알 수 있는 것은 무엇인가?

화자의 의도 파악 문제   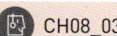 CH08_03

What does the man mean when he says, "I have to work overtime tonight"?
"저는 오늘 밤에 초과근무를 해야 합니다"라는 남자의 말이 의미하는 것은 무엇인가?

What does the woman imply when she says, "It sounds like something to consider"?
"생각해 볼 만한 문제인 것 같네요"라는 여자의 말이 의미하는 것은 무엇인가?

Why does the man say, "I have to check my schedule first"?
남자는 왜 "먼저 제 일정을 확인해 봐야겠어요"라고 말하는가?

시각자료 연계 문제   CH08_04

Look at the graphic. Which date will the man attend the conference?
시각자료를 보시오. 남자는 며칠에 컨퍼런스에 참석할 것인가?

Look at the graphic. Where does the man tell the woman to go?
시각자료를 보시오. 남자는 여자에게 어디로 가라고 말하는가?

1. Where does the conversation most likely take place?
   (A) In a bank
   (B) In a library
   (C) In a post office
   (D) In a supermarket

2. What does the man want to know?
   (A) The number of an account
   (B) The location of an item
   (C) The hours of business
   (D) The price of a product

3. What does the woman mean when she says, "We went through a total remodeling"?
   (A) The variety of goods has increased.
   (B) They reduced the number of staff.
   (C) The interior has changed a lot.
   (D) There were some problems with the layout.

Questions 1-3 refer to the following conversation.

M: Excuse me. (1) (2) I'm looking for some apples. Could you tell me where they are?	남: 실례합니다. 사과를 찾고 있는데요. 어디에 있는지 알려주시겠어요?
W: You can find them in aisle 5 along with other vegetables and fruits.	여: 사과는 다른 채소, 과일과 함께 5번 통로에 있습니다.
M: Thanks. (3) After the remodeling, every aisle seems to have changed.	남: 감사합니다. 리모델링 이후 모든 통로가 바뀐 것 같아요.
W: We went through a total remodeling. For the customers, we have a new brochure including a map of the store at the cash registers. You'd better pick one up before starting your shopping.	여: 저희는 전체를 리모델링했습니다. 고객들을 위해 계산대에 상점 지도가 포함된 안내 책자를 비치했습니다. 쇼핑 전에 한 부 받아 가시기 바랍니다.

|정답| 1. (D) 2. (B) 3. (C)

Shelf Number	Categories
17	General biology, Botany, Agriculture
18	Insects, Moths, Arthropods
19	Marine biology, Fish, Reptiles
20	Bird, Mammals, Evolutionary science

4. Where most likely are the speakers?

(A) A bookstore

(B) A museum

(C) A library

(D) A pet shop

5. What is the maximum amount of time that material can be checked out?

(A) A week

(B) Two weeks

(C) Three weeks

(D) Four weeks

6. Look at the graphic. What shelf will the man find the topic he is looking for?

(A) 17

(B) 18

(C) 19

(D) 20

Questions 4-6 refer to the following conversation and table.

M:	⁽⁴⁾ ⁽⁶⁾ Hi, I'm looking for a book on the behavior of honeybees for a research project.
W:	Let me see. My computer shows that we have several books on the subject. Science books can be found on bookshelves seventeen through twenty-four.
M:	Thank you. ⁽⁴⁾ If I find one I like, how long can I check it out for?
W:	⁽⁵⁾ You can have it for two weeks, but we allow patrons an additional two weeks if you need it for longer.
M:	Thanks again. I'll go look for the book and I'll be right back.
W:	Take your time. The circulation desk is open until 9.

남: 안녕하세요. 연구 프로젝트를 위해 꿀벌 행동에 대한 책을 찾고 있습니다.

여: 한번 확인해 볼게요. 컴퓨터로 살펴보니 그 주제에 관련된 책이 몇 권 있습니다. 과학 관련 서적은 17번부터 24번 서가에 비치되어 있습니다.

남: 감사합니다. 원하는 책을 찾으면 얼마 동안 대출할 수 있나요?

여: 2주 동안 빌릴 수 있는데, 더 필요하시면 추가로 2주 연장해 드립니다.

남: 감사합니다. 책을 한번 찾아 보고 바로 돌아오겠습니다.

여: 천천히 찾으세요. 대출실은 9시까지 운영합니다.

|정답| 4. (C) 5. (D) 6. (B)

1. What is the purpose of the conversation?
   (A) To make a reservation
   (B) To repair the damaged parts
   (C) To announce a promotion
   (D) To check in for an appointment

2. When is the appointment time?
   (A) 12 o'clock
   (B) 1 o'clock
   (C) 2 o'clock
   (D) 3 o'clock

3. What will most likely happen next?
   (A) There will be a party.
   (B) Mr. Hyde will finish his meeting.
   (C) An appointment will be made.
   (D) A reservation will be canceled.

---

4. What is the purpose of the call?
   (A) To arrange a business trip
   (B) To repair a computer
   (C) To have an interview
   (D) To reserve a meeting room

5. When will the man meet with the clients?
   (A) Monday
   (B) Tuesday
   (C) Wednesday
   (D) Thursday

6. What does the woman imply when she says, "I will put you down for it now"?
   (A) She will assign a meeting room to the man.
   (B) She will make some copies for the man.
   (C) She will put off other meetings.
   (D) She will rearrange her schedule.

---

7. What is the problem?
   (A) The woman has an oversized bag.
   (B) The woman has too many suitcases.
   (C) A company policy has been changed.
   (D) A passenger lost her baggage.

8. Who most likely is the man?
   (A) A travel agent
   (B) A bus driver
   (C) A captain
   (D) A flight attendant

9. What will the woman receive?
   (A) Complimentary drinks
   (B) An in-flight meal
   (C) A claim check
   (D) A boarding pass

Class	Title	Times
POR 101-01	Basic Portuguese	Mon, Wed, Fri (1-2 P.M.)
POR 101-02	Basic Portuguese	Mon (9-11 A.M.), Wed (10-11 A.M.)
POR 201-01	Intermediate Portuguese	Tue, Thurs, Fri (9-10 A.M.)
POR 201-02	Intermediate Portuguese	Tue (3-5 P.M.), Thurs (3-4 P.M.)

10. What is the woman interested in?
(A) Learning a foreign language
(B) Applying for a job
(C) Working at a language school
(D) Making a timetable

11. When will the classes in Portuguese be opened?
(A) At the beginning of the week
(B) At the beginning of the month
(C) At the end of the week
(D) At the end of the month

12. Look at the graphic. Which class will the woman probably take?
(A) POR 101-01
(B) POR 101-02
(C) POR 201-01
(D) POR 201-02

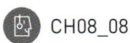

Questions 1-3 refer to the following conversation.

M: Excuse me, [____] [____] is Jonathan Gurde and I'm [____] [____]

Mr. Elliot Hyde. Is [____] [____] ?

W: Do you have an [____] [____] him, Mr. Gurde?

M: Yes I do. I [____] an appointment to see him [____] at noon.

W: I see. Mr. Hyde is [____] in a meeting. You can [____] [____] his office. He

should [____] [____] shortly.

Questions 4-6 refer to the following conversation.

M: Hi, Ms. Campbell. This is John [____] [____] . I'd like to [____] [____]

[____] for a conference room [____] [____] .

W: Hi, John. What time [____] [____] have a meeting? And [____] [____]

people will be there?

M: Well, I [____] [____] to meet five clients at 10 [____] [____] [____] .

W: OK. Let me check the [____] first. Luckily, Room 304 is [____] next Monday. It's

free from 9 to 11. I will [____] [____] [____] for it now.

PART 4

짧은 담화

PART ④ 기본 정보

문항 구성과 문제 유형

▶ **71번부터 100번까지 총 30 문항**

일반 정보 문제	담화 전체의 내용	담화의 주제, 목적, 담화 장소나 매체, 화자와 대상 청중 등을 묻는다.
세부 정보 문제	사건, 시간, 장소, 숫자 등	담화 내용 중 특정 사건, 시간, 요일, 장소, 숫자 등 세부 정보를 묻는 유형으로 필요한 경우 숫자 등은 간략히 메모한다.

PART ④ 문제 풀이 전략

필수 전략	• PART 4 direction이 나오는 약 30초 동안 71~73번 문제와 보기를 미리 읽어 둔다. • 정답은 대부분 담화 순서대로(초반부, 중반부, 후반부) 제시되므로 차례대로 문제를 풀며 정답을 표시한다. • 담화가 끝나기 전에 3 문항의 정답을 모두 찾았으면 답지에 마킹한 후, 다음 74~76번 문제와 보기를 읽어 둔다. • PART 4가 끝날 때까지 문제와 보기를 먼저 읽어 가며 풀어야 한다.
패턴 파악	• PART 4는 매회 비슷한 유형이 반복 출제된다. 문제 유형을 꼼꼼히 파악해 두면 빠른 시간 내에 다음 문제를 읽을 수 있다.
패러프레이징	• PART 4는 정답을 다른 표현으로 바꿔서 제시한다. 예를 들어, attend a meeting은 participate in a conference로 패러프레이징되므로 꾸준한 연습이 필요하다.
학습법	• 전략을 익힌 후 전략을 토대로 실전에 임한다. • 정답과 오답을 확인한 후, 다음과 같이 복습한다. 　- 풀어 본 문제의 지문을 꼼꼼히 읽고 모르는 어휘를 익혀 둔다. 　- 음성을 들으며 눈으로 지문을 따라 읽는다. 　- 눈으로 지문을 보면서 소리 내어 반복해 읽는 연습을 한다. 　- 지문 없이 음성만 들어도 해석이 가능할 때까지 듣기를 반복한다. 　- 총 10개월 주당 10시간, 즉 400시간 동안 [문제 풀고, 받아쓰고, 소리 내어 읽고, 음성 반복 듣기] 연습을 거쳐야 목표를 달성할 수 있다.

CHAPTER

09 PART 4 일반 정보 문제

Listening Points

1. PART 4 direction이 나오는 동안 71~73번 문제와 보기를 미리 읽어 둔다.

2. 정답은 대부분 담화 순서에 따라 제시되므로 차례대로 풀며 정답을 표시해 둔다.

3. 일반 정보, 특히 담화의 주제와 목적은 대부분 초반부에 정답이 제시된다.

4. 화자와 청중에 관련된 문제는 특정 어휘에서 단서를 찾아야 한다.

5. 장소 관련 정보는 직접 제시되지 않으므로 유추해야 하는 경우가 대부분이다.

담화의 주제, 목적, 장소와 관련된 문제
 CH09_01

What's being announced?
무엇이 공지되고 있는가?

What's the purpose of the announcement?
공지의 목적은 무엇인가?

What's the report about?
보도는 무엇에 관한 것인가?

What's the subject of the talk?
담화의 주제는 무엇인가?

What problem does the speaker mention?
화자는 어떤 문제를 언급하는가?

Where is this announcement being made?
어디서 공지되고 있는가?

Where is the announcement most likely taking place?
어디서 공지되고 있는 것 같은가?

Where does the speaker most likely work?
화자는 어디에서 일하는 것 같은가?

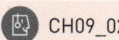
What does the speaker suggest?
화자는 무엇을 제안하는가?

What does the speaker ask the audience to do?
화자는 청중에게 무엇을 하라고 요청하는가?

What does the speaker ask the listeners to do?
화자는 청자들에게 무엇을 하라고 요청하는가?

What does the speaker suggest the listeners do?
화자는 청자들에게 무엇을 하라고 제안하는가?

What does the speaker say NOT to do?
화자는 무엇을 하지 말라고 말하는가?

Why are the listeners advised to visit the Web site?
왜 청자들은 웹사이트를 방문하라고 권고받는가?

What will happen next?
다음에 무슨 일이 일어날 것인가?

What will the speaker do later?
화자는 나중에 무엇을 할 것인가?

Who will make a speech next?
다음에 누가 연설을 할 것인가?

What will the listeners do next?
청자들은 다음에 무엇을 할 것인가?

What event will occur next week?
다음 주에 어떤 행사가 열릴 것인가?

What's the audience going to hear next?
청중들은 다음으로 무엇을 들을 것인가?

1. Who most likely is the speaker?

(A) A bus driver

(B) A news reporter

(C) A city official

(D) A passenger

2. When did the snow fall?

(A) A week ago

(B) A few days ago

(C) Last night

(D) This morning

3. What does the speaker suggest?

(A) Driving slowly

(B) Staying tuned to the program

(C) Using public transportation

(D) Staying inside

Questions 1-3 refer to the following traffic update.

M: Good morning, everyone. (1) **This is Chris Davis and you are listening to the BBC traffic updates.** (2) **Due to a sudden heavy snowfall last night,** some roads into the city are closed at this time. Especially, motorists usually taking Highway 31 and 32 have to use alternate routes. Both of the roads have already been closed to traffic. It is expected that the conditions will be getting worse as time goes by, (3) **so you'd better take city buses or the subways today.**

남: 여러분, 안녕하세요. 저는 Chris Davis이며, 여러분은 BBC 교통 정보를 듣고 계십니다. 어젯밤 갑자기 내린 폭설로 현재 시내로 향하는 몇몇 도로의 통행이 금지되고 있습니다. 특히, 31번, 32번 고속도로를 이용하시는 운전자들은 우회도로를 이용하셔야 합니다. 이 두 고속도로는 이미 통행이 금지된 상태입니다. 도로 상황이 앞으로 더 악화될 것으로 예상되니 오늘은 시내버스나 지하철을 이용하십시오.

|정답| 1. (B) 2. (C) 3. (C)

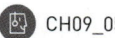

4. What's the purpose of the announcement?
(A) To notify maintenance work
(B) To announce restructuring
(C) To introduce new security services
(D) To recruit some volunteers

5. When can the employees use their computers again?
(A) On Monday
(B) On Tuesday
(C) On Wednesday
(D) On Thursday

6. What does the speaker suggest?
(A) Working from home
(B) Saving data in extra devices
(C) Using alternative workspace
(D) Installing a vaccine program

Questions 4-6 refer to the following announcement.

W: Attention, employees. **(4) Beginning next Monday, our company's computer networking system will be upgraded.** Due to this reason, all the computers will be shut off during office hours and **(5) you won't be able to use the computers until Wednesday. The work will be done early Wednesday morning.** So, please make sure to turn off your computers when you leave work today to prevent damage to your equipment. Also, **(6) I highly recommend backing up all the data you need to prevent any loss or damage.** Thank you for your cooperation.

여: 직원 여러분, 주목해 주십시오. 다음 주 월요일부터 우리 회사의 컴퓨터 네트워크 시스템이 업그레이드될 것입니다. 이로 인해 업무시간 중 모든 컴퓨터의 사용이 중단되며, 수요일이 되어야 다시 사용할 수 있습니다. 작업은 수요일 이른 아침에 마무리됩니다. 따라서 장비 손상을 방지하기 위해 오늘 퇴근하실 때에는 반드시 컴퓨터를 끄셔야 합니다. 또한 유실이나 손상을 방지하기 위해 필요한 자료는 모두 백업해 두실 것을 적극 권합니다. 협조에 감사드립니다.

|정답| 4. (A) 5. (C) 6. (B)

68

1. What will happen on Wednesday?
   (A) A book will be published.
   (B) Employees will get a bonus.
   (C) A project will come to an end.
   (D) A product will be launched.

2. What kind of company do the listeners work for?
   (A) A law firm
   (B) A travel agency
   (C) A publishing company
   (D) A consulting company

3. How will the employees be compensated for their extra work?
   (A) By getting promotions
   (B) By getting overtime wages
   (C) By taking paid vacations
   (D) By getting a pay raise

4. What is the message about?
   (A) Road construction work
   (B) Transportation delays
   (C) Employment opportunities
   (D) Health concerns

5. What has caused the problem?
   (A) Damage to a bridge
   (B) A traffic accident
   (C) Bad weather
   (D) Staff shortages

6. How can the listeners speak to a company representative?
   (A) By calling another number
   (B) By requesting an interview
   (C) By waiting on the line
   (D) By updating their résumés

PART 4

CH 01 CH 02 CH 03 CH 04 CH 05 CH 06 CH 07 CH 08 CH 09 CH 10

7. What is the purpose of the introduction?
- (A) To organize an event
- (B) To promote a movie
- (C) To announce some statistics
- (D) To present an award

8. In which field does Brian Osher most likely work?
- (A) Accounting
- (B) Marketing
- (C) Manufacturing
- (D) Education

9. What will the listeners do next?
- (A) Contact a senior manager
- (B) Calculate some figures
- (C) Watch a video clip
- (D) Go onto the stage

10. What's being announced?
- (A) A successful sales campaign
- (B) The launch of a new product
- (C) Reviews on the new product
- (D) The result of a test

11. How many stores will sell the new product?
- (A) 10 stores
- (B) 20 stores
- (C) 30 stores
- (D) 40 stores

12. What will happen at the end of the month?
- (A) A huge sale
- (B) An annual party
- (C) A reception
- (D) A product launch

PART 4

CH 01
CH 02
CH 03
CH 04
CH 05
CH 06
CH 07
CH 08
CH 09
CH 10

Questions 1-3 refer to the following announcement.

M: I have an _____ on our project which has a new _____ of this coming Wednesday.

_____ _____, Christopher Wood, just notified me that the _____ for publishing

a series of 20 _____ _____ has been moved up. It means that we have _____

_____ two days. It's our _____ to make sure that the project is _____ on time and

that the books are _____ free of errors. I know everyone is _____ working on other

_____ as well, but this publication is our _____ _____ at the moment. So, I will

also _____ all requests for _____ if necessary. Everyone _____ _____ pay for

overtime worked.

Questions 4-6 refer to the following recorded message.

W: Thank you for _____ City Transportation Company. We _____ _____ of the

delays currently being _____ on city buses 310 and 311. This is _____ _____ a

pileup involving three cars on the Dobson Bridge, which has _____ _____ significant

congestion _____ the surrounding area. _____ we are unable to give any _____

on when normal service will be _____. Please _____ if you would like to speak to a

customer service _____.

10 PART 4 세부 정보 문제

1. PART 4 direction이 나오는 동안 71~73번 문제와 보기를 미리 읽어 둔다.
2. 정답은 대부분 대화 순서에 따라 제시되므로 차례대로 풀며 정답을 표시해 둔다.
3. 세부 정보 문제는 특정 사건, 인물, 시간, 장소, 숫자 등 정확한 단서를 파악해야 하는 유형이다.
4. 정답을 유추할 수 없으므로 문제와 보기를 반드시 먼저 읽어 두어야 한다.
5. 필요한 경우 시험지에 숫자 등을 간략히 메모하는 것도 방법이다.

세부 정보 빈출 문제

 CH10_01

What time does the seminar begin?
세미나는 몇 시에 시작하는가?

What event will take place tomorrow?
내일 어떤 행사가 열릴 것인가?

What department do the listeners most likely work in?
청자들은 어느 부서에서 일하는 것 같은가?

What does the company produce?
회사는 무엇을 생산하는가?

What can be implied about the plan?
계획에 대해 알 수 있는 것은 무엇인가?

What can be inferred about the new system?
새로운 시스템에 대해 무엇을 추론할 수 있는가?

Who is being introduced?
누가 소개되고 있는가?

Who has the speaker contacted?
화자는 누구에게 연락했는가?

Who should make a reservation in advance?
누가 미리 예약해야 하는가?

Why is the speaker moving to New York?
왜 화자는 뉴욕으로 이주하려고 하는가?

Why was the speaker in China last week?
왜 화자는 지난주에 중국에 있었는가?

Why should the listeners go to the reception desk?
왜 청자들은 접수처로 가야 하는가?

Where do the listeners have to go?
청자들은 어디로 가야 하는가?

Where do the listeners most likely work?
청자들은 어디에서 일하는 것 같은가?

Where is more information available?
어디서 더 많은 정보를 얻을 수 있는가?

When will the press conference begin?
기자 회견은 언제 시작하는가?

When is the deadline for the bid?
입찰 마감일은 언제인가?

When will the flight depart?
언제 비행기가 떠날 것인가?

How long will it take to complete the project?
프로젝트를 완성하는 데 얼마나 걸릴 것인가?

How many people have applied for the position?
그 일자리에 얼마나 많은 사람이 지원했는가?

How can the listeners get a discount?
청자들은 어떻게 할인을 받을 수 있는가?

화자의 의도 파악 문제

 CH10_02

What does the speaker mean when he says, "It won't take long to get used to it"?
"거기에 익숙해지는 데 오래 걸리지 않을 거예요"라는 화자의 말이 의미하는 것은 무엇인가?

What does the speaker imply when she says, "Labor costs have increased considerably"?
"인건비가 상당히 증가했어요"라는 화자의 말이 의미하는 것은 무엇인가?

Why does the speaker say, "I'm sorry for the inconvenience"?
왜 화자는 "불편을 끼쳐 드려 죄송합니다"라고 말하는가?

PART 4

CH 01
CH 02
CH 03
CH 04
CH 05
CH 06
CH 07
CH 08
CH 09
CH 10

Look at the graphic. Which route is closed to hikers?
시각자료를 보시오. 어떤 등산로가 막혀 있는가?

Look at the graphic. Which category is the speaker concerned about?
시각자료를 보시오. 화자는 어떤 유형에 대해 염려하는가?

Look at the graphic. Who will be the last speaker?
시각자료를 보시오. 누가 마지막 연사이겠는가?

예제 살펴보기 1   CH10_04

1. Who most likely is the speaker?
   (A) A cyclist
   (B) A banker
   (C) A store worker
   (D) An accountant

2. Why is the speaker calling?
   (A) To give an update on a repair
   (B) To order some equipment
   (C) To extend the repair period
   (D) To request further information

3. What does the speaker mean when she says, "we are open until 8:30 on Thursdays"?
   (A) They open the shop early on Thursday.
   (B) They open the shop late on Thursday.
   (C) They close the shop early on Thursday.
   (D) They close the shop late on Thursday.

Questions 1-3 refer to the following message.

W: Hello, Mr. Gale. [(1) (2)] This is Samantha from Bulls Bikes. This is to let you know that we've finished fixing your bicycle and it is ready for you to pick up at your convenience. For your reference, the cost of the repair is 50 dollars, which you'll need to pay by credit card or in cash. We are not able to accept checks. [(3)] We close at 5:30 this evening and open again at 8 in the morning. If you need to drop by later than this, we are open until 8:30 on Thursdays. We look forward to seeing you soon.

여: Gale 씨, 안녕하세요. 저는 Bulls Bikes 의 Samantha입니다. 귀하의 자전거 수리가 끝났고, 편하실 때 찾아 가시면 된다고 알려드리려고 전화했습니다. 참고로 수리비는 50달러이고 신용카드나 현금으로 결제하시면 됩니다. 수표는 받지 않습니다. 저희는 오늘 5시 30분에 문을 닫고 오전 8시에 문을 엽니다. 더 늦게 방문하실 경우, 매주 목요일은 8시 30분까지 영업합니다. 곧 뵙기를 바랍니다.

| 정답 | 1. (C) 2. (A) 3. (D)

Aisle Number	Products
Aisle 1	Fruits and Vegetables
Aisle 2	Pet Section
Aisle 3	Canned Goods
Aisle 4	Frozen Foods

4. Where's the announcement being heard?
   (A) A convenience store
   (B) A restaurant
   (C) A grocery store
   (D) A food court

5. What is offered to customers with dietary restrictions?
   (A) Specially made baked goods
   (B) Locally grown vegetables
   (C) Organic bread
   (D) Fresh fruits

6. Look at the graphic. Where would a customer go for fish feed?
   (A) Aisle 1
   (B) Aisle 2
   (C) Aisle 3
   (D) Aisle 4

Questions 4-6 refer to the following announcement and directory.

M: (4)Welcome shoppers. Today, we have a large selection of items marked at low prices. In Aisle 1, we have sweet corn on sale; 5 ears for just one dollar. You will also find watermelon, perfect for this time of year, on sale for 10 dollars each. Our in-store bakery has a wide variety of sweet and savory baked goods. (5)You will also find dairy-free bread and cookies for our customers with dietary restrictions. Also on sale today only are (6)Martin's cat food in the pet section in aisle 2 and all Lank brand soups in our canned goods section in Aisle 3. As always, thank you for shopping at Green's.

남: 쇼핑객 여러분, 환영합니다. 오늘 저렴한 가격의 다양한 상품을 준비했습니다. 1번 통로에서는 생옥수수 5개가 단돈 1달러입니다. 또한 연중 이맘때 가장 맛있는 수박을 개당 10달러에 판매합니다. 매장 내 제과점에서는 달콤하고 맛있는 다양한 제품을 준비했습니다. 또한 식이 제한이 있는 고객들을 위한 유제품이 함유되지 않은 빵과 과자도 구매하실 수 있습니다. 또한 오늘만 할인되는 품목에는 2번 통로 애완동물 코너의 Martin 고양이 사료와 3번 통로 캔 제품 코너의 Lank 브랜드 수프 전 제품이 있습니다. Green's를 찾아주신 데 늘 감사드립니다.

|정답| 4. (C) 5. (A) 6. (B)

1. What is the purpose of the announcement?
(A) To inform about new items
(B) To inform about a discount sale
(C) To inform about the store policy
(D) To inform about the working hours

2. How long will the event last?
(A) One week
(B) Two weeks
(C) Three weeks
(D) Four weeks

3. How much will customers save on a television set?
(A) Thirty percent
(B) Forty percent
(C) Fifty percent
(D) Sixty percent

4. Why is the library changing its working hours?
(A) It will be under renovation.
(B) It is short of workforce.
(C) Patrons return items too late.
(D) It has seasonal operating hours.

5. What time does the library open its doors on weekdays?
(A) At 9 A.M.
(B) At 10 A.M.
(C) At 11 A.M.
(D) At noon

6. What does the speaker imply when she says, "Regular library hours will resume on the first of September"?
(A) Regular working hours are shorter.
(B) The employees will work from home.
(C) Summer hours last for two months.
(D) Patrons are not familiar with a new policy.

7. Who is the speaker?
(A) A city official
(B) A police officer
(C) A news reporter
(D) A talk show host

8. When will it rain again?
(A) On Friday night
(B) On Saturday morning
(C) On Saturday night
(D) On Sunday

9. Why does the speaker say, "be sure to drive carefully"?
(A) Due to heavy rain
(B) Due to traffic congestion
(C) Due to icy roads
(D) Due to road repairs

Sanitary Inspection	
Business Name: Anthony Pizza	**Comments:** Bathroom / failed
Check Lists: ☑ Kitchen ☑ Hall ☑ Bathroom	**Inspector:** *Sarah McLean*

10. Where does the speaker work?
(A) At a coffee shop
(B) At a restaurant
(C) At a dry cleaner
(D) At a shopping mall

11. Look at the graphic. Which category of the table does the speaker ask about?
(A) Comments
(B) Business Name
(C) Check Lists
(D) Inspector

12. Why does the speaker mention Friday?
(A) He has a group reservation.
(B) He has a client meeting.
(C) He needs to be trained.
(D) He will launch a new menu.

Questions 1-3 refer to the following announcement.

M: _____ M-Mart customers. We are _____ to announce that our tenth anniversary is fast _____. And to mark this _____ in M-Mart history, _____ _____ holding a _____ Blowout Sale where _____ in the store is 30 to 60% off! From now until the _____ _____ September, you can _____ _____ on all merchandise. Preparing for _____ winter days? Save 30% on all M-Mart brand clothes! Need a new _____? All electronics are an _____ 60% off. Our low _____ are now even lower. Don't wait. Hurry down to M-Mart and save!

- -

Questions 4-6 refer to the following announcement.

W: Dear _____. The Thompson Library will _____ its summer hours from July 1. From Monday to Friday, the _____ will be open from 9 to 9 and on Saturday from _____ _____ _____. The library will not be open on Sundays. Three-day _____ _____ such as DVDs, videos and CDs taken out on Thursdays will _____ _____ back on Mondays for the _____ of the summer. As always, patrons _____ library materials when the library is _____ may place them in the outdoor drop-box _____ to the right of the main entrance. _____ library hours will _____ on the first of September.

RC

01 문장과 품사

1. 자동사/타동사를 정확히 구분하고 기본 5형식 문장 구조를 암기한다.

2. [주어 + 동사]의 구조에서는 자동사/타동사, 능동태/수동태, 수 일치, 시제를 구분한다.

3. 문장의 필수 성분인 주어, 동사, 목적어, 보어를 제외한 나머지는 모두 수식어이다.

4. 수식어는 부사류(4가지)와 한정적 용법으로 쓰이는 형용사류(5가지)를 말한다.

5. 영어 품사 7가지와 품사별 상당어구를 암기해야 한다.

6. 600점 이하라면 5형식 문장 구조와 7품사부터 학습해야 한다.

문장의 5형식

자동사 (vi.)	1형식 완전자동사	s + v	수동태 불가능
	2형식 불완전자동사	s + v + **보어**	
타동사 (vt.)	3형식 완전타동사	s + v + **목적어**	수동태 가능
	4형식 수여동사	s + v + **간접목적어 + 직접목적어**	
	5형식 불완전타동사	s + v + **목적어** + 보어	

문장의 5형식 예문

	s + v
1형식 완전자동사	A bird **flies**. 새 한 마리가 난다. A man **walks**. 한 남자가 걷는다. She **works**. 그 여자는 일한다. The sun **rises**. 태양이 떠오른다.

2형식 불완전자동사	s + v + 보어(명사/형용사)
	I **am** a student. 나는 학생이다. (=) I **am** busy. 나는 바쁘다. She **is** a teacher. 그녀는 선생이다. (=) She **is** beautiful. 그녀는 예쁘다.
3형식 완전타동사	s + v + 목적어
	She **washed** her car. 그녀는 자신의 자동차를 닦았다. He **knows** my address. 그는 나의 주소를 알고 있다. I **met** Susan. 나는 Susan을 만났다. The boy **broke** the window. 그 소년은 창문을 깨뜨렸다.
4형식 수여동사	s + v + 간접목적어(사람) + 직접목적어(사물)
	I **gave** him a book. 나는 그에게 책 한 권을 주었다. He **told** me the news. 그는 나에게 그 소식을 알려주었다. She **asked** me a question. 그녀는 나에게 질문 하나를 했다. I **bought** her a car. 나는 그녀에게 차를 사 주었다.
5형식 불완전타동사	s + v + 목적어 + 보어(명사/형용사)
	They **made** the information available. 그들은 정보를 이용할 수 있도록 했다. We **keep** customer data confidential. 우리는 고객 정보를 기밀로 유지한다. I **found** the dictionary useful. 나는 그 사전이 유용하다는 것을 알게 되었다. We **consider** him a good leader. 우리는 그가 훌륭한 리더라고 생각한다. (=)

품사

8품사	품사 대분류	7품사	기능
① 명사	핵심어	명사	• 명사는 문장의 주어, 타동사의 목적어, 전치사의 목적어, 보어로 사용된다.
② 대명사		동사	• 동사는 주어의 동작/상태를 설명하는 서술어다. • 품사 전력 100% 중 97%의 비중을 차지하며 각 동사의 성격에 따라 문장 구조 5형식을 나누고 준동사로 변형되어 사용되기도 한다. • **준동사**에는 동명사, to부정사, 원형부정사, 분사가 있다.
③ 동사			

		형용사	• 명사를 수식하며 불완전동사의 보어로 사용된다. • 원급 – 비교급 – 최상급으로 비교 변화한다.
④ 형용사 ⑤ 부사 ⑥ 전치사 ⑦ 접속사 ⑧ 감탄사	수식어	부사	• 부사는 완전한 문장에서 다른 부사, 부사구(전명구), 부사절, 동사, 형용사, 문장 전체를 수식한다. • 원급 – 비교급 – 최상급으로 비교 변화한다.
		한정사	• 명사를 수식하여 명사가 단수인지, 복수인지, 한정된 것인지, 막연한 것인지를 객관적으로 나타낸다.
	연결어	전치사	• 하나의 낱말과 다른 낱말 사이의 연결어. 전치사 뒤에는 전치사의 목적어인 명사가 붙어 하나의 말 덩어리(구)를 이루기 때문에 **전명구**라 부르며 수식대상에 따라 **형용사구**, **부사구**로 나누어진다.
		접속사	• 문장과 문장을 이어주는 연결어로 **종속절**은 품사 성격에 따라 **명사절, 형용사절, 부사절**로 사용된다.

품사의 기능과 품사별 상당어구 (품사 구구단의 숫자를 암기하세요!)

품사 구구단	품사의 기능	품사별 상당어구
1. 명사(4:7)	• 4는 문장 내 명사의 기능 4가지 ① 문장의 주어 ② 타동사의 목적어 ③ 전치사의 목적어 ④ 보어	• 7은 명사 상당어구(명사류) 7가지 ① 명사(+ 한정사 4:8:6) ② 대명사(8가지) ③ 동명사 ④ to부정사(명사적 용법) ⑤ 명사구(12가지) ⑥ 명사절(6가지) ⑦ the + 형용사
2. 동사(5:4)	• 5는 동사의 핵심 포인트 5가지 ① 자동사/타동사 구분 ② 능동태/수동태 구분 ③ 주어 + 동사의 수 일치 구분 ④ 시제 구분 ⑤ 정동사/준동사 구분	• 4는 준동사 4가지 ① 동명사 ② to부정사(명사/형용사/부사적 용법) ③ 원형부정사(명사/형용사적 용법) ④ 분사(현재분사/과거분사)
3. 형용사(2:5)	• 2는 형용사의 기능 2가지 ① 명사 수식 ② 주격/목적격 보어로 사용	• 5는 형용사 상당어구 5가지 ① 형용사 ② 형용사구(전명구) ③ 형용사절(10가지) ④ to부정사(형용사적 용법) ⑤ 분사(현재분사/과거분사)

4. 부사(6:8:4)	• 6은 부사의 수식 기능 6가지 • 부사는 문장이 완전할 때, 　① 다른 부사 　② 부사구(전명구) 　③ 부사절(9가지) 　④ 동사(부사의 90%는 동사 수식) 　⑤ 형용사 　⑥ 문장 전체를 수식한다. • 8은 동작에 관한 기본정보 8가지 • 부사는 동작이 벌어진, 　① 장소 　② 방법 　③ 시간 　④ 날짜 　⑤ 이유 　⑥ 정도 　⑦ 빈도 　⑧ 부정 등을 알려준다.	• 4는 부사 상당어구 4가지 　① 부사 　② 부사구(전명구) 　③ 부사절(9가지) 　　❶ 시간 ❷ 조건 ❸ 이유 ❹ 양보 ❺ 목적 　　❻ 결과 ❼ 동시 발생 ❽ 비례/양태 　　❾ 복합관계사 　④ to부정사(부사적 용법 7가지) 　　❶ 목적: ~하기 위하여 　　❷ 원인/이유: ~하기 때문에 　　❸ (상황·판단의) 근거: ~하다니 　　❹ 조건: ~한다면 　　❺ 결과: ~하게 되다 　　❻ 부사 수식 　　❼ 형용사 수식
5. 한정사(4:8:6)	• 한정사는 명사가 가산인지/불가산인지 결정된 후, • 명사의 성격을 4가지로 한정한다. 　① 단수인지 　② 복수인지 　③ (정확히) 한정된 것인지 　④ (부정확한) 막연한 것인지 • 8은 단수/복수, 기본한정사 8가지 　① **a** book 　② **one** book 　③ **each** book 　④ **every** book 　⑤ **another** book 　⑥ **either** book 　⑦ **neither** book 　⑧ 복수의 **-s, -es**	• 6은 단수/복수, 기본한정사 이외의 한정사 　① 정관사 the 　② 지시형용사 this/that, these/those 　③ 인칭대명사의 소유격 　④ some/any(만능한정사) 　⑤ no(만능한정사) 　⑥ 각종 수량형용사(가산/불가산 주의) 　　❶ many books, few books 　　❷ much money, little money
6. 전치사(5:2)	• 낱말과 낱말 사이의 연결어 • 명사 앞(전)에 위(치)한다는 의미 • [전치사 + 전치사의 목적어]가 되는 5대 요소 　① 명사 　② 대명사 　③ 동명사 　④ 명사구(12가지) 　⑤ 명사절(6가지)	• [전치사 + 명사]의 [전명구]를 형성, 2가지 품사 기능을 한다. 　① 형용사구 　② 부사구

	• 문장과 문장을 이어주는 연결어 4종류	• [종속접속사]가 이끄는 [종속절]은 3가지 품사 기능을
7. 접속사(4:3)	① 등위접속사 ② 등위상관접속사 ③ 종속접속사 ④ 문장접속부사	한다. ① 명사절(6가지) ② 형용사절(10가지) ③ 부사절(9가지)

5형식 문장 구조와 수식어

A 완전한 문장이 부사(류)와 결합하는 경우

부사1 A plane **flies very high**.

비행기가 매우 높게 날고 있다.

부사2 **Increasingly**, they are spending a lot of money on environmental issues.

그들은 환경 문제에 점점 더 많은 예산을 사용하고 있다.

부사구1 The traffic accident **happened at the intersection**.

교차로에서 교통사고가 발생했다.

부사구2 **Despite the controversy**, the demand for energy drinks is increasing.

논란에도 불구하고 에너지 음료에 대한 수요는 증가하고 있다.

부사절1 She **answered** the phone herself **when I called her this morning**.

오늘 아침 내가 전화했을 때 그녀는 직접 전화를 받았다.

부사절2 **If you join our club this month**, you will receive extra benefits.

만약 이번 달에 클럽에 가입한다면, 추가 혜택을 받을 것이다.

to부정사1 I **usually read** books **to get new information**.

나는 새로운 정보를 얻기 위해 주로 책을 읽는다.

to부정사2 **To make the project successful**, we had to hire several experts.

프로젝트를 성공시키기 위해 우리는 몇몇 전문가를 고용해야 했다.

PART 5, 6 & 7

CH 01
CH 02
CH 03
CH 04
CH 05
CH 06
CH 07
CH 08
CH 09
CH 10

B 완전한 문장이 한정적인 용법의 형용사(류)와 결합하는 경우

형용사 1 They will allocate **sufficient funds** for **promotional events**.

그들은 판촉 행사에 충분한 기금을 할당할 것이다.

형용사 2 The **tentative schedule** for the meeting will be released soon.

회의를 위한 임시 일정표가 곧 발표될 것이다.

형용사구 The storm destroyed most convenient **facilities on the coast**.

폭풍우는 해안에 있는 대부분의 편의시설을 파괴했다.

형용사절 1 John is a **person who can speak many languages**.

John은 다국어를 할 수 있는 사람이다.

형용사절 2 I know **the reason why he is considering switching to a new job**.

나는 그가 이직하려는 이유를 알고 있다.

to부정사 People have **the right to die with dignity**.

사람들은 존엄하게 죽을 권리가 있다.

현재분사 I'll meet **the client requesting** an estimate for our services.

나는 우리 서비스에 대한 견적을 요구하는 고객을 만날 것이다.

과거분사 Few applicants meet the **required qualifications** for the position.

그 직책이 요구하는 자격요건을 충족시키는 지원자는 거의 없다.

품사

A 명사(4:7)

명사/주어 **Customer satisfaction** is our top priority.

고객만족은 우리의 최우선 사항이다.

대명사/타+목 Although the singers are popular, I've never seen **them** in person.

비록 그 가수들은 인기가 있지만, 그들을 직접 본 적은 없다.

동명사/전+목 We made a considerable profit by **launching** a new product.

우리는 신제품을 출시함으로써 큰 이익을 냈다.

to부정사/타+목 Mr. Whitman plans **to resign** from the company.

Whitman 씨는 회사에서 사임할 예정이다.

명사구/전+목	We had a discussion about **how to solve** the problems.

우리는 그 문제들을 어떻게 해결할지에 대해 토론했다.

명사절/타+목	The CEO announced **that Mr. James would manage a new team**.

회사 대표는 James 씨가 새로운 팀을 운영할 것이라 발표했다.

명사/보어	Mr. McBride studied hard and he finally became **a lawyer**.

McBride 씨는 열심히 공부해 마침내 변호사가 되었다.

B 동사(5:4)

자동사	An important summit will **take place** in Beijing next month.

중요한 정상회담이 다음 달 베이징에서 열린다.

타동사	We should **wear** protective gear at all times. 우리는 항상 보호장비를 착용해야 한다.

능동태	**They deliver** goods by truck. 그들은 상품을 트럭으로 배송한다.

수동태	**Goods are delivered** by truck (by them). 상품은 트럭으로 배송된다.

수 일치/단수	A recent study **shows** that the medicine is harmful to the human body.

최근의 한 연구는 그 약이 인체에 해롭다는 사실을 보여주고 있다.

수 일치/복수	There **were** many attendees from different nations.

다른 나라에서 온 많은 참가자들이 있었다.

시제/현재	We **extend** our thanks for your aggressive support.

우리는 여러분들의 적극적인 지지에 감사드립니다.

시제/과거	The crops **were** damaged by hail a few days ago.

작물들이 며칠 전 우박으로 피해를 입었다.

C 형용사(2:5)

형용사	We congratulated them on their **third consecutive** league title.

우리는 그들의 3연속 리그 우승을 축하했다.

형용사구	Christina became the employee of the year.

Christina는 올해의 직원이 되었다.

형용사절	He is a famous actor who has won many awards.

그는 많은 상을 받은 유명한 배우이다.

to부정사 We will have an opportunity **to participate** in the event.

우리는 행사에 참가할 기회를 갖게 될 것이다.

현재분사 We are suffering from the **soaring** prices of international oil.

우리는 상승하는 국제 유가로 피해를 보고 있다.

과거분사 You must get **written** consent from your immediate supervisor.

당신은 직속 상관으로부터 서면 동의를 구해야 한다.

한정용법 1 The **weeklong** festival was full of **surprising** spectacles.

일주일에 걸친 그 축제는 놀라운 구경거리로 가득했다.

한정용법 2 There are some lunch menus **available** for delivery.

배달 가능한 점심 메뉴가 몇 가지 있다.

보어/서술용법 1 Customers are **aware** of the features of our products.

고객들은 우리 제품의 특징을 알고 있다.

보어/서술용법 2 We work hard to make our products **available** to everyone.

우리는 모두가 우리 제품을 이용할 수 있도록 열심히 일한다.

전치 수식 They seek **motivated** applicants.

그들은 적극적인 지원자들을 찾고 있다.

후치 수식 The road **closed** to traffic is currently under renovation.

통행이 금지된 그 도로는 현재 보수 중이다.

D 부사(6:8:4)

동사 수식 We **finally** agreed to merge with the rival company.

우리는 마침내 경쟁사와 합병하기로 동의했다.

형용사 수식 The car is equipped with a **really** powerful engine.

그 자동차에는 대단히 강력한 엔진이 장착되어 있다.

문장 수식 **These days**, funds usually come from foreign investors.

요즘에는 자금이 보통 외국 투자가들로부터 온다.

PART 5,6&7

CH 01

CH 02

CH 03

CH 04

CH 05

CH 06

CH 07

CH 08

CH 09

CH 10

부사 We <u>follow</u> all the steps in the manual **carefully**.

우리는 설명서의 모든 단계를 꼼꼼히 따른다.

부사구 She has <u>worked</u> **for the company for over 10 years**.

그녀는 10년 이상 그 회사에서 근무하고 있다.

부사절 **Although she is a new employee,** <u>she is leading a design project</u>.

비록 그녀는 신입 사원이지만, 디자인 프로젝트를 이끌고 있다.

to부정사 **To reduce energy costs**, <u>we are limiting use of the heating system</u>.

연료비 절감을 위해 우리는 난방 장치의 사용을 제한하고 있는 중이다.

E 한정사(4:8:6)

단수 I purchased **a** computer to do my paperwork.

나는 서류 작업을 위해 컴퓨터 한 대를 구매했다.

복수 Computer**s** can process a large amount of information at a time.

컴퓨터는 많은 양의 정보를 한번에 처리할 수 있다.

한정 I especially like **the** <u>car that you recommended</u>.

나는 특히 당신이 추천한 자동차가 마음에 든다.

부정 I'm going to buy **a** car next month.

나는 다음 달에 자동차를 구매할 것이다.

F 전치사(5:2)

전+목/명사 The repair work **on** the old building will begin next month.

그 낡은 건물에 대한 보수 공사가 다음 달에 시작될 것이다.

전+목/대명사 We can make others happy by saying something nice **to** them.

우리는 좋은 말을 해줌으로써 타인들을 기쁘게 해줄 수 있다.

전+목/동명사 She led her company to success **by** developing new technology.

그녀는 신기술을 개발함으로써 회사를 성공으로 이끌었다.

전+목/명사구 The study raised a question **about** what to do next.

그 연구는 향후 무엇을 해야 할지에 대한 의문을 제기했다.

전+목/명사절 There was a question **about** whether we should help them or not.

그들을 도와야 할지 말지에 대한 의문이 있었다.

형용사구 The buildings **near** the train station were severely damaged by fire.

기차역 인근의 건물들은 화재로 심각한 손해를 입었다.

부사구 1 Most employees were late for work **due to** heavy snow.

대부분의 직원들이 폭설 때문에 직장에 지각했다.

부사구 2 **Due to** heavy snow, most employees were late for work.

폭설 때문에 대부분의 직원들이 직장에 지각했다.

G 접속사(4:3)

등위접속사 She is a doctor **and** her husband is a lawyer.

그녀는 의사이고 그녀의 남편은 변호사이다.

등위상관접속사 Government policies **neither** created jobs **nor** grew the economy.

정부 정책은 일자리를 만들지도 경제를 성장시키지도 못했다.

종속/명사절 I know **that** he will be a good leader.

나는 그가 좋은 지도자가 될 것임을 알고 있다.

종속/형용사절 He is the man **who** helped me whenever I was in trouble.

그는 내가 힘들 때마다 나를 도와준 사람이다.

종속/부사절 **If** you get a high fever, see your doctor immediately.

만일 고열이 있으면, 즉각 의사를 찾아가십시오.

문장접속부사 He produced many movies; **however**, he did not make a big hit.

그는 많은 영화를 제작했지만, 큰 히트작을 만들지는 못했다.

PART 5

1. ------- are required to walk through a metal detector to enter the showroom.
   (A) Visitor
   (B) A visitor
   (C) All visitors
   (D) Every visitor

2. There ------- many inquiries from customers since the launch of our new product.
   (A) have been
   (B) has been
   (C) were
   (D) are

3. A traffic accident ------- at the intersection of Second Avenue and Main Street.
   (A) take place
   (B) took place
   (C) was taken place
   (D) has been taken place

4. We read books and magazines ------- more information about the fashion industry.
   (A) for get
   (B) to getting
   (C) gotten
   (D) to get

5. -------, the director called at my office when I was busy with a new project.
   (A) Unfortunate
   (B) Unfortunately
   (C) Unfortunateness
   (D) Unfounded

6. Mr. Gustav is a manager ------- can settle the disputes in an amicable manner.
   (A) who
   (B) whose
   (C) whom
   (D) what

7. Several coffee chains announced ------- they would reduce the use of disposable cups.
   (A) what
   (B) which
   (C) that
   (D) whom

8. The researchers say that they ------- carefully testing the drug for 10 months.
   (A) are
   (B) were
   (C) has been
   (D) have been

9. ------- changes to the original plan are posted online, we don't distribute handouts.
   (A) Besides
   (B) Since
   (C) And
   (D) So

10. Please, notice that our tentative schedule is subject to change ------- prior notice.
    (A) without
    (B) to
    (C) owing to
    (D) due to

PART 6

Questions 1-4 refer to the following memorandum.

To: O-Mart employees
From: Samuel Johnson, general supervisor
Date: September 5
Subject: Extended Working Hours

To All Employees,

------- on September 9, we will extend our operating hours for a special promotion.
1.
Monday through Sunday, we will open one hour earlier and close one hour later than

usual, so our weekday hours will be 10 A.M. to 10 P.M. and our weekend hours will be

9 A.M. to 9 P.M. Please ------- Ms. Yanaki whether or not you can put in extra hours at
2.
any of these additional times. -------. As always, any employee who ------- extra hours will
3. **4.**
receive overtime payment.

1. (A) Issuing
   (B) Indicating
   (C) Expressing
   (D) Beginning

2. (A) inform
   (B) invite
   (C) equip
   (D) attribute

3. (A) Her business trips are mandatory.
   (B) Her extension number is 334.
   (C) Her working hours are variable.
   (D) Her achievements deserve praise.

4. (A) work
   (B) works
   (C) worked
   (D) working

PART 7

Questions 1-2 refer to the following advertisement.

**Try Indian Department Store
during the annual discount event!**

This Monday through Saturday, only for 6 days.
Most of the goods including outdoor and casual clothing are 20-40% off.
Come early as new and brand-name items will go fast.
Save big at any of our locations: Buffalo, Binghamton, Albany.

Note:
• Discounts exclude sports shoes and leather jackets.
• During the event, we are open from 10 A.M. to 11 P.M. Our regular
  store hours are 10 A.M. to 9 P.M. Closed Sundays.

---

1. How often is the event held?
    (A) Once a week
    (B) Once a month
    (C) Once a year
    (D) Twice a year

2. What can be implied through the
    advertisement?
    (A) It won't follow regular business
        hours.
    (B) It is limited to loyal customers.
    (C) It will last for a week.
    (D) Running shoes are on sale for 20%
        off.

PART 5,6&7

CH 01

CH 02

CH 03

CH 04

CH 05

CH 06

CH 07

CH 08

CH 09

CH 10

CHAPTER **02** 명사와 한정사

1. 명사는 [4:7]이다. 즉 명사의 문장 내 기능은 4가지, 명사 상당어구(명사류)는 7가지이다.
2. 명사는 문장에서 주어, 타동사의 목적어, 전치사의 목적어, 보어로 기능한다.
3. 명사류는 명사, 대명사, 동명사, to부정사, 명사구, 명사절, [the + 형용사]이다.
4. 명사는 가산명사/불가산명사로 나뉘며 단수/복수, 한정/부정을 나타내는 한정사와 함께 쓰인다.
5. 한정사는 [4:8:6]이며 명사의 성격을 단수/복수, 한정/부정으로 구분해 준다.

명사 [4:7]의 기본 구조

기능(4가지)		문장의 주어, 타동사의 목적어, 전치사의 목적어, 보어
명사류(7가지)	명사	• 가산명사/불가산명사, 단수/복수, 한정/부정에 따라 각각에 알맞은 한정사를 수반해야 한다.
	대명사(8가지)	① 인칭대명사(인칭 구분, 단수/복수 구분, 격 구분) ② 소유대명사(mine, ours, yours, his, hers, theirs) ③ 재귀대명사(강조용법, 재귀용법, 관용적인 용법 구분) ④ 의문대명사(what, which, who, whom) ⑤ 지시대명사(this/that, these/those) ⑥ 부정대명사(one/another, some/others) ⑦ 관계대명사(who, whose, whom, which, that, what) ⑧ 부분대명사(most of the applicants, some of them)
	동명사	• [v + ing] 형태, 3인칭 단수명사로 사용되고 부사의 수식을 받음 • 의미상의 주어가 있을 수 있으며, 타동사는 목적어 수반, 불완전동사는 보어 수반
	to부정사	• [to + v] 형태, 3인칭 단수명사로 사용되며 부사의 수식을 받음 • 명사뿐만 아니라 형용사, 부사적 용법으로도 사용됨 • 의미상의 주어가 있을 수 있으며, 타동사는 목적어 수반, 불완전동사는 보어 수반
	명사구(12가지)	• [의문사 + to + v], [whether to + v]의 형태, 3인칭 단수명사로 간주됨 • 의문대명사(what, which, who, whom) • 의문형용사(what book, which book, whose book) • 의문부사(where, when, why, how)

명사절(6가지)	• that s + v • if / whether s + v • 의문사 전체(11가지) s + v • 복합관계대명사(whatever, whichever, whoever, whomever) s + v • 복합관계형용사(whatever book, whichever book, whosever book) s + v • 관계대명사 what s + v	
	the + 형용사	• 복수명사 • 단수 / 복수 모두 사용되는 명사

한정사 [4:8:6]의 기본 구조

4	• 한정사는 명사의 단수/복수, 한정/부정을 나타낸다.
8	• 가산명사의 단수/복수를 나타내는 한정사 8가지를 말한다. • 기본적으로 불가산명사에는 사용할 수 없다. • ① **a** book ② **one** book ③ **each** book ④ **every** book ⑤ **another** book ⑥ **either** book ⑦ **neither** book ⑧ 복수의 -s / -es
6	• 정확한 한정사: ① 정관사 the ② 지시형용사(this / that) ③ 소유격(my, your) • 만능 한정사: 가산/불가산, 단수/복수명사를 모두 수식 ④ some / any ⑤ no ⑥ 각종 수량형용사(many books / much money)

명사의 기능 4가지

문장의 주어 **All the profits** from the auction will be sent to the charity organization.

경매의 모든 수익금은 자선단체로 보내질 것이다.

타동사의 목적어 Every application for the project should include **detailed information**.

프로젝트를 위한 모든 신청서는 상세한 정보를 담아야 한다.

전치사의 목적어 Most customers prefer an Internet banking system due to **its conveniences**.

대부분의 고객들은 편리함 때문에 인터넷 뱅킹 시스템을 선호한다.

주격보어 The building still remains **an icon of the city**.
=

그 건물은 여전히 도시의 상징으로 남아 있다.

목적격보어 We consider Ms. Tennyson (as/to be) **an expert** in tax law.
=

우리는 Tennyson 씨가 조세법 전문가라고 생각한다.

명사 상당어구(명사류) 1: 명사

- 명사는 가산명사와 불가산명사로 나뉘며, 가산명사는 단수와 복수를 구분해 사용해야 한다.
- 가산명사는 단수/복수, 한정/부정, 수량을 나타내는 한정사와 함께 사용해야 한다.

A 가산명사: 보통명사, 집합명사

- **보통명사:** 눈에 보이고 형체가 일정해 셀 수 있는 가산명사의 대표 명사
- **집합명사:** 낱개의 명사를 집합체로 간주하는 명사로, 단수/복수에 따라 의미 차이가 있음.

보통명사/단수 We need **a** small fish tank to keep tropical fish.
우리는 열대어를 기르기 위해 작은 어항이 필요하다.

보통명사/복수 Mr. Bell has various **books** about archaeology.
Bell 씨는 다양한 고고학 서적을 가지고 있다.

집합명사/복수1 **People** have the right to express their political beliefs.
사람들은 그들의 정치적 신념을 표현할 수 있는 권리가 있다.

집합명사/복수2 My family **are** all in favor of immigrating to New Zealand.
우리 가족은 뉴질랜드 이민에 모두 찬성이다.

집합명사/단수 My family **is** made up of three generations living together.
우리 가족은 함께 살고 있는 3대로 구성되어 있다.

집합명사 · 보통명사화1 There are **many peoples** in Asia.
아시아에는 많은 민족이 있다.

집합명사 · 보통명사화2 **Five families** live in this small village.
이 작은 마을에는 다섯 가구가 살고 있다.

B 불가산명사: 물질명사, 추상명사, 고유명사

- **물질명사:** 액체, 기체, 고체 등 물질로 존재하지만 형체가 일정하지 않아 셀 수 없음
- **추상명사:** 머릿속에 개념은 있지만 실제 존재하지 않는 명사
- **고유명사:** 사람, 도시, 국가 등의 이름

물질명사 I usually drink **coffee** in the morning.
나는 보통 아침에 커피를 마신다.

추상명사 Everyone in this country can practice **freedom** of speech.
이 나라의 모든 사람들은 표현의 자유를 누릴 수 있다.

고유명사/사람 **Bruce Webster** has been an advocate for women's rights.
> Bruce Webster는 여성 권리 옹호자였다.

고유명사/도시 I have been to **Paris** three times this month alone.
> 나는 이번 달에만 세 번이나 파리에 다녀왔다.

고유명사/국가 Macau was the first and last European colony in **China**.
> 마카오는 중국에 있는 최초이자 최후의 유럽 식민지였다.

C 불가산명사의 가산명사화

불가산명사인 물질, 추상, 고유명사를 [개별화, 개체화, 종류화, 작품화, 제품화, 건수화]시키면 가산명사로 처리된다.

개별화	paper 종이 / 물질명사	a paper / papers 논문 a success / successes 성공한 사람, 작품, 사건 an evidence / evidences 증거 자료
개체화	stone 돌, 석재 / 물질명사	a stone / stones 돌멩이
종류화	time 시간 / 추상명사	a good time / good times 좋은 시간
작품화	Picasso 피카소 / 고유명사(인명)	a Picasso / Picassoes 피카소의 그림
제품화	Ford 포드 / 고유명사(인명)	a Ford / Fords 포드 자동차
건수화	fire 불 / 물질명사	a fire / fires 화재 사건

종류화 We had **a good time** outdoors over the weekend.
> 우리는 주말 동안 야외에서 즐거운 시간을 보냈다.

건수화 **Many fires** break out during the dry season.
> 건기에는 많은 화재가 발생한다.

D 절대불가산명사

어떤 상황에서도 개별화, 개체화의 영향을 받지 않는다. a/an, -s, -es 등 단수/복수를 나타내는 기본 한정사 8가지를 사용할 수 없다.

information 정보	vocabulary 어휘	traffic 교통(량)
equipment 장비	jewelry 보석류	weather 날씨
clothing 의류	mail 우편물류	luck 행운
furniture 가구류	machinery 기계류	damage 손상
luggage/baggage 화물	merchandise 상품	news 뉴스

절대불가산 1 They will provide **a lot of information** through the newsletter.
> 그들은 소식지를 통해 많은 정보를 제공할 것이다.

절대불가산 2 The small company lacks **proper equipment** for underwater missions.
> 그 소기업은 수중 작업을 위한 적당한 장비가 부족하다.

명사 상당어구(명사류) 2: 대명사(8가지)

A 인칭대명사

인칭에 따라 단수/복수, 격을 구분해 사용해야 한다.

인칭	수	주격	소유격	목적격	소유대명사	재귀대명사
1인칭	단수	I	my	me	mine	myself
	복수	We	our	us	ours	ourselves
2인칭	단수	You	your	you	yours	yourself
	복수	You	your	you	yours	yourselves
3인칭	단수	He	his	him	his	himself
	단수	She	her	her	hers	herself
	단수	It	its	it	×	itself
	복수	They	their	them	theirs	themselves

1인칭/단수 **I** am going to apply to the University of Georgia.

나는 조지아 대학에 지원할 것이다.

1인칭/복수 **We** are going to raise funds to fight against the Ebola virus.

우리는 에볼라 바이러스 퇴치를 위한 기금을 조성할 것이다.

주격 **He** has studied international relations since 2008.

그는 2008년 이후 국제관계를 연구해 오고 있다.

소유격 Mr. Russell is very proud of **his** wife's success as a fashion designer.

Russell 씨는 패션 디자이너로서 아내의 성공을 대단히 자랑스러워한다.

목적격 Many people believe that the four-leaf clover brings **them** good luck.

많은 사람들이 네잎 클로버가 자신들에게 행운을 가져다 준다고 믿는다.

B 소유대명사

명사의 4가지 기능을 모두 할 수 있고, 통상 전치사 [of의 목적어] 자리에서 이중소유격으로 사용된다.

주어 You can use my car if **yours** has a mechanical problem.

만일 당신의 자동차에 기계 결함이 있다면 제 차를 이용하세요.

이중소유격 1 Among the similar products, he especially liked one of **ours**.

유사한 제품들 중에, 그는 특히 우리 제품들 중 하나를 좋아했다.

이중소유격 2 I recommended a student of **mine** for the position.

나는 그 직책에 내 학생들 중 한 명을 추천했다.

이중소유격 3 I could meet some friends of **Robert's**.

나는 Robert의 친구들 중 몇 명을 만날 수 있었다.

C 재귀대명사

강조용법, 재귀용법, 관용적인 용법으로 사용된다. 강조용법은 생략 가능하지만, 재귀용법은 생략할 수 없다.

강조용법 Mr. Cook, the CEO of the company, welcomed the new employees **himself**.

회사대표인 Cook 씨는 신입사원들을 몸소 환영했다.

재귀용법 You have to prove **yourself** (to be) a talented salesperson.

당신은 자신이 재능 있는 판매원임을 입증해야 한다.

관용적인 용법 1 She had to solve all the problems **by herself**.

그녀는 혼자서 그 모든 문제를 해결해야만 했다.

관용적인 용법 2 The volunteers finished the work **by themselves**.

자원봉사자들은 자력으로 일을 끝마쳤다.

BONUS 재귀대명사의 관용적인 용법

- for oneself 스스로
- by oneself 혼자서(= alone)
  = on one's own 혼자서, 자력으로
- of itself 저절로, 제 스스로

- between ourselves 우리 사이에만
- beside oneself 미친, 제정신이 아닌
- to oneself 배타적으로, 자기에게만
- in itself 그 자체로, 본질적으로

D 의문대명사

what, which, who, whom 등은 단문에서는 단순명사로 쓰여 주어, 목적어, 보어 역할을 하며 복문에서는 명사, 접속사 역할을 한다.

what/단문/보어 **What** is your favorite sport?

당신이 가장 좋아하는 운동은 무엇입니까?

what/복문/접속사/보어 I know **what** your favorite sport is.

나는 당신이 가장 좋아하는 운동이 무엇인지 알고 있다.

what/복문/접속사/목적어 I know **what** you are trying to say.

나는 당신이 무엇을 말하려 하는지 알고 있다.

which/복문/접속사/보어 I know **which** your desk is.

나는 당신의 책상이 어떤 것인지 알고 있다.

who/단문/주어 **Who** has my file?

누가 제 파일을 가지고 있어요?

PART 5,6&7

CH 01
CH 02
CH 03
CH 04
CH 05
CH 06
CH 07
CH 08
CH 09
CH 10

who/복문/접속사/주어 I know **who** closed the door.
나는 누가 문을 닫았는지 알고 있다.

whom/복문/접속사/목적어 I know **whom** you met in the park.
나는 공원에서 당신이 누구를 만났는지 알고 있다.

E 지시대명사

사람, 사물을 모두 대신할 수 있으며 this/that, these/those가 있다.

단수/this **This** is my new electronic dictionary.
이것은 나의 새 전자 사전이다.

단수/that **That** is a discarded desk.
저것은 버려진 책상이다.

복수/these **These** are the files that we have to review.
이것들은 우리가 검토해야 할 파일이다.

복수/those **Those** are your office supplies.
저것들은 당신의 사무용품이다.

단수/that They proved Jake's manner of walking is similar to **that** of the suspect.
그들은 Jake의 걸음걸이가 용의자의 그것과 비슷하다는 것을 입증했다.

복수/those 1 The daily lives of urban people are different from **those** of rural people.
도시 사람들의 일상은 시골 사람들의 그것과는 다르다.

복수/those 2 This place is popular to **those** who enjoy camping.
이곳은 캠핑을 즐기는 사람들에게 인기 있다.

F 부정대명사

정해지지 않은 막연한 사람 또는 사물을 대신하는 대명사이다.

❶ 대상이 단수의 연속인 경우 하나는 one, 또 다른 하나는 another

♥	♥	♥	♥	♥	♥
one	another	the third	the fourth	the fifth	the sixth

You can transfer money from **one account** to **another** without any transaction fees.
당신은 이체 수수료 없이 하나의 계좌에서 다른 계좌로 돈을 이체할 수 있다.

❷ 다수의 대상이 3 부류로 나누어지는 경우 각각 some, others, the others

♥ ♥ ♥	♥ ♥ ♥	♥ ♥ ♥
some	others	the others

Among the participants, **some** agreed to the plan but **others** didn't.
참석자 중 몇 명은 그 계획에 동의했지만 다른 사람들은 반대했다.

❸ 대상이 2개인 경우 하나는 one, 나머지는 the other

♥	♥
one	the other

Of the two models, **one** has search functions but **the other** doesn't.
두 제품 중, 하나는 검색 기능이 있지만 나머지 하나는 그렇지 않다.

❹ 대상이 3개인 경우 하나는 one, 나머지 둘은 the others

♥	♥ ♥
one	the others

Among the three applicants, **one** has much experience but **the others** don't.
세 명의 지원자 중 한 명은 경험이 많지만 나머지는 그렇지 않다.

❺ 대상이 다수 대 다수의 두 부류라면 첫 부류는 some, 나머지 부류는 the others

♥ ♥ ♥ ♥	♥ ♥ ♥ ♥
some	the others

Among the participants, **some** agreed to the plan but **the others** didn't.
참석자 중 몇 명은 그 계획에 동의했지만, 그들을 제외한 나머지 모두는 반대했다.

G 관계대명사

사람, 사물/동물 등의 선행명사를 대신하는 대명사로 하나의 낱말이 관계사(접속사)와 대명사(주격, 소유격, 목적격)의 역할을 동시에 수행한다. 관계대명사가 이끄는 절은 what절을 제외하고 모두 형용사절이며 한정적 용법과 계속적 용법, 생략 용법이 있다.

관계대명사	선행사 사람 (형용사절)	주격	who[that] + v
		소유격	whose + 명사(s) + v
		목적격	whom[that] + s + vt + (×)

		주격	which[that] + v
	선행사 사물/동물 (형용사절)	소유격	whose + 명사(s) + v
		목적격	which[that] + s + vt + (×)
	선행사 없음 (명사절 / ~것)	주격	what + v
		소유격	×
		목적격	what + s + vt + (×)

• 관계대명사의 용법과 격: 관계대명사는 [한정적 용법]과 [계속적 용법]이 있으며 주격, 소유격, 목적격에 따라 모양이 달라진다.

한정/주격 I know a man **who**(that) can help you.

나는 당신을 도울 만한 사람을 알고 있다.

계속/주격 I know a man, **who**(that) can help you.

나는 한 남자를 아는데, 그는 당신을 도울 수 있다.

생략용법 1 I know a man (**who** is) **considering** early retirement.

나는 조기 퇴직을 고려 중인 한 남자를 알고 있다.

생략용법 2 I called the man (**whom**) I met at the meeting.

나는 회의장에서 만났던 그 남자에게 전화를 걸었다.

한정/소유격 I know a man **whose** company specializes in manufacturing machinery.

나는 자신의 회사가 기계 제작을 전문으로 하는 한 남자를 알고 있다.

한정/목적격 We hired the accountant **whom**(that) you recommended.

우리는 당신이 추천한 그 회계사를 고용했다.

한정/주격 I bought the car **which**(that) was launched last month.

나는 지난달에 출시된 자동차를 구매했다.

한정/소유격 I bought a car **whose** safety features are reliable.

나는 안전 기능이 믿을 만한 자동차를 한 대 구매했다.

한정/목적격 I bought the car **which**(that) I wanted to have.

나는 갖고 싶어 했던 바로 그 자동차를 구매했다.

명사절/주격 **What** surprised us was their environment-friendly policy.

우리를 놀라게 한 것은 그들의 친환경 정책이었다.

명사절/목적격 I showed them **what** I had found at the site.

나는 현장에서 발견한 것을 그들에게 보여주었다.

H 부분대명사

단수/복수의 특정 대상 중 일부, 혹은 전체를 대신하는 대명사로 부정대명사의 일종이다. 기준명사의 단수/복수에 따라 부분대명사의 단수/복수가 결정된다.

기준명사 복수 (부분대명사 복수)	two(both), few, a few, some, any, several, most, many, all, part, half, the rest, two thirds, 30% **of the**(these, those, 소유격) **+ 기준명사(복수) +** 동사(복수)
기준명사 복수 (부분대명사 단수)	one, each, either, neither **of the**(these, those, 소유격) **+ 기준명사(복수) +** 동사(단수)
기준명사 단수 (부분대명사 단수)	little, a little, any, some, all, much, most, part, half, the rest, two thirds, 30% **of the[this, that, 소유격] + 기준명사(단수) +** 동사(단수)

❶ 부분대명사 복수 + 기준명사 복수

Some of the employees have the authority to determine the size of orders.

직원들 중 일부는 주문품의 규모를 결정할 수 있는 권한이 있다.

It is unknown whether **any** of the customers have asked for financial rewards.

고객들 중 혹시 누군가가 금전적 보상을 요구했는지 안 했는지는 알 수 없다.

❷ 부분대명사 단수 + 기준명사 복수

Each of the team members has to finish their own duties.

각 팀원은 그들의 임무를 완수해야 한다.

Neither of the applicants has the required qualifications for the position.

두 지원자 중 누구도 그 직책에 필수적인 자격요건을 갖추지 못했다.

❸ 부분대명사 단수 + 기준명사 단수

Much of the information about the accident was made public.

사고에 대한 정보 중 많은 부분이 공표되었다.

All of the equipment they sent to us was defective.

그들이 우리에게 보내준 장비는 모두 불량이었다.

명사 상당어구(명사류) 3: 동명사

동명사는 3인칭 단수명사로 취급되며 부사의 수식을 받는다. 자동사/타동사, 완전동사/불완전동사에 따라 목적어와 보어를 취하고 인칭대명사의 [소유격]을 써서 의미상 주어를 나타낸다.

주어 **Cleaning** the warehouse usually takes about 2 hours.
창고 청소는 보통 2시간 정도 걸린다.

타동사 + 목적어 He is considering **expanding** his business. 그는 자신의 사업 확장을 고려 중이다.

전치사 + 목적어 The local festival was criticized for not **being** well prepared.
그 지역 축제는 준비가 미숙하다고 비난 받았다.

보어 My job is **collecting** information about the real estate market.
=
나의 업무는 부동산 시장에 대한 정보 수집이다.

부사의 수식 We increased profits by **continually improving** our customer service.
우리는 지속적으로 고객 서비스를 개선함으로써 수익을 증가시켰다.

의미상 주어 There is no reason for **our refusing** their offer.
우리는 그들의 제안을 거절할 이유가 없다.

명사 상당어구(명사류) 4: to부정사

to부정사는 3인칭 단수명사로 취급되며 부사의 수식을 받는다. 자동사/타동사, 완전동사/불완전동사에 따라 목적어와 보어를 취하고 [for + 목적격]으로 의미상 주어를 나타낸다.

주어 **To meet** the needs of our customers is our top priority.
고객의 요구를 충족시키는 일은 우리의 최우선 사항이다.

가주어/진주어 용법 It is our top priority **to meet** the needs of our customers.
고객의 요구를 충족시키는 일은 우리의 최우선 사항이다.

타동사 + 목적어 He wants **to make** his supervisors satisfied with the results.
그는 결과를 통해 자신의 감독관들을 만족시키고 싶어 한다.

보어 The purpose of the meeting is **to discuss** the sensitive issues in detail.
=
이 회의의 목적은 민감한 문제들을 상세히 토론하는 것이다.

의미상 주어1 It took a little longer **for me to finish** the presentation.
내가 발표를 끝내는 데는 시간이 좀 더 걸렸다.

의미상 주어2 It is generous **of you to support** my plan.
나의 계획을 지지해 주다니 당신은 관대하다.

일명 의문사구로 [**의문사(11가지) + to + v**], [**whether + to + v**]가 있다. 3인칭 단수명사로 간주되며 주로 타동사나 전치사의 목적어로 사용된다.

의문사 태생	기본 형태	+ to부정사	실제 형태
의문대명사(4가지)	① what	+ to + v	what to do
	② which	+ to + v	which to buy
	③ who	+ to + v	who to hire
	④ whom	+ to + v	whom to hire
의문형용사(3가지)	⑤ what book	+ to + v	what book to read
	⑥ which book	+ to + v	which book to read
	⑦ whose book	+ to + v	whose book to read
의문부사(4가지)	⑧ where	+ to + v	where to go
	⑨ when	+ to + v	when to begin
	⑩ why	+ to + v	why to do it
	⑪ how	+ to + v	how to dance
접속사 whether(1가지)	⑫ whether	+ to + v	whether to go or not

주어 **What to do** for the success of the project will be discussed at the meeting.
> 프로젝트 성공을 위해 무엇을 해야 할지가 회의에서 논의될 것이다.

타동사 + 목적어 1 I know **what to do** in an emergency.
> 나는 비상시 무엇을 해야 하는지 알고 있다.

타동사 + 목적어 2 We will discuss **whether to extend** the walkout or not.
> 우리는 파업 기간을 연장할지 여부를 논의할 것이다.

전치사 + 목적어 1 We reached a consensus on **what to do** with the unused fund.
> 우리는 사용되지 않은 기금으로 무엇을 할지에 대한 합의를 도출했다.

전치사 + 목적어 2 I have no idea on **whether to enroll in** the class or not.
> 나는 그 수업을 등록해야 할지 말아야 할지 모르겠다.

전치사 + 목적어 3 They are familiar with **how to use** the office equipment.
> 그들은 사무장비 사용법에 익숙하다.

명사절은 **[접속사 + 주어 + 동사]**의 구절 전체가 하나의 명사로 사용되는 경우로, 이때 명사절을 이끄는 접속사의 종류는 6가지이다.

종류(6가지)	기본 형태	문장 형태
that절	that + s + v	완전
if/whether절	if + s + v	완전
	whether + s + v	완전
의문사 전체(11가지)	what + s + v	불완전
	which + s + v	불완전
	who + s + v	불완전
	whom + s + v	불완전
	what book + s + v	완전
	which book + s + v	완전
	whose book + s + v	완전
	where + s + v	완전
	when + s + v	완전
	why + s + v	완전
	how + s + v	완전
복합관계대명사(4가지)	whatever + s + v	불완전
	whichever + s + v	불완전
	whoever + s + v	불완전
	whomever + s + v	불완전
복합관계형용사(3가지)	whatever book + s + v	완전
	whichever book + s + v	완전
	whosever book + s + v	완전
관계대명사 what절	what + s + v	불완전

A that절

that절은 자주 쓰이는 명사절로 that 뒤에는 완전 문장이 온다. 타동사의 목적어로 사용될 때 접속사 that은 일반적으로 생략 가능하다.

주어 **That high technology makes our lives more convenient** is true.
= **It** is true **that** high technology makes our lives more convenient.

첨단 기술이 우리의 삶을 좀 더 편리하게 만들어준다는 것은 사실이다.

타동사 + 목적어 1 She explained **(that)** her team consists of leading experts in the area.

그녀는 자신의 팀이 그 분야 최고의 전문가들로 구성되어 있다고 설명했다.

타동사 + 목적어 2 I know they are trying to attract new customers.

나는 그들이 신규 고객을 유치하려고 애쓴다는 것을 알고 있다.

타동사 + 목적어 3 Mr. Jay told us **that** he did his utmost to improve working conditions.

Jay 씨는 우리에게 업무 환경 개선을 위해 최선을 다했다고 말했다.

보어 The problem is **that** there are no specific plans to pull up the shipwreck.

문제는 난파선을 인양할 구체적인 계획이 없다는 것이다.

B if/whether절

whether절은 주어, 목적어, 보어 등 명사 자리에 모두 사용되지만, if절은 타동사의 목적어로만 사용된다.

주어 **Whether** we will expand our business or not depends on the board's decision.

우리 사업을 확장할지에 대한 여부는 이사회의 결정에 달려 있다.

타동사 + 목적어 1 I don't know **whether** they will hire me or not.

나는 그들이 나를 고용할지 말지 모르겠다.

타동사 + 목적어 2 They asked her **if** she could take over the duties from her predecessor.

그들은 그녀가 전임자의 업무를 맡을 수 있는지 없는지를 물었다.

전치사 + 목적어 There have been no reports on **whether** he has taken any legal action.

그가 어떤 법적 조치를 취했는지 아닌지에 대해서는 보도된 바 없다.

보어 The point is **whether** they are aware of the rising investment risks or not.

요점은 그들이 증가하는 투자의 위험을 알고 있는지의 여부이다.

PART 5,6&7

CH 01
CH 02
CH 03
CH 04
CH 05
CH 06
CH 07
CH 08
CH 09
CH 10

C 의문사 전체

의문사는 의문대명사(4가지), 의문형용사(3가지), 의문부사(4가지)를 모두 합쳐 총 11가지이다. 각 의문사는 명사절을 이끄는 접속사라는 기본적인 기능 이외에 대명사, 형용사, 부사의 역할을 한다.

의문대명사(4가지)	what + s + v	불완전 문장
	which + s + v	불완전 문장
	who + s + v	불완전 문장
	whom + s + v	불완전 문장
의문형용사(3가지)	what book + s + v	완전 문장
	which book + s + v	완전 문장
	whose book + s + v	완전 문장
의문부사(4가지)	where + s + v	완전 문장
	when + s + v	완전 문장
	why + s + v	완전 문장
	how + s + v	완전 문장

❶ 의문대명사

명사절을 이끄는 접속사이자 해당 문장의 **주어, 목적어, 보어** 역할을 대신하기 때문에, 그 문장은 주어, 목적어, 보어가 없는 불완전한 형식을 취한다. 보통 '무엇, 어떤 것(사람), 누가, 누구를'로 해석한다.

`의·대 what/접/주어` **What** will happen tomorrow is not my concern.
내일 무슨 일이 일어날지는 내 관심사가 아니다.

`의·대 what/접/보어` We identified **what** the problem was.
우리는 무엇이 문제였는지 밝혀냈다.

`의·대 what/접/타동사 + 목적어` I have some information about **what** they want.
나는 그들이 무엇을 원하는지에 대한 약간의 정보가 있다.

`의·대 which/접/주어` I can recognize **which** is the original file.
나는 어떤 것이 원본인지 알아볼 수 있다.

`의·대 which/접/타동사 + 목적어` You have your own choice about **which** you prefer.
당신은 어떤 것을 더 좋아하는지 선택할 수 있다.

`의·대 who/접/주어` I don't know **who** will pay for the tickets.
나는 누가 티켓 비용을 지불할지 모르겠다.

`의·대 whom/접/타동사 + 목적어` You should know **whom** you are dealing with.
당신은 자신이 누구를 상대하고 있는지 알아야 한다.

❷ 의문형용사

명사절을 이끄는 접속사이자 해당 문장의 주어나 목적어를 수식하는 **형용사**이다. 목적어의 자리가 뒤바뀌어도 완전 문장을 이룬다.

`의·형 what/접/형용사` We don't know **what** number is written on the balls.
　　　　　　　우리는 공에 어떤 번호가 적혀 있는지 알 수 없다.

`의·형 what/접/형용사` We don't know **what** number you wrote.
　　　　　　　우리는 당신이 어떤 번호를 적었는지 모른다.

`의·형 which/접/형용사` This game decides **which** team will go to the next round.
　　　　　　　이 경기는 어떤 팀이 다음 라운드에 진출할지 결정한다.

`의·형 which/접/형용사` I don't know **which** team they will support.
　　　　　　　나는 그들이 어떤 팀을 지지할지 모르겠다.

`의·형 whose/접/형용사` We have to decide **whose** book should be published first.
　　　　　　　우리는 누구의 책이 우선 출판되어야 할지 결정해야 한다.

`의·형 whose/접/형용사` I know **whose** book you borrowed.
　　　　　　　나는 당신이 누구의 책을 빌렸는지 알고 있다.

❸ 의문부사

명사절을 이끄는 접속사이자 **부사**로 뒤에는 완전 문장이 온다.

`의·부 where/접/부사` Please tell me **where** I can get the schedule for the bus.
　　　　　　　버스 시간표를 어디서 구할 수 있는지 저에게 알려주십시오.

`의·부 when/접/부사` I will check **when** the subscription fee increased.
　　　　　　　나는 구독료가 언제 올랐는지 확인해볼 것이다.

`의·부 why/접/부사` We know **why** she was against the plan.
　　　　　　　우리는 그녀가 왜 그 계획에 반대했는지 알고 있다.

`의·부 how/접/부사` The scientists will find out **how** our environment is changing.
　　　　　　　과학자들은 우리의 환경이 어떻게 바뀌고 있는지 알아낼 것이다.

`의·부 how/접/부사` I heard the story about **how** he overcame his hardships.
　　　　　　　나는 그가 어떻게 고난을 극복했는지에 대한 이야기를 들었다.

D 복합관계대명사

[**의문대명사** + ever]의 형태로 복합관계대명사가 이끄는 절은 명사절과 함께 부사절로도 사용될 수 있다. 의문대명사가 이끄는 명사절처럼 문장이 불완전하다.

복합관계대명사(4가지)	whatever + s + v	불완전 문장
	whichever + s + v	불완전 문장
	whoever + s + v	불완전 문장
	whomever + s + v	불완전 문장

명사절/접/타동사+목적어 **Whatever** you experience here will be helpful for your future career.

당신이 여기서 경험하는 것은 무엇이든 앞으로의 이력에 도움이 될 것이다.

명사절/접/주어 We will hire **whoever** has more than 3 years of experience.

우리는 3년 이상의 경력을 가진 사람이라면 누구든 고용할 것이다.

명사절/접/타동사+목적어 He will give the position to **whomever** I recommend.

그는 내가 추천하는 사람이라면 누구에게든 그 자리를 줄 것이다.

부사절 1/접/타동사+목적어 **Whatever** you purchase in the store, you will be satisfied with it.

당신이 이 상점에서 무엇을 구매하든 그것에 만족할 것이다.

부사절 2/접/주어 **Whoever** breaks this regulation, he or she will be punished.

누구라도 이 규칙을 어긴다면 처벌될 것이다.

E 복합관계형용사

[의문형용사 + ever]의 형태를 취하며 복합관계형용사가 이끄는 절은 명사절과 함께 부사절로도 사용될 수 있다. 의문형용사가 이끄는 명사절처럼 완전 문장을 이룬다.

복합관계형용사(3가지)	whatever book + s + v	완전 문장
	whichever book + s + v	완전 문장
	whosever book + s + v	완전 문장

명사절/접/형용사 **Whatever** excuse you make will be considered to be a lie.

당신이 하는 변명은 어떤 것이든 거짓말로 간주될 것이다.

명사절/접/형용사 You can rent **whichever** car you like.

당신은 좋아하는 어떤 자동차라도 임대할 수 있다.

명사절/접/형용사 The winner will be decided by **whichever** side has more scores.

승자는 어떤 쪽이든 더 많은 점수를 내는 팀으로 결정될 것이다.

부사절/접/형용사 **Whichever** position you want, you should submit the required documents.

당신이 어떤 직책을 원하든, 요구되는 서류를 제출해야 한다.

F 관계대명사 what절

의문대명사 what과 형태와 문장의 구조가 100% 동일하다. 그러나 의문대명사 what은 '**무엇**'으로, 관계대명사 what은 '**～하는 것**(the thing which ~)'으로 해석된다.

주어/주격 **What** has been ignored so far is their commitment to the company.
> 지금까지 간과된 것은 회사에 대한 그들의 헌신이다.

타동사 + 목적어/목적격 We had to give them **what** they wanted at the negotiation table.
> 우리는 협상 테이블에서 그들이 원했던 것을 주어야만 했다.

전치사 + 목적어/목적격 There is a limit to **what** we can learn in the office.
> 우리가 사무실에서 배울 수 있는 것에는 한계가 있다.

보어/목적격 A rise in raw material costs is **what** I am really worried about.
> 원자재 가격의 상승은 내가 정말 걱정하는 것이다.

명사 상당어구(명사류) 7: the + 형용사

[**the + 형용사**]도 명사류 중 하나로 통상 [집합적 복수명사]로 취급되지만 경우에 따라 단수/복수로 모두 사용된다.

기본 형태	단수/복수 여부
the old = old people 어르신들 the young = young people 젊은이들 the rich = rich people 부자들 the poor = poor people 가난한 사람들	• 복수 취급: 〈집합적〉 ～한 사람들
the deceased 고인(들) the accused 피고인(들) the insured 피보험자(들)	• 가산/단수: ～한 사람 • 가산/복수: ～한 사람들

주어/복수 **The rich** are often pressed to practice noblesse oblige.
> 부자들은 종종 노블레스 오블리주(지배층의 도덕적 의무)를 실천하도록 압박 받는다.

주어/단수 **The accused** was found not guilty in the final trial of the case.
> 그 피고인은 사건의 결심 공판에서 무죄로 판명되었다.

타동사 + 목적어/복수 Insurance companies asked **the insured** to prove their losses.
> 보험회사들은 보험 가입자들에게 손해를 입증하라고 요구했다.

전치사 + 목적어/복수 Lawmakers should take into account interests of **the disabled**.
> 법률 제정자들은 장애인들의 이해관계를 고려해야 한다.

PART 5,6 & 7

CH 01
CH 02
CH 03
CH 04
CH 05
CH 06
CH 07
CH 08
CH 09
CH 10

> **BONUS** 복합명사: [명사 + 명사]는 하나의 명사로 본다.

• 명사 + 명사의 복합명사

customer satisfaction 고객만족	precipitation data 강수자료
assembly line 조립라인	production figures 생산수치
expiration date 만기일	course evaluation 과정평가
employee productivity 직원생산성	delivery company 배달회사
insurance coverage 보험적용 범위	attendance record 출석기록
safety belt 안전벨트	application form 응시원서

• 명사 + 명사의 복합명사에서 선행 명사에 -s/-es가 붙는 예외의 경우

sales department 판매부서	telecommunications equipment 통신장비
human resources section 인적자원부	sports complex 스포츠 단지
awards ceremony 시상식	savings account 보통예금 계좌
technical services department 기술서비스부서	electronics company 전자회사
benefits package 복리후생 제도	earnings growth 수입 증대

한정사 [4:8:6] 정리

A 명사 성격 한정(4)

단수 She is looking for **a** book on English grammar.
그녀는 영문법을 다룬 책을 찾고 있다.

복수 The central government did much to improve rural communit**ies**.
중앙정부는 농촌 지역을 발전시키기 위해 많은 일을 했다.

한정 I bought **a** used car and **the** car needs a major repair.
나는 중고차를 구매했는데 그 차는 대대적인 수리가 필요하다.

부정 I have **a** friend who works at the bank.
나에게는 은행에서 일하는 친구가 있다.

B 단수/복수를 나타내는 기본 한정사(8)

a I brought **a** book with me that I wanted to give you.
나는 당신에게 주고 싶었던 책을 한 권 가져왔다.

one I only have **one** house, not two.
나는 두 채가 아니라 딱 한 채의 집을 가지고 있다.

each **Each** ring of the Olympic flag stands for the five continents.
오륜기의 각 고리는 다섯 대륙을 상징한다.

every **Every** item in the store has been marked down for our holiday sale.
이 상점의 각 제품은 휴가철 세일로 가격이 인하되었다.

another You can exchange this for **another** item.
당신은 이것을 다른 제품으로 교환할 수 있다.

either The game ended in a tie with no point scored by **either** side.
그 경기는 어느 편도 득점하지 못하고 무승부로 끝났다.

neither **Neither** politician paid much attention to what the people wanted.
두 명의 정치인 중 누구도 국민들이 원하는 것에 크게 주목하지 않았다.

-s/-es Applicants for the job were asked to prepare for an audition.
그 직책에 지원한 지원자들은 오디션을 준비하라는 요청을 받았다.

C 정확한 한정사, 만능 한정사, 각종 수량형용사(6)

the We will complete the second stage of training by **the** end of this month.
우리는 연수의 두 번째 단계를 이번 달 말까지 끝낼 것이다.

지시형용사 1 **This** proposal will be discussed at the next meeting.
이 안건은 다음 회의에서 논의될 것이다.

지시형용사 2 The author spent 10 years working on **that** book.
저자는 그 책을 쓰는 데 10년의 세월을 보냈다.

지시형용사 3 **These** English classes range from one to six months in length.
이 영어 강좌들은 수업 기간이 1개월에서 6개월 사이이다.

지시형용사 4 We are sharing information through **those** websites.
우리는 그 웹사이트들을 통해 정보를 공유하고 있다.

소유격 1 I don't care about **his** personal opinion anyway.
나는 어찌 됐든 그의 개인적 의견에 관심이 없다.

소유격 2 We are analyzing the paintings to find **their** original colors.
우리는 원래의 색상을 알아내기 위해 그 그림들을 분석하고 있다.

some/가산/단수(긍정) There is **some** reason for the rise in prices.
물가 상승에는 어떤 이유가 있다.

some/가산/복수(긍정) There are **some** reasons for the rise in prices.
물가 상승에는 몇 가지 이유가 있다.

some/불가산(긍정) We went down to the stream to drink **some** water.
우리는 물을 마시기 위해 개울로 내려갔다.

any/가산/단수(부정) I don't have **any** idea about the project.
나는 그 사업에 대한 어떤 아이디어도 없다.

any/가산/단수(의문) Do you have **any** plan for the party?

당신은 그 파티에 대해 어떤 계획이 있습니까?

any/가산/복수(조건) If you have **any** questions, feel free to contact me.

만일 질문이 있으면 편하게 저에게 연락 주십시오.

any/가산/단수(긍정) **Any** idea will be taken into consideration.

어떤 아이디어도 고려의 대상이 될 것이다.

any/불가산 Researchers say fish cannot feel **any** pain.

연구자들은 물고기가 어떤 통증도 느끼지 못한다고 말한다.

수량형용사 1 If we spend too **much** electricity, it will cause **many** problems.

만일 우리가 너무 많은 전력을 사용한다면 많은 문제를 야기할 것이다.

수량형용사 2 If you have **little** experience, find mentors who can help you.

경험이 거의 없다면 당신을 도울 수 있는 멘토를 찾아보십시오.

수량형용사 3 **Few** students have signed up for the classes taught in English.

영어로 진행되는 강의에 등록한 학생들은 거의 없다.

BONUS | **한정사 암기 포인트**

❶ 수량형용사

수량형용사는 한정사 중 유일하게 다른 한정사와 중복 사용이 가능하다.

1. 가산명사 수식	one 하나의 two 둘의 both 둘 다의 few 거의 없는 a few 약간의 several 몇 개의 various (= a variety of) 다양한 numerous (= a number of), many 많은
2. 불가산명사 수식	little 거의 없는 a little 약간의 much/a deal of/an amount of 많은
3. 가산/불가산 모두 수식	all 모든 most 대부분의 some 일부의 any 어느, 어떤 no 어떤 ~도 없는 enough 충분한 plenty of/a lot of/lots of 많은

❷ 정관사가 꼭 필요한 경우

세상에서 유일한 것	the sun 태양 the moon 달 the earth 지구 the universe 우주
방향·방위 표시	the east 동쪽 the west 서쪽 the south 남쪽 the north 북쪽 the right 오른쪽 the left 왼쪽
the + -est, 형용사의 최상급	the best choice 최고의 선택 the most important thing 가장 중요한 것
the + 서수	the first impression 첫인상 the second edition 제2판
단위	by **the** hour 시간당 by **the** day 일당 by **the** pound 파운드당 by **the** yard 야드당

❸ 부정관사가 꼭 필요한 경우

in **an** attempt to＋v ～할 시도[노력]로	as **a** symbol of ～의 상징[징표]으로
in **an** effort to＋v ～할 시도[노력]로	at **a** higher price 좀 더 비싼 가격에
reach **an** agreement 합의에 다다르다	**a** modest target 적절한 목표
as a rule 통상적으로	**an** unexpected announcement 예상치 못한 발표
all of **a** sudden 갑자기	as **a** whole 전체적으로
make **a** decision 결정하다	give **a** refund 환불해주다

❹ 관사를 사용하지 않는 경우

학문/식사/운동/질병	economics 경제학 politics 정치학 statistics 통계학 mathematics 수학 physics 물리학 breakfast 아침 식사 lunch 점심 식사 baseball 야구 tennis 테니스 cancer 암 pneumonia 폐렴
수단/방법의 전치사 by의 목적어	by airplane 비행기로 by train 기차로 by bus 버스로 by e-mail 이메일로 by phone 전화로 by check 수표로 by credit card 신용카드로 by hand 손으로 by keyboard 키보드를 쳐서
칭호나 보어로 사용되는 직책 또는 관직명	We elected Tom **chiarperson** of the committee. 우리는 Tom을 위원회 회장으로 선출했다. **President** Roh 노 대통령 **Prime Minister** Margaret Thatcher 마거릿 대처 수상
직함/직업이 고유명사와 동격	Joanne K. Rowling, **author** of the *Harry Potter* series 〈해리포터〉 시리즈의 작가 조앤 K. 롤링 Martin Giammarco, **professor** of UCLA UCLA 교수 마틴 지아마르코
건물/시설 등의 본래 목적	go to **school** 학교에 가다 go to **church** 교회에 가다 go to **bed** 잠자리에 들다 at **table** 식사 중인 at **school** 재학 중인 in **hospital** 입원한 in **prison** 수감된
기타	Inchon International Airport 인천국제공항 Seoul Station 서울역 Yellowstone National Park 옐로우스톤 국립공원 mother 어머니 father 아버지 uncle 삼촌 aunt 이모/고모/숙모 side by side 옆으로 hand in hand 손에 손 잡고 face to face 얼굴을 맞대고

PART 5

1. Ms. Murphy persuaded stockholders and proved ------- achievements to them.
   (A) she
   (B) her
   (C) hers
   (D) herself

2. I'd like to recommend a student of ------- if you're looking for additional help.
   (A) mine
   (B) me
   (C) my
   (D) myself

3. ------- application for the new projects should include detailed information.
   (A) All
   (B) Every
   (C) Most
   (D) Those

4. Treatment programs are also available for ------- who become addicted to drugs.
   (A) them
   (B) these
   (C) those
   (D) that

5. It will take some time ------- new employees to be ready for more mature roles.
   (A) with
   (B) of
   (C) on
   (D) for

6. We have to enhance our competitiveness by ------- various marketing programs.
   (A) developing
   (B) development
   (C) develop
   (D) developer

7. Green Autonet Co., recently announced ------- it would merge with its rival.
   (A) that
   (B) what
   (C) which
   (D) whom

8. We had a discussion about ------- to get cheaper land and labor in the area.
   (A) what
   (B) whatever
   (C) how
   (D) however

9. The problem was deemed impossible to solve, but they handled it -------.
   (A) itself
   (B) on our own
   (C) by them
   (D) by themselves

10. We will provide ------- information about the company through our intranet.
    (A) every
    (B) each
    (C) much
    (D) many

PART 6

Questions 1-4 refer to the following e-mail.

From: Oscar Simpson <osimpson@homever.com>
To: Jonathan Wild <wild99@gmail.net>
Subject: Shipping Error
Date: March 10

Dear Mr. Wild,

-------. Please rest assured that it is a rare case that we send our customers the incorrect
1.
order. We usually double-check all of the orders ------- we ship them to their destinations.
2.
We apologize for the ------- that negatively affected your experience. In addition to
3.
sending you the correct item that you ordered, we will ------- you with a coupon for 15%
4.
off your next order as a token of our sincere apology for the inconvenience. If you have

any questions or concerns, don't hesitate to call me at 1-714-800-6000.

Oscar Simpson
Customer Services, Homever

1. (A) Thank you for purchasing our
product recently.
   (B) I received your e-mail saying that
you are out of town.
   (C) I'm really sorry that you received a
wrong item.
   (D) I'm writing to inform you that your
order is out of stock.

2. (A) before
   (B) as soon as
   (C) during
   (D) throughout

3. (A) oversight
   (B) reservation
   (C) entirety
   (D) motive

4. (A) deprive
   (B) notify
   (C) allow
   (D) provide

PART 7

Questions 1-2 refer to the following article.

Oregon (September 20) — The Smith Convention Center hosted its first event last Saturday since its closure in July. The facility was temporarily closed due to damage caused by Hurricane Cindy that struck the state on July 15.

The event titled "The 2nd Annual National Sustainable Energy Symposium" drew about 500 participants from across the country. Donna Carlton, the organizer of the event, said she had reserved the convention center a year in advance. "I was pleased to hear that the facility could reopen just in time for our symposium. I'm not sure what we would have done otherwise. We had last year's event here and the participants liked this place a lot."

During the closure, the owner of the facility renovated the damaged parts of the building and refurbished its interior spaces with the latest audiovisual equipment. This facility has 10 large conference rooms and each of them can accommodate up to 100 people. The event organizer added that the event was successful and the general opinion from the participants of the newly renovated facility was quite favorable.

1. According to the article, what happened in July?
   (A) An annual conference
   (B) A natural disaster
   (C) A building renovation
   (D) A regional event

2. What did the owner of the facility do during the closure?
   (A) He expanded the facility.
   (B) He built a new convention center.
   (C) He rented a new building.
   (D) He carried out facility upgrades.

CHAPTER 03

동사와 준동사

Grammar Points

1. 동사는 [5:4]이다. 즉 동사의 핵심 내용은 5가지, 준동사는 4가지이다.
2. 동사는 주어의 동작과 상태를 설명하고 묘사하는 서술어다.
3. 동사는 5형식 문장 구조를 결정하고, 태, 수 일치, 시제 등을 나타낸다.
4. 동사는 준동사(동명사, to부정사, 원형부정사, 분사)로 변형되어 명사, 형용사, 부사로 사용된다.

동사 [5:4]의 기본 내용

동사의 핵심(5가지)	자동사/타동사 구분	• 문장 구조 5형식 결정
	능동태/수동태 구분	• 자동사 수동태 불가, 타동사 수동태 전환 가능
	주어 + 동사의 수 일치	• 주어의 단수/복수에 따라 동사의 단수/복수 결정
	시제	• 현재, 과거, 미래 등 12시제 변화
	정동사/준동사 구분	• 4가지의 정동사 영역 / 4가지의 준동사 영역
준동사(4가지)	동명사(v + ing)	• 명사로 활용
	to부정사(to + v)	• 명사, 형용사, 부사적 용법으로 활용
	원형부정사(to + v)	• 명사, 형용사로 활용
	분사(v + ing / v + ed)	• 현재분사, 과거분사 모두 형용사로 활용

기본 중의 기본은 5형식 문장 구조 (영어 전체 전력의 97%)

자동사 (vi.)	1형식 완전자동사	s + v	수동태 전환 불가능
	2형식 불완전자동사	s + v + 보어(명사) s + v + 보어(형용사)	
타동사 (vt.)	3형식 완전타동사	s + v + 목적어	수동태 전환 가능
	4형식 수여동사	s + v + 간접목적어 + 직접목적어	
	5형식 불완전타동사	s + v + 목적어 + 보어(명사) s + v + 목적어 + 보어(형용사)	

5형식 문장 구조 익히기

1형식 **완전자동사**	완전자동사 문장은 [**주어 + 동사**]로 완전 문장을 이루어 문장의 앞 또는 뒤에서 부사류의 수식을 받는다. She **lives** here. 그녀는 여기에 살고 있다. He **arrived** at the airport. 그는 공항에 도착했다. She **works** because she needs money. 그녀는 돈이 필요하기 때문에 일한다. He **stood** to look out the window. 그는 창밖을 보기 위해 일어섰다.
2형식 **불완전자동사**	[**주어 + 동사**]로는 문장의 의미가 불완전해 주어를 보충 설명하는 **보어**가 필요하다. 보어 자리에는 명사와 형용사가 사용되며, 명사 보어는 문장의 주어와 동격이고 형용사 보어는 주어를 수식한다. James **is** a student. James는 학생이다. Tommy **became** a doctor. Tommy는 의사가 되었다. The new employees **are** diligent. 신입 사원들은 부지런하다. The food **was** delicious. 음식은 맛있었다.
3형식 **완전타동사**	타동사는 목적어가 필요한데, 목적어는 주어의 동작에 영향을 받는 대상을 말한다. 동작의 주체인 능동의 주어와 그 동작을 당하는 수동의 목적어는 서로 다른 대상이어야 한다. He **kicked** the ball. 그는 공을 찼다. We **closed** the door. 우리는 문을 닫았다.
4형식 **수여동사**	수여동사는 [~에게(간접목적어) …을(직접목적어) 주다]의 의미를 지닌 동사로 2개의 목적어가 필요하다. She **gives** me valuable advice. 그녀는 나에게 귀중한 조언을 해준다. I **will buy** her some candy. 나는 그녀에게 사탕을 좀 사줄 것이다.
5형식 **불완전타동사**	[**주어 + 타동사 + 목적어**]로는 문장의 의미가 불완전해 목적어를 보충 설명하는 **보어**가 필요하다. 보어 자리에는 명사와 형용사가 사용되며, 명사 보어는 목적어와 동격이고 형용사 보어는 목적어를 수식한다. We **elected** Arnold chairperson of the board. 우리는 Arnold를 위원회 의장으로 선출했다. The president **named** Mr. Perry supervisor of a local office. 사장은 Perry 씨를 지역 사무소의 관리자로 임명했다. We **believe** him honest. 우리는 그가 정직하다고 믿는다. We **found** the new project impossible. 우리는 그 신규 사업이 불가능하다는 것을 알게 되었다.

자동사	• ~이 놓여 있다 / ~이 눕다 / ~이 위치하다: lie - lay - lain/lying A book is **lying** on the desk. 책 한 권이 책상 위에 놓여 있다. She was **lying** on the grass. 그녀는 잔디 위에 누워 있었다. The city **lies** on the coast. 그 도시는 해안에 위치하고 있다.
타동사	• ~이 …을(목적어) 두다[놓다] / ~이 …을(목적어) 눕히다: lay - laid - laid/laying 능동태 I **laid** the boy on the bed. 나는 그 소년을 침대 위에 눕혔다. 수동태 The boy **was laid** on the bed (by me). 그 소년은 (나에 의해) 침대 위에 눕혀졌다. 능동태 She **laid** the book on the desk. 그녀는 그 책을 책상 위에 놓았다. 수동태 The book **was laid** on the desk (by her). 그 책은 (그녀에 의해) 책상 위에 놓여졌다.

5형식 문장 구조 대표 동사

A 1형식 완전자동사

왕래발착/거주/이전	go 가다 come 오다 arrive (= get) 도착하다 leave 떠나다 stay 머무르다
자연현상	live 살다 die 죽다 rise 상승하다/떠오르다 exist (= be) 있다/존재하다 appear (= emerge) 나타나다/출현하다 disappear 사라지다 last 지속되다 happen (= occur, take place, arise) 발생하다
인간의 본능	talk 말하다 speak 말하다 sleep 잠자다 breathe 숨쉬다 laugh 웃다
인간의 움직임	work 일하다 play 놀다 walk (= stroll) 걷다 run 달리다 sit 앉다 stand 서다 lie 눕다
기타	remain 남아 있다 proceed 나아가다/계속하다 commute 통근하다 resign 사임하다 retire 은퇴하다 do 충분하다 expire 종료되다 matter 중요하다

예문 1 Regretfully, two boats **disappeared** near King George Island.

유감스럽게도 보트 두 척이 King George섬 근처에서 사라졌다.

예문 2 Within a year, he **will resign** from his position.

1년 이내에 그는 직위에서 사임할 것이다.

예문 3 To reach an agreement, the meeting **lasted** for three hours.

합의에 이르기 위해, 그 회의는 3시간 동안 계속되었다.

예문 4 Preparations for the bid **are now proceeding** smoothly.

입찰 준비는 현재 순조롭게 진행 중이다.

예문 5 There **remain** discrepancies between the government and companies.

정부와 기업 사이에 불일치가 남아 있다.

예문 6 There **is** a famous theme park in the city.

그 도시에는 유명한 테마파크가 있다.

예문 7 There **are** many things we can do to save energy at home.

에너지 절약을 위해 우리가 집에서 할 수 있는 많은 일이 있다.

1→2형식 This new trend appears **(to be) continuing** for a while.

이 새로운 흐름은 당분간 지속될 것으로 보인다.

1→2형식 It remains **(to be) seen** whether they will be able to complete the project.

그들이 그 프로젝트를 완성할지는 두고 봐야 할 일이다.

B 2형식 불완전자동사

대표동사	be(=am, are, is / was, were / been, being) 주어는 ~이다 / ~하다
변화동사	become(=get, go, run, fall, come, grow) 주어가 ~이 되다 / ~한 상태가 되다
상태유지동사	remain(=keep, stay, continue, hold) 주어는 ~한 상태를 유지하다
감각(오감)동사	look ~처럼 보이다 sound ~처럼 들리다 feel ~한 느낌이 들다
판단동사	seem ~인 것 같다 appear ~처럼 보이다 prove(=turn out)+(to be)+형/명 보어 ~으로 판명되다

❶ be동사(am, are, is, was, were)

수식 1 She **will be** responsible for drawing up the basic design.

그녀는 기본적인 디자인 작성을 담당할 것이다.

수식 2 He **was** alert enough to spot the opportunity when it came.

그는 기회가 왔을 때 그것을 알아차릴 만큼 충분히 명민했다.

`동격` Mr. Pierson **is** a manager in charge of sales in the district.

Pierson 씨는 이 지역의 판매를 담당하는 매니저이다.

❷ become 동사

`동격` She studied hard and she finally **became** a nurse.

그녀는 열심히 공부해 마침내 간호사가 되었다.

`수식` Our project **has become** much more complex over the past few years.

우리 사업은 지난 몇 년간 훨씬 더 복잡해졌다.

❸ 상태유지동사: [~한 상태를 유지하다]로 해석되는 동사류

`수식 1` We **must remain** competitive internationally.

우리는 국제적으로 경쟁력 있는 상태를 유지해야 한다.

`수식 2` The machines **have remained** idle in the warehouse.

그 기계들은 창고 안에 방치된 상태로 있었다.

`동격` The old restaurant still **remains** the most popular attraction in the region.

그 낡은 식당은 여전히 이 지역에서 가장 인기 있는 명소로 남아 있다.

BONUS 상태유지동사에 보어로 자주 사용되는 형용사

competitive 경쟁력이 있는	locked 잠겨진
stable 안정된	calm 냉정한
operational 가동 중인, 작동 중인	silent 조용한
idle 사용되지 않고 있는, 쉬고 있는	alert 빈틈없는, 민감한, 조심성 있는

❹ 감각(오감)동사: 형용사 보어만 사용 가능

`수식` She lost a lot of weight, but she **looked** healthy.

그녀는 체중을 많이 줄였지만 건강해 보였다.

`감각동사 + 전치사` The interior of the car **looks like** that of a spaceship.

그 자동차의 내부는 우주선의 내부처럼 보인다.

⑤ 변칙동사: 1형식 완전자동사가 2형식 불완전자동사로 사용되는 경우

go run come	The company **went** bankrupt. 그 회사는 파산했다. Nobody **should go** hungry in the world. 이 세상의 누구도 굶주려서는 안 된다. We **are running** short of operating costs. 우리는 운영비가 거의 떨어지고 있다. We **came** close to losing the contract. 우리는 거의 그 계약을 놓칠 뻔했다.

C 3형식 완전타동사

3, 4, 5형식의 타동사는 능동태와 수동태를 구분해 써야 한다.

능동태 We **finished** the work on time. 우리는 그 일을 제때에 끝마쳤다.

수동태 The work **was finished** on time (by us). 그 일은 제때에 끝마쳐졌다.

want ~을 원하다	settle ~을 해결하다	cut ~을 자르다
attend ~에 참석하다	conduct ~을 행하다	read ~을 읽다
attract ~을 끌어들이다	assume ~이라고 추측하다, ~을 떠맡다	do ~을 하다
address ~을 처리하다	attach ~을 붙이다	resume ~을 재개하다[되찾다]
approve ~을 승인하다	discuss ~을 토론하다	answer ~에 답하다
approach ~에 접근하다	prevent ~을 방지하다	appraise ~을 칭찬하다
announce ~을 발표하다	suggest ~을 제안하다	provide ~을 제공하다
describe ~을 설명하다	repair ~을 수리하다	know ~을 알다
explain ~을 설명하다	accept ~을 수락하다	hire ~을 고용하다

BONUS acc-, att-처럼 [a] + [겹자음]으로 시작하는 동사는 타동사로 보면 된다

타동사/능동 1 You can **access** a wide range of information on the website.
당신은 이 웹사이트에서 광범위한 정보에 접근할 수 있다.

타동사/능동 2 We have to **address** the problems of poverty and hunger.
우리는 빈곤과 기아 문제를 해결해야 한다.

타동사/수동 1 More specific plans **will be announced** tomorrow.
좀 더 구체적인 계획이 내일 발표될 것이다.

타동사/수동 2 The structural changes to the building **were approved**.
건물에 대한 구조 변경이 승인되었다.

D 4형식 수여동사

❶ 4형식 문장의 3형식 전환과 수동태

4형식	주어 + 동사 + 간접목적어	+	직접목적어

3형식 주어 + 동사 + 직접목적어 + (to / for / of) + 간접목적어

❷ 3형식으로 전환 시 전치사 to를 쓰는 동사

give 주다	show 보여주다	tell 알려주다	send 보내주다
offer 제공하다	allow 허용하다	lend 빌려주다	bring 가져 오다

4형식/능동 I **gave** him a chance.
> 나는 그에게 기회를 주었다.

4형식/수동 He **was given** a chance (by me).
> 그에게 기회가 주어졌다.

3형식 전환/능동 I **gave** a chance **to** him.
> 나는 기회를 그에게 주었다.

3형식 전환/수동 A chance **was given to** him (by me).
> 기회는 그에게 주어졌다.

❸ 3형식으로 전환 시 전치사 for를 쓰는 동사

make 만들어주다	buy 사주다	get 얻어주다	do 해주다
find 찾아주다	leave 남겨주다	build 지어주다	cook 요리해주다

4형식/능동 She **bought** me a suit.
> 그녀는 나에게 정장 한 벌을 사주었다.

4형식/수동 I **was bought** a suit (by her).
> 나에게는 정장 한 벌이 사주어졌다.

3형식 전환/능동 She **bought** a suit **for** me.
> 그녀는 정장 한 벌을 나에게 사주었다.

3형식 전환/수동 A suit **was bought for** me (by her).
> 정장 한 벌이 나에게 사주어졌다.

❹ 3형식으로 전환 시 전치사 of를 쓰는 동사

ask 묻다	demand 요구하다	require 요구하다

`4형식/능동` We **asked** her a question.
> 우리는 그녀에게 질문 하나를 했다.

`4형식/수동` She **was asked** a question (by us).
> 그녀에게 질문 하나가 주어졌다.

`3형식 전환/능동` We **asked** a question **of** her.
> 우리는 질문 하나를 그녀에게 물었다.

`3형식 전환/수동` A question **was asked of** her (by us).
> 질문 하나가 그녀에게 주어졌다.

❺ 3, 4, 5형식 만능 동사

동사	형식	능동태	수동태		
notify 통지하다	3	A of B	A	be v + ed	of B
	4	sby that s + v	sby	be v + ed	that s + v
	5	sby to + v	sby	be v + ed	to + v
remind 상기시키다	3	A of B	A	be v + ed	of B
	4	sby that s + v	sby	be v + ed	that s + v
	5	sby to + v	sby	be v + ed	to + v
inform 알려주다	3	A of B	A	be v + ed	of B
	4	sby that s + v	sby	be v + ed	that s + v
	5	sby to + v	sby	be v + ed	to + v
assure 확신/보증하다	3	A of B	A	be v + ed	of B
	4	sby that s + v	sby	be v + ed	that s + v
	5	sby to + v	sby	be v + ed	to + v

`3형식/능동` We **informed** them **of the exact date**.
> 우리는 그들에게 정확한 날짜를 알려주었다.

`3형식/수동` They **were informed of the exact date** (by us).
> 그들은 정확한 날짜를 통보 받았다.

4형식/능동 We **informed** them **that the event would be held on May 21**.

우리는 그들에게 행사가 5월 21일에 열린다고 알려주었다.

4형식/수동 They **were informed that the event would be held on May 21** (by us).

그들은 행사가 5월 21일에 열린다고 통보 받았다.

5형식/능동 We **informed** them **to check the feasibility of the plan**.

우리는 그들에게 계획의 타당성을 검토하라고 알려주었다.

5형식/수동 They **were informed to check the feasibility of the plan** (by us).

그들은 계획의 타당성을 검토하라고 통보 받았다.

E 5형식 불완전타동사

s + v + A as B (명사/형용사)	regard (= consider) A를 B로 간주하다 describe A를 B라고 묘사하다[평가하다] define A를 B로 정의하다 recognize A를 B로 인식하다 appoint (= name) A를 B로 임명하다
s + v + o + o.c. (명사/형용사)	make ~을 …하게 만들다 keep ~을 …하게 유지하다 find ~이 …하다는 것을 알다/발견하다 consider ~을 …으로 간주하다 think (= believe) ~을 …이라고 생각하다/믿다 call ~을 …이라고 부르다 elect ~을 …으로 선출하다
s + v + sby + to + v (형용사)	**요청** ask (= request, require) 요구[요청]하다 want (= would like) 원하다 direct 지시하다 **설득/강요** encourage 독려하다 persuade 설득하다 urge 촉구하다 force 강요하다 　　　　　 warn 경고하다 forbid 금하다 **허용** allow (= permit) 허락하다 enable 가능하게 하다 lead 이끌다 **기타** advise 조언하다 invite 초대하다 cause 야기하다 expect 기대하다 teach 가르치다

동격 We **regard** this action as breach of contract.
(=)

우리는 이 조치를 계약 위반으로 간주한다.

수식 The committee **regarded** my idea as feasible.

위원회는 내 아이디어가 실현 가능하다고 여겼다.

동격 We **made** this city a better place for the citizens to live in.
(=)

우리는 이 도시를 시민들이 살기에 더 좋은 곳으로 만들었다.

수식 I **think** the hotel suitable for our next convention.

나는 그 호텔이 우리의 다음 회의에 적합하다고 생각한다.

동격 We **elected** Sarah Davis chairperson of the board.
(=)

우리는 Sarah Davis를 이사회 의장으로 선출했다.

수식 | I **asked** him to postpone our appointment.

나는 그에게 우리 약속을 연기해 달라고 요청했다.

사역동사와 지각동사

동사의 종류	형태	목적어	목적보어(형용사)
사역동사	make have let	능동(사람)	원형부정사
		수동(사물)	과거분사(v + ed)
준사역동사	get	능동(사람)	to부정사
		수동(사물)	과거분사(v + ed)
	help	능동(사람)	원형부정사/to부정사
		수동(사물)	과거분사(v + ed)
지각동사	see watch hear	능동(사람)	원형부정사/현재분사(v + ing)
		수동(사물)	과거분사(v + ed)

목적어/능동 | The director **made** the workers **finish** the work by the end of the week.

이사는 직원들에게 주말까지 그 일을 끝내라고 시켰다.

목적어/수동 | The director **made** the work **finished** by the end of the week.

이사는 그 일이 주말까지 끝나도록 시켰다.

목적어/능동 | I **got** my employees **to revise** the report.

나는 직원들에게 보고서를 수정하라고 시켰다.

목적어/수동 | I **got** the report **revised** by my employees.

나는 직원들에 의해 보고서가 수정되도록 시켰다.

목적어/능동 | They will **help** us **to implement/implement** a new system.

그들은 우리가 새로운 시스템을 실행하도록 도울 것이다.

목적어/능동 | We **saw** them **arrange/arranging** the chairs around the tables.

우리는 그들이 테이블 주위에 의자를 비치하는 것을 보았다.

목적어/수동 | We **saw** the chairs **arranged** around the tables by them.

우리는 그들에 의해 테이블 주위에 의자가 비치되는 것을 보았다.

A 주어가 3인칭 단수, 시제가 현재/현재완료인 경우

동사에 -(e)s를 붙인다.

The developer **is** entitled to the financial support.

개발자는 재정 지원을 받을 자격이 있다.

The board of directors ha**s** the authority to change the current system.

이사회는 현재의 시스템을 변경할 수 있는 권한이 있다.

He **does** not know what will happen to him.

그는 자신에게 어떤 일이 일어날지 모르고 있다.

He often find**s** Koreans and Japanese similar in many ways.

그는 종종 한국인과 일본인이 많은 면에서 비슷하다는 점을 발견한다.

The company ha**s** be**en** in the black for three consecutive years.

그 회사는 3년 연속 흑자였다.

B 동명사, to부정사, 명사구, 명사절

모두 3인칭 단수로 취급한다.

동명사 **Spending** too much time indoors is not good for your health.

실내에서 너무 많은 시간을 보내는 것은 건강에 좋지 않다.

to부정사 **To make** others happy requires a lot of understanding and consideration.

타인을 기쁘게 하는 데는 많은 이해와 배려가 필요하다.

명사절 **What I have shown you** is just the tip of the iceberg.

내가 당신에게 보여준 것은 단지 빙산의 일각일 뿐이다.

C 주격 관계대명사 이하 동사의 단수/복수

선행사의 수에 일치시킨다.

선행사/단수 I want a small class which **has** 20 to 30 students.

나는 학생이 20~30명 정도인 작은 학급을 원한다.

선행사/복수 The workers who **are** operating the machine have to endure some noise.

그 기계를 조작하는 직원들은 약간의 소음을 견뎌야 한다.

D 등위상관접속사

B주어 일치의 법칙에 의해 B에 동사의 수를 일치시킨다.

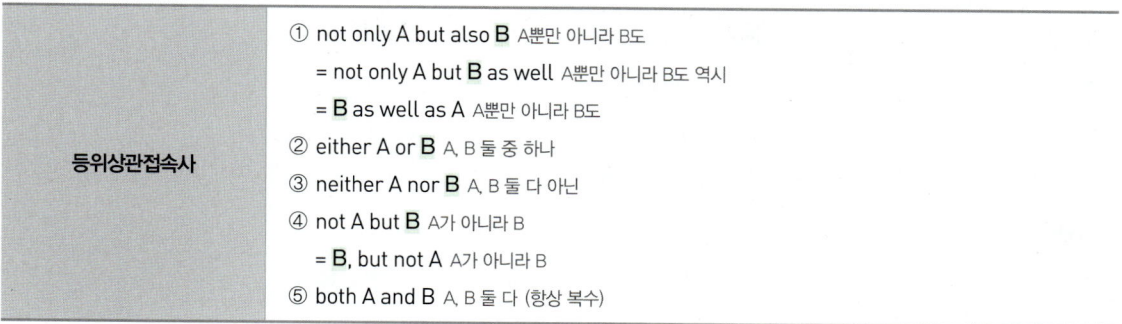

등위상관접속사	① not only A but also B A뿐만 아니라 B도 　　= not only A but B as well A뿐만 아니라 B도 역시 　　= B as well as A A뿐만 아니라 B도 ② either A or B A, B 둘 중 하나 ③ neither A nor B A, B 둘 다 아닌 ④ not A but B A가 아니라 B 　　= B, but not A A가 아니라 B ⑤ both A and B A, B 둘 다 (항상 복수)

Not only you but also **your manager is** not qualified to lead the task force.

당신뿐만 아니라 당신의 매니저도 대책위원회를 이끌 자격이 없다.

Either you or **Ms. Wilson has to** attend the meeting.

당신과 Wilson 씨 중 한 명은 회의에 참석해야 한다.

시제

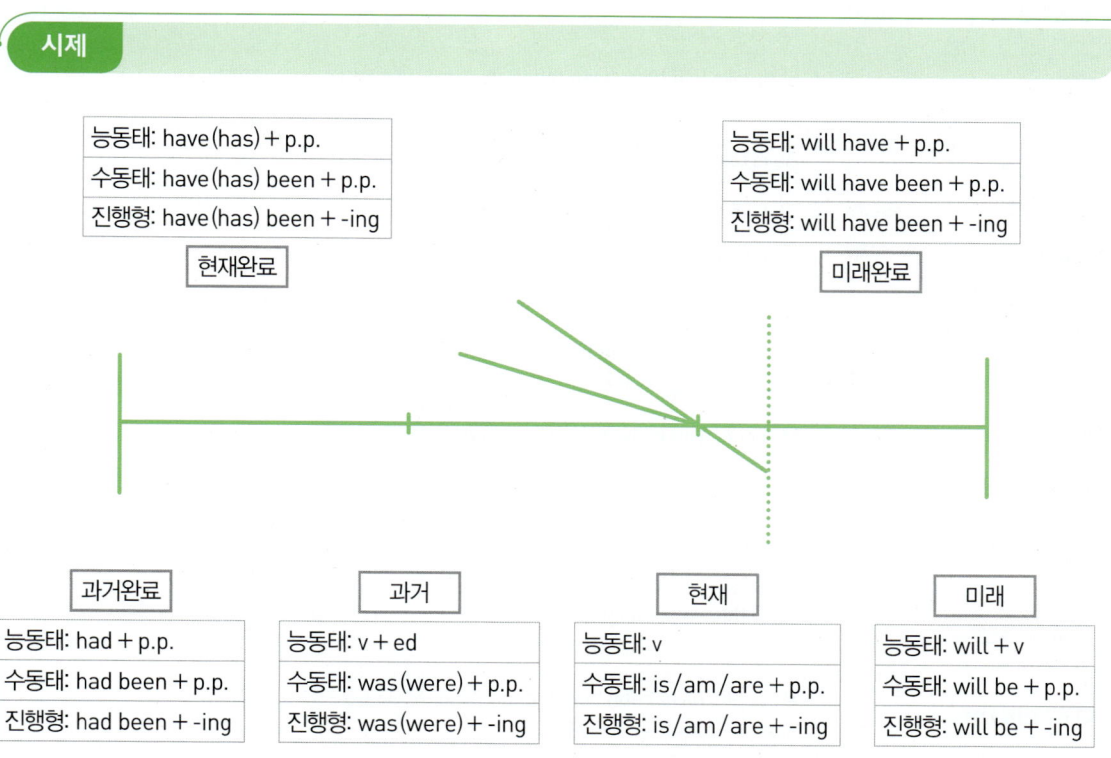

현재완료
- 능동태: have(has) + p.p.
- 수동태: have(has) been + p.p.
- 진행형: have(has) been + -ing

미래완료
- 능동태: will have + p.p.
- 수동태: will have been + p.p.
- 진행형: will have been + -ing

과거완료
- 능동태: had + p.p.
- 수동태: had been + p.p.
- 진행형: had been + -ing

과거
- 능동태: v + ed
- 수동태: was(were) + p.p.
- 진행형: was(were) + -ing

현재
- 능동태: v
- 수동태: is/am/are + p.p.
- 진행형: is/am/are + -ing

미래
- 능동태: will + v
- 수동태: will be + p.p.
- 진행형: will be + -ing

단순시제	완료시제	진행시제	완료진행시제
단순현재	현재완료	현재진행	현재완료진행
단순과거	과거완료	과거진행	과거완료진행
단순미래	미래완료	미래진행	미래완료진행

A 시제에 따른 문장의 기본 형태

시제	태	예문
① 단순현재	능동태	He **takes** my books. 그는 내 책을 가져간다.
② 단순과거		He **took** my books. 그는 내 책을 가져갔다.
③ 단순미래		He **will take** my books. 그는 내 책을 가져갈 것이다.
④ 단순현재	수동태	My books **are taken** (by him). 내 책은 그가 가져간다.
⑤ 단순과거		My books **were taken** (by him). 내 책은 그가 가져갔다.
⑥ 단순미래		My books **will be taken** (by him). 내 책은 그가 가져갈 것이다.
⑦ 현재완료	능동태	He **has taken** my books. 그가 내 책을 가져갔다. (과거의 일이 현재까지 영향을 미침)
⑧ 과거완료		He **had taken** my books. 그가 내 책을 가져갔었다. (과거의 어느 시점에서 완료된 일)
⑨ 미래완료		He **will have taken** my books. 그가 내 책을 가져갈 것이다. (미래의 어느 시점에 완료되어 있을 일)
⑩ 현재완료	수동태	My books **have been taken** (by him). 내 책은 그가 가져갔다. (과거의 일이 현재까지 영향을 미침)
⑪ 과거완료		My books **had been taken** (by him). 내 책은 그가 가져갔었다. (과거의 어느 시점에서 완료된 일)
⑫ 미래완료		My books **will have been taken** (by him). 내 책은 그가 가져갈 것이다. (미래의 어느 시점에 완료되어 있을 일)
⑬ 현재진행	능동태	He **is taking** my books. 그가 내 책을 가져가고 있다. (현재 진행되고 있는 일)
⑭ 과거진행		He **was taking** my books. 그가 내 책을 가져가고 있었다. (과거의 어느 한 시점에서 진행된 일)
⑮ 미래진행		He **will be taking** my books. 그가 내 책을 가져갈 것이다. (미래에 행해질 일)
⑯ 현재진행	수동태	My books **are being taken** (by him). 내 책은 그가 가져가고 있다. (현재 진행되고 있는 일)
⑰ 과거진행		My books **were being taken** (by him). 내 책은 그가 가져가고 있었다. (과거의 어느 한 시점에서 진행된 일)
⑱ 미래진행		My books **will be being taken** (by him). 내 책은 그가 가져갈 것이다. (미래에 행해질 일)
⑲ 현재완료진행	능동태	He **has been taking** my books. 그가 내 책을 가져가고 있다. (예전부터 지금까지 계속되는 일)
⑳ 과거완료진행		He **had been taking** my books. 그가 내 책을 가져가고 있었다. (과거의 어느 시점에서 특정 시점까지 계속된 일)
㉑ 미래완료진행		He **will have been taking** my books. 그가 내 책을 가져갈 것이다. (미래의 어느 시점에도 계속될 일)
㉒ 현재완료진행	수동태	My books **have been being taken** (by him). 내 책은 그가 가져가고 있다. (예전부터 지금까지 계속되는 일)
㉓ 과거완료진행		My books **had been being taken** (by him). 내 책은 그가 가져가고 있었다. (과거의 어느 시점에서 특정 시점까지 계속된 일)
㉔ 미래완료진행		My books **will have been being taken** (by him). 내 책은 그가 가져갈 것이다. (미래의 어느 시점에도 계속될 일)

B 단순현재

현재의 습관, 사실, 경향, 상태, 과학적 사실, 불변의 법칙, 속담, 격언을 나타낸다.

Water freezes at a temperature of zero degrees Celsius.
물은 섭씨 0도에서 언다.

They say that honesty is the best policy.
사람들은 정직이 최선의 방책이라고 말한다.

❶ 미래시제를 대신하는 현재시제

시간, 조건을 나타내는 부사절에서는 미래 대신 현재, 미래완료 대신 현재완료를 사용한다.

시간 1 Put the noodles in the pot **when** the water boils.
물이 끓을 때 냄비에 면을 넣으시오.

시간 2 **Before** the loan is approved, your credit ratings will be thoroughly assessed.
대출이 승인되기 전, 당신의 신용등급이 면밀히 평가될 것이다.

조건 1 **If** you violate company regulations, they will reprimand you accordingly.
만일 당신이 회사 규정을 어긴다면, 회사는 그에 따라 당신을 징계할 것이다.

조건 2 We can reach the top of the mountain **if** the weather is favorable.
날씨만 좋다면 우리는 산 정상에 오를 수 있다.

❷ 단순현재를 나타내는 시간표시 부사

always 늘	generally 일반적으로	regularly 정기적으로	usually 대개
often 종종	still 여전히	every + day[week, year] 매일(주, 해)	now 지금
currently 현재	presently 현재	today 오늘	these days 요즘에

I always try to eat food high in fiber and protein.
나는 항상 섬유질과 단백질이 풍부한 음식을 먹으려 노력한다.

Fine dust usually contains a lot of harmful elements.
미세 먼지는 보통 다량의 유해 성분을 포함하고 있다.

C 단순과거

과거의 역사적 사실은 단순과거로 처리한다.

Human beings first landed on the surface of the moon on July 20, 1969.
인간은 1969년 7월 20일에 달 표면에 최초로 착륙했다.

The Korean War divided the country into two halves. 한국전쟁은 나라를 둘로 갈라놓았다.

단순과거를 나타내는 시간표시 부사

수사 + ago ~ 전에	in + 과거연도 ~년에	last + 시간명사 지난 ~에	
yesterday 어제	recently 최근에	at that time 그때에	in those days 그 당시에

The wreckage of the aircraft was found in the area two days ago.
이틀 전 이 지역에서 항공기의 잔해가 발견되었다.

The research team met to review the project's progress last week.
지난주 연구팀은 사업의 진척도를 검토하기 위해 모였다.

D 단순미래 시간표시 부사

tomorrow 내일	someday 언젠가	as of + 미래시간 ~부터	next + 시간명사 다음 ~
soon 곧	shortly 바로	in the future 미래에	

The advisory committee will determine the future of the company tomorrow.
자문위원회는 내일 회사의 미래를 결정할 것이다.

As of next year, full-time employees will work from 9 A.M. to 4 P.M.
내년부터 정규 직원은 오전 9시부터 오후 4시까지 근무할 것이다.

E 현재완료

과거부터 현재까지의 동작이나 상태를 나타낸다.

for + 수사 + 단위명사(for 2 months) ~ 동안	since + 과거기점명사(since his inauguration in 2010) ~ 이래로
so far, until now, up to now, as yet 현재까지	of late(= lately, recently) 최근에 over ~동안
• s + v(have p.p.) since s + v(과거동사)	

Operations at the plant have been suspended for two weeks. 공장 가동이 2주간 중단되고 있다.

Up to three million people have watched the movie since its release.
개봉 이후 최대 3백만 명이 그 영화를 관람했다.

Angela has shown her great competence since she joined our office.
Angela는 우리 사무실에 합류한 이후 놀라운 능력을 보여주고 있다.

The political scandal <u>has been attracting</u> much attention **over the past few months**.

그 정치적 파문은 지난 몇 개월간 많은 관심을 끌고 있다.

F 과거완료

통상 복문에서 과거를 기준으로 과거보다 한 시제 앞선 시제를 나타낸다.

She <u>acknowledged</u> that she **had overlooked** the importance of online services.

그녀는 자신이 온라인 서비스의 중요성을 간과했다고 인정했다.

The shopping mall **had been closed** for a long time before we <u>acquired</u> it.

우리가 인수하기 전까지 그 쇼핑몰은 오랫동안 폐업한 상태였다.

G 미래완료

정해진 미래의 특정 시점까지 동작이나 상태가 완료됨을 나타낸다.

I **will have been staying** in London <u>for two years</u> <u>by the end of this year</u>.

올 연말이 되면 나는 런던에서 지낸 지 2년이 된다.

You **will have received** a replacement <u>by the end of the week</u>.

당신은 이번 주 말이면 교체품을 받게 될 것이다.

The construction of the building **will have been finished** <u>by the end of the month</u>.

건물 공사는 이번 달 말까지 완료되어 있을 것이다.

H 조동사는 시제와 보조 기능, 둘 다 중요

일반 조동사(I)	will, shall, can, may, must, ought to + v
일반 조동사(II)	would, should, could, might, had to + v
조동사＝일반동사	do, need *주로 부정문／의문문에서 사용
준조동사(I)	be going to + v, be about to + v, be able to + v, have(has) to + v
준조동사(II)	had better + v, used to + v, would rather + v, would like to + v
준조동사(III)	may as well(had better) + v
가정법 과거	If + s + 과거동사, s + would(could, should, might) + v
가정법 과거완료	If + s + had p.p., s + would(could, should, might) + have p.p.
가정법 미래	If + s + should + v, s + v(일반동사)

We **will go over** the sales figures with the manager.
우리는 매니저와 판매액을 검토할 것이다.

David Hilbert, CEO of our company, <u>announced</u> that he **would retire** next year.
우리 회사의 사장인 David Hilbert는 내년에 은퇴하겠다고 발표했다.

I **do**n't **think** I can finish the report today.
나는 오늘 그 보고서를 끝낼 수 있으리라고 생각하지 않는다.

Ⅰ 자동사 + 전치사(= 타동사구)와 수동태

apologize to[for] ~에게[~에 대해] 사과하다	comply with ~에 순응하다, 따르다
specialize in ~을 전공하다	consist of ~으로 구성되다
deal with ~을 해결하다[다루다](= handle)	focus on ~에 집중하다(= concentrate on)
interfere with ~을 방해하다	lay off ~을 해고하다(= dismiss, fire)
rely on ~에 의지하다(= depend on)	object to ~에 반대하다
reply to ~에 반응하다(= respond to)	react to ~에 반응하다
return to ~으로 돌아오다	refrain from ~을 자제하다
succeed in ~에서 성공하다	talk about ~에 대해 논하다
benefit from ~에서 이득을 취하다	check for ~이 있는지 점검하다
go through ~을 겪다(= experience)	look over ~을 조사하다(= look into)
refer to ~을 참조[문의, 적용]하다	insist on ~을 주장하다
look at ~을 보다(= see)	participate in ~에 참가하다

능동태 We **should deal with** the water shortage.
우리는 물 부족을 해결해야 한다.

수동태 The water shortage **should be dealt with** (by us).
물 부족이 해결되어야 한다.

능동태 Electromagnetic waves **may interfere with** our navigation system.
전자파는 우리의 항법 장치에 지장을 줄 수 있다.

수동태 Our navigation system **may be interfered with** by electromagnetic waves.
우리의 항법 장치는 전자파에 지장을 받을 수 있다.

준동사

A 동명사

명사처럼 주어, 타동사의 목적어, 전치사의 목적어, 보어로 사용된다.

주어 **Establishing** a clear goal is a key to our business success.
> 분명한 목표를 세우는 것은 우리 사업 성공의 핵심이다.

타동사 + 목적어 My duties include **exploring** new markets at home and abroad.
> 나의 업무에는 국내외의 새로운 시장을 개척하는 일이 포함된다.

전치사 + 목적어 Your agent will assist you in **finding** and **booking** your accommodations.
> 당신의 대리인은 당신이 숙소를 찾아 예약할 수 있도록 도울 것이다.

B to부정사

명사, 형용사, 부사로 사용된다.

❶ 명사적 용법

주어, 타동사의 목적어, 보어로 사용된다.

주어 **To estimate** the extent of the damage is impossible at present.
= **It** is impossible at present (for us) **to estimate** the extent of the damage.
> 피해 정도를 예측하는 것은 현재로서는 불가능하다.

타동사 + 목적어 They failed **to accommodate** the opposing point of views.
> 그들은 상반되는 견해를 수용하지 못했다.

보어 The purpose of the new regulations is **to handle** customer complaints.
> 새로운 규정의 목적은 고객 불만을 해결하는 데 있다.

BONUS 보어로 사용하는 명사적 용법의 to부정사

문장의 주어가 the purpose, the goal, the aim, the objective, the plan인 경우 be동사의 보어는 명사적 용법으로 쓰인 to부정사이다.

The goal of marketing is to attract customers to a product.
> 마케팅의 목적은 고객들을 상품으로 끌어들이는 것이다.

---

❷ 형용사적 용법

한정적, 서술적 용법 모두 뒤에서 앞의 말을 후치 수식한다.

한정적 용법 I think he has the ability **to carry out** the project successfully.

나는 그가 프로젝트를 성공적으로 수행할 수 있는 능력이 있다고 생각한다.

서술적 용법 He is **to return** to the main office right after the investigation.

그는 조사 직후 본사로 돌아올 것이다.

be to 용법(예정) They are **to sign** the contract with a local distributor.

그들은 현지 유통업자와 계약을 맺을 것이다.

be to 용법(의무) We are **to work** together to achieve our best values.

우리는 최상의 가치를 달성하기 위해 함께 일해야 한다.

BONUS **to부정사의 형용사적 용법의 수식을 받는 명사**

ability to + v ~할 수 있는 능력	**attempt** to + v ~하려는 시도
plan to + v ~하려는 계획	**effort** to + v ~하려는 노력
way to + v ~할 수 있는 방법	**opportunity** to + v ~할 수 있는 기회
time to + v ~해야 할 시간	**chance** to + v ~할 수 있는 기회
right to + v ~할 수 있는 권리	**decision** to + v ~하려는 결정
authority to + v ~할 수 있는 권한	**request** to + v ~하라는 요구

---

❸ 부사적 용법(7가지)

목적 1 (In order) **To use** our time efficiently, we need to make plans.

시간을 효율적으로 사용하기 위해 우리는 계획을 세울 필요가 있다.

목적 2 I get up earlier on Mondays (so as) **to be** on time for my first class.

나는 첫 수업에 늦지 않기 위해 월요일에 더 일찍 일어난다.

원인/이유 I'm glad **to help** the suffering children in the region.

나는 그 지역의 고통 받는 아이들을 도울 수 있어 기쁘다.

PART 5,6&7

CH 01

CH 02

CH 03

CH 04

CH 05

CH 06

CH 07

CH 08

CH 09

CH 10

판단의 근거 Mr. Shin must be very diligent **to complete** two surveys within a week.

1주일 내에 설문조사 두 건을 마치다니, Shin 씨는 부지런한 사람임에 틀림없다.

조건 **To work** overtime, you must get permission from your supervisor.

초과 근무를 하려면 상사의 허락을 받아야 한다.

결과 We released a new product only **to fail** to attract new customers.

우리는 신제품을 출시했지만 결국 신규 고객을 끌어들이지는 못했다.

부사 수식 Mr. Dale is responsible enough **to represent** the company.

Dale 씨는 회사를 대표할 수 있을 만큼 충분히 책임감 있는 사람이다.

형용사 수식 His explanation was difficult **to understand**.

그의 설명은 이해하기 어려웠다.

C 동명사와 to부정사의 의미상 주어

❶ 동명사의 의미상 주어는 소유격

일반적인 주어 **Learning** a foreign language is difficult.

외국어를 배우는 것은 어렵다.

주어와 같은 경우 I finished (my) **reviewing** the sales report.

나는 판매 보고서 검토를 마쳤다.

목적어와 같은 경우 My manager scolded me for (my) **being** late for the meeting.

매니저는 내가 회의에 늦었다고 꾸짖었다.

의미상의 주어1 I can't understand **their** refusing our generous offer.

나는 그들이 우리의 관대한 제안을 거절했다는 것을 이해할 수 없다.

의미상의 주어2 I heard the news about **Tom's** losing a chance of promotion.

나는 Tom이 승진 기회를 놓쳤다는 소식을 들었다.

❷ to부정사의 의미상 주어는 [for + 목적격] 혹은 [of + 목적격]

일반적인 주어 **To learn** a foreign language is difficult.
It is difficult for us **to learn** a foreign language.

우리는 외국어를 배우는 게 어렵다.

주어와 같은 경우 I want (for me) **to be** a doctor when I grow up.

나는 자라서 의사가 되고 싶다.

목적어와 같은 경우	Consumers expect us **to release** a better product.
	소비자들은 우리가 더 좋은 제품을 출시하리라 기대하고 있다.

의미상의 주어 1	It will take a long time for us **to take** the lead in the industry.
	우리가 업계에서 주도권을 쥐는 데는 오랜 시간이 걸릴 것이다.

의미상의 주어 2	It is very **generous** of you **to extend** our repayment period.
	우리의 상환 기간을 연장해 주시다니 당신은 참 관대하십니다.

BONUS | 부정사의 의미상 주어에 [of+목적격]을 사용하는 경우

to부정사의 의미상 주어인 사람의 성격을 나타내는 형용사 kind, generous, nice, good, stupid, foolish 등이 사용될 때 의미상의 주어는 [of + 목적격]으로 나타낸다.

D to부정사와 동명사 빈출 유형

❶ 3형식 완전타동사의 목적어 자리

to부정사를 받는 동사	**바람** want(= hope, wish) 원하다 expect 기대하다 desire 바라다 need 필요로 하다 ask 요청하다 **계획/결심** plan 계획하다 prepare 준비하다 decide(= choose, determine) 결심하다 **약속/동의/제안** promise 약속하다 agree(= consent) 동의하다 propose 제안하다 offer 제안하다 **기타** tend ~하는 경향이 있다 refuse 거절하다 fail 실패하다 hesitate 주저하다 seek 추구하다 strive 노력하다 prefer 선호하다 manage 그럭저럭 해내다
동명사를 받는 동사	**완료/포기** finish 끝내다 abandon(= give up) 포기하다 stop(= quit, discontinue) 그만두다 **연기** delay(= postpone, put off) 연기하다 **회피** avoid 피하다 escape 빠져 나오다 deny 부정하다 **회상/후회** recollect(= recall) 회고하다 repent 후회하다 **선호** enjoy 즐기다 mind 꺼리다 **기타** suggest(= recommend) 제안하다 include 포함하다 consider 고려하다 admit 인정하다

to부정사 1	Goodyear Group finally decided **to expand** its business operations.
	Goodyear Group은 마침내 사업 운영을 확장하기로 결정했다.

to부정사 2	We plan **to close** the deal with GG Securities by the end of September.
	우리는 9월 말까지 GG 증권과의 계약을 매듭지을 계획이다.

동명사 1	The director does not mind our **taking** a new approach to the problem.
	이사는 우리가 그 문제에 새로운 접근법을 시도하는 것을 꺼리지 않는다.

동명사 2 My duties include **overseeing** the promotional activities.
나의 업무에는 홍보 활동을 감독하는 일이 포함되어 있다.

❷ 목적어가 to부정사인지 동명사인지에 따라 의미가 달라지는 동사

remember 기억하다	forget 잊다	regret 유감이다	stop 그만두다	try 노력하다

미래지향 I remember **to participate in** the meeting tomorrow.
나는 내일 회의에 참석해야 한다는 것을 기억하고 있다.

과거지향 I remember **participating in** the meeting last year.
나는 작년에 회의에 참석했던 일을 기억한다.

노력하다 He tried **to induce** investors to expand their investment.
그는 투자자들에게 투자 확대를 유도하려고 노력했다.

시도해 보다 He tried **inducing** investors to expand their investment.
그는 투자자들에게 투자 확대를 유도해 보았다.

❸ 의미 차이가 없는 to부정사와 동명사 목적어

love 사랑하다	like 좋아하다	prefer 선호하다	hate 미워하다	dislike 싫어하다
begin 시작하다	start 시작하다	continue 계속하다	cease 그만두다	intend 의도하다

I intend **to review** their proposal before leaving the office.
나는 퇴근 전에 그들의 제안서를 검토해볼 작정이다.

I intend **reviewing** their proposal before leaving the office.
나는 퇴근 전에 그들의 제안서를 검토해볼 작정이다.

❹ 목적격보어 자리에 형용사적 용법으로 쓰이는 to부정사가 필요한 5형식 불완전타동사

want ~이 …하기를 원하다	expect ~이 …하리라 예상하다[기대하다]
would like ~이 …하기를 바라다	allow(= permit) ~이 …하도록 허락하다
invite ~이 …하도록 초대하다	enable ~이 …하는 것을 가능하게 하다
encourage(= motivate) ~이 …하도록 장려하다	remind ~에게 …하도록 상기시키다
persuade(= convince) ~이 …하도록 설득하다	notify(= inform) ~에게 …하도록 알려주다
cause(= urge) ~이 …하도록 야기하다	advise ~이 …하도록 조언하다
ask(= require, request) ~이 …하도록 요구하다	direct(= instruct) ~이 …하도록 지시하다
tell ~이 …하도록 말하다	force(= get) ~이 …하도록 시키다

I will <u>ask</u> **him to explain** the problems at the meeting.

나는 그에게 회의에서 그 문제를 설명하라고 요구할 것이다.

The new application <u>allows</u> **its users to send** mass video clips.

새로운 애플리케이션은 사용자들이 대용량 동영상을 보낼 수 있도록 한다.

❺ to부정사와 동명사 관용어구

to부정사	to tell the truth (= to be frank with you, to be honest) 솔직히 말하면 to make matters worse 설상가상으로
동명사	have difficulty (in) -ing ~하느라 애먹다 = have trouble (in) -ing = have a difficult[hard] time (in) -ing = have a problem (in) -ing look forward to -ing ~을 고대하다 be busy (in) -ing ~하느라 바쁘다 be used to -ing (= get used to -ing) ~에 익숙해지다 spend 돈/시간 (on/in) -ing ~에 돈/시간을 쓰다 on -ing (= upon -ing) ~하자마자 be devoted[dedicated/committed] to -ing ~에 헌신, 노력, 전념하다

To make matters worse, citizens have been suffering from power shortages.

설상가상으로 시민들은 전력 부족에 허덕이고 있다.

The R&D office should **be devoted to finding** a solution to the problem.

연구개발부서는 문제에 대한 해결책을 찾는 데 전념해야 한다.

I **look forward to meeting** you to discuss the plan further.

나는 계획을 더 심도 있게 논의하기 위해 당신을 만날 날을 고대하고 있다.

❻ to부정사와 동명사의 단순/완료 VS 수동/진행

to부정사		동명사	
단순부정사	s + v + to + v	단순동명사	s + v + v + ing
완료부정사	s + v + to + have p.p.	완료동명사	s + v + having p.p.
to부정사의 수동	s + v + to + be p.p.	동명사의 수동	s + v + being p.p.
to부정사의 진행	s + v + to + be -ing	동명사의 진행	없음

`단순부정사` She seems **to be** happy.

= It seems that she **is** happy. 그녀는 행복해 보인다.

`완료부정사` She seems **to have been** sick.

= It seems that she was sick. 그녀는 아팠던 것처럼 보인다.

`to부정사의 수동` This program needs **to be upgraded** to a modern one.

이 프로그램은 최신의 것으로 업그레이드될 필요가 있다.

`to부정사의 진행` Up to 10 million people are **to be traveling** over the holidays.

최대 1천만 명의 사람들이 연휴에 여행할 것이다.

`단순동명사` I'm sure of his **being** innocent.

= I'm sure that he **is** innocent. 나는 그가 결백하다는 것을 확신한다.

`완료동명사` I'm sure of his **having been** innocent.

= I'm sure that he **was** innocent. 나는 그가 결백했다는 것을 확신한다.

`동명사의 수동` I think the sports event is in danger of **being canceled**.

나는 그 스포츠 행사가 취소될 위험에 놓여 있다고 생각한다.

PART 5

1. We maintain a register of consultants who ------- a high level of technical knowledge.
   (A) demonstrates
   (B) have demonstrated
   (C) has demonstrated
   (D) demonstrating

2. Customer information ------- not distributed to the third parties without prior consent from the customers.
   (A) will be
   (B) be
   (C) is
   (D) are

3. Most accountants require their clients ------- a detailed list of assets and liabilities.
   (A) providing
   (B) provided
   (C) provides
   (D) to provide

4. Some of the new sales representatives ------- to live up to our expectations.
   (A) included
   (B) failed
   (C) considered
   (D) delayed

5. The catalog recently published will help shoppers ------- products which meet their needs.
   (A) choose
   (B) chose
   (C) chosen
   (D) choice

6. MAX Electronics ------- one of the top makers of appliances such as televisions and refrigerators for a decade.
   (A) is
   (B) was
   (C) has been
   (D) had been

7. We will have a meeting to ------- about the financial situation of the company.
   (A) talk
   (B) discuss
   (C) announce
   (D) mention

8. ------- students with various educational programs has been our top priority.
   (A) Provisional
   (B) Provided
   (C) Providing
   (D) Provision

9. Creativity is essential ------- the fashion designers to come up with new outfits.
   (A) to
   (B) of
   (C) with
   (D) for

10. They are looking forward to ------- a $20 million high-speed rail project to connect the major cities.
    (A) launched
    (B) launching
    (C) be launched
    (D) being launched

PART 6

Questions 1-4 refer to the following article.

OTTAWA — The Ottawa Symphony Orchestra announced its program for the upcoming season which ------- its strong reputation as "one of the premier orchestras". -------
1. **2.**
performances of the works of several promising young composers, the new program consists of the classics by the famous Schubert, Beethoven, and Strauss. The first performance will be broadcast live through a major music channel. -------. Tickets will be
3.
sold at the box office from 10 A.M. to 5 P.M. daily ------- the season.
4.

1. (A) preserved
(B) preserving
(C) will preserve
(D) will be preserved

2. (A) As to
(B) In addition to
(C) With a view to
(D) In an effort

3. (A) He will hire several reporters with some experience.
(B) Reserve your tickets well in advance to enjoy the show.
(C) This is the first time in the history of the orchestra.
(D) The conductor of the orchestra has recently been replaced.

4. (A) for
(B) during
(C) while
(D) despite

PART 7

Questions 1-3 refer to the following text message chain.

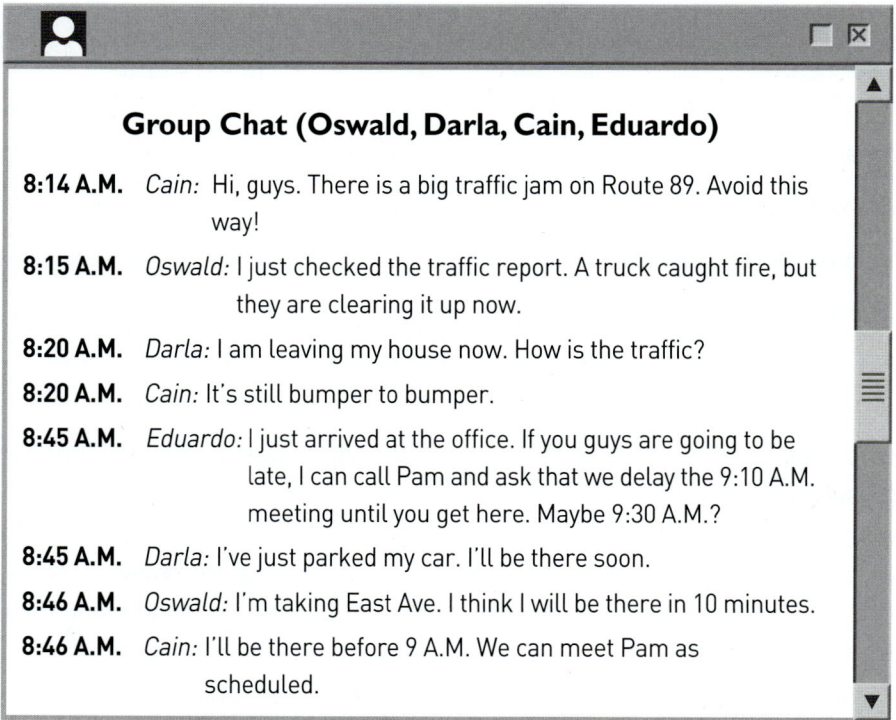

Group Chat (Oswald, Darla, Cain, Eduardo)

8:14 A.M. *Cain:* Hi, guys. There is a big traffic jam on Route 89. Avoid this way!

8:15 A.M. *Oswald:* I just checked the traffic report. A truck caught fire, but they are clearing it up now.

8:20 A.M. *Darla:* I am leaving my house now. How is the traffic?

8:20 A.M. *Cain:* It's still bumper to bumper.

8:45 A.M. *Eduardo:* I just arrived at the office. If you guys are going to be late, I can call Pam and ask that we delay the 9:10 A.M. meeting until you get here. Maybe 9:30 A.M.?

8:45 A.M. *Darla:* I've just parked my car. I'll be there soon.

8:46 A.M. *Oswald:* I'm taking East Ave. I think I will be there in 10 minutes.

8:46 A.M. *Cain:* I'll be there before 9 A.M. We can meet Pam as scheduled.

1. What is the message mainly about?
   (A) The results of a meeting
   (B) The purchase of a vehicle
   (C) The morning commute
   (D) A fire on the road

2. What will happen to the meeting?
   (A) It will go on as planned.
   (B) It will be postponed.
   (C) It will be canceled.
   (D) It will be held via the chat forum.

3. At 8:20 A.M., what does Cain mean when he writes, "It's still bumper to bumper"?
   (A) The road is under construction.
   (B) The road is being repaved.
   (C) The road has fire debris.
   (D) The road is congested.

04 형용사

Grammar Points

1. 형용사는 [2:5]이다. 즉 형용사의 주요 기능은 2가지, 형용사류는 5가지가 있다.
2. 형용사는 명사의 앞과 뒤에서 명사를 수식하고 불완전동사의 보어로도 사용된다.
3. 형용사는 한정적 용법(단순 수식)과 서술적 용법(보어)으로 사용된다.
4. 형용사는 원급 – 비교급 – 최상급으로 비교 변화한다.
5. 형용사를 포함하는 관용어구는 암기해야 한다.

형용사류 5가지

일반 형용사	• 접미사 -ful, -ous, -ive, -ite, -ate -able, -ible, -less, -ory, -ent, -ant, -ic, -cal, -ish, -y, 명사 + -ly 등을 사용	
형용사구(전명구)	• 항상 후치 수식하며 종종 불완전동사의 보어로도 사용된다.	
형용사절(10가지)	• 관계대명사(사람 수식)	① who s + v ② whose s + v ③ whom s + v
	• 관계대명사(사물 수식)	④ which s + v ⑤ whose s + v ⑥ which s + v
	• 관계부사	⑦ where s + v ⑧ when s + v ⑨ why s + v ⑩ how s + v
to부정사	• 항상 후치 수식	• 한정/서술적 용법으로 모두 사용
분사	• 현재분사(v + ing) 능동/진행 • 과거분사(v + ed) 수동/완료	• 한정/서술적 용법으로 모두 사용 • 후치 수식 시 동사 성질이 남아 있음

A 한정적 용법의 형용사

명사의 앞(전치 수식)/뒤(후치 수식)에서 명사를 수식하되 보어 기능이 없다.

전치 수식 1 The government has provided **various** incentives to companies.

정부는 기업에 다양한 유인책을 제공해 오고 있다.

전치 수식 2 China has emerged to play a **central** role in the global economy.

중국은 세계 경제에서 중심적인 역할을 하는 국가로 대두되었다.

후치 수식 1 All the managers **supervising** the joint venture will soon be promoted.

합작사업을 감독하는 모든 관리자들은 곧 승진될 것이다.

후치 수식 2 The plan **proposed** by Adler was temporarily suspended.

Adler가 제안한 계획은 일시적으로 중단되었다.

후치 수식 3 Ms. Shin has an ability **to express** her opinions clearly and concisely.

Shin 씨는 자신의 견해를 분명하고 간결하게 표현할 수 있는 능력이 있다.

BONUS to부정사의 형용사적 용법은 항상 후치 수식

He reserves the right **to refuse** any business plan he finds objectionable.

그는 문제의 소지가 있다고 판단되는 어떤 사업 계획도 거부할 수 있는 권리가 있다.

B 서술적 용법의 형용사

2형식/5형식 문장의 보어로 활용된다.

주격보어 1 Dr. Karl is **famous** for her philanthropic activities.

Karl 박사는 박애주의 활동으로 유명하다.

주격보어 2 The training seminar was **interesting**.

연수는 흥미로웠다.

주격보어 3 We are **interested** in your business offer.

우리는 당신의 사업 제안에 관심이 있다.

주격보어 4 We are **to finish** the renovation of the building by Thursday.

우리는 목요일까지 건물 보수를 마칠 것이다.

주격보어 5 Lighting is **of importance** to the overall atmosphere of the art gallery.

조명은 미술관의 전체적인 분위기에 중요하다.

목적격보어 1 Inclement weather made it **impossible** for us to return to the base camp.

악천후는 우리가 베이스캠프로 귀환하는 것을 불가능하게 했다.

목적격보어 2 We saw many people **waiting** for the bus.

우리는 많은 사람들이 버스를 기다리고 있는 모습을 보았다.

목적격보어 3 We have to keep our computers **safe** from malware.

우리는 컴퓨터를 악성코드로부터 안전하게 지켜야 한다.

BONUS 서술적 용법(보어)으로만 사용되는 형용사류

alive 살아 있는	**a**sleep 잠든	**a**lone 혼자의	**a**wake 깨어 있는	**a**ware 알고 있는
afraid 두려운	**a**like 닮은	**a**shamed 부끄러운	fond 좋아하는	

I think he is still **alive**. 나는 그가 아직도 살아 있다고 생각한다.

People cannot smell when they are **asleep**. 사람들은 잠들었을 때 냄새를 맡을 수 없다.

형용사구(전명구)

한정적 용법, 서술적 용법 모두 후치 수식만 가능하다.

한정 1 The plans **under consideration** should be carried out as soon as possible.

고려 중인 계획은 되도록 빨리 실행되어야 한다.

한정 2 Our new plant **in Texas** is our biggest facility abroad.

텍사스에 있는 새 공장은 우리의 가장 큰 해외 설비다.

한정 3 The 100-page report contains full coverage **of the incident**.

100페이지짜리 보고서는 그 사고의 모든 내용을 담고 있다.

한정 4 We need more information **about their present situations**.

우리는 현재 그들의 상황에 대한 더 많은 정보가 필요하다.

서술 1 The main building is currently **under construction**.

본관은 현재 공사 중이다.

서술 2 The new accounting program was **of use** in many ways.

새로운 회계 프로그램은 많은 면에서 유용했다.

서술 3 Automakers are **in a hurry** to get their new products out in the market.

자동차 회사들은 그들의 신제품을 시장에 내놓으려고 서두르고 있다.

BONUS　보어 자리에 자주 출제되는 형용사구

of use = useful 유용한	of interest = interesting 흥미로운	out of danger 안전한
of no use = useless 쓸모없는	out of order 고장 난	out of date 구식의
of value = valuable 귀중한	out of print 절판된	on the way 진행 중인
of importance = important 중요한	out of control 통제 불능한	in a hurry 바쁜

형용사절(= 관계사절)

한정적 용법으로 쓰여 선행사를 후치 수식하되 보어 역할을 할 수 없다.

관계대명사 선행사: 사람	주격	who[that] + v
	소유격	whose + 명사(s) + v
	목적격	whom[that] + s + vt + (×)
관계대명사 선행사: 사물/동물	주격	which[that] + v
	소유격	whose + 명사(s) + v
	목적격	which[that] + s + vt + (×)
관계부사	the place	where + s + v
	the time	when + s + v
	the reason	why + s + v
	the way	how + s + v

* the way와 how는 모두 '방법'이라는 뜻이므로, 의미 중복을 피하기 위해 함께 사용하지는 않는다.

사람/주격 I know a man **who(that) can teach you what to do**.

나는 당신이 무엇을 해야 할지 당신에게 가르쳐줄 사람을 알고 있다.

사람/소유격 I know a man **whose company is in danger of bankruptcy**.

나는 자신의 회사가 파산 위기에 처한 사람을 알고 있다.

사람/목적격 Many people **whom(that) I know** object to constructing the power plant.

내가 아는 많은 사람들은 발전소 건설에 반대한다.

사물/주격 I like the book **which(that) illustrates a theory with easy examples**.

나는 이론을 쉬운 예로 설명한 그 책이 좋다.

사물/소유격 I like the book **whose contents are listed in alphabetical order**.

나는 내용이 알파벳 순서로 정리된 그 책이 좋다.

사물/목적격 I like the book **which(that) you recommended**.

나는 당신이 추천한 책이 마음에 든다.

where/형용사절 I'm looking for a hotel **where(that) our guests can stay for a week**.

나는 우리 손님들이 1주일간 머무를 호텔을 찾고 있다.

where/명사절 This laboratory is **where our researchers develop new technologies**.

이 실험실은 우리 연구원들이 신기술을 개발하는 곳이다.

when/형용사절 I'm waiting for the day **when(that) we can work together**.

나는 우리가 함께 일할 수 있는 날을 기다리고 있다.

when/명사절 The only quiet time is **when the babies are asleep**.

유일하게 조용한 시간은 아기들이 잠들었을 때이다.

why/형용사절 I can guess the reason **why(that) she doesn't like the proposal**.

나는 그녀가 그 제안을 싫어하는 이유를 추측할 수 있을 것 같다.

why/명사절 This is **why his book is loved by people all around the world**.

이 점이 그의 책이 전 세계인의 사랑을 받는 이유다.

how/형용사절 I learned the way **(how) I could interact with other people**.

나는 다른 사람들과 상호작용할 수 있는 방법을 배웠다.

how/명사절 I know **how they could achieve a strategic goal**.

나는 그들이 전략적 목표를 달성할 수 있었던 방법을 알고 있다.

한정 1 I met a client **who(that) uses our service**.

나는 우리 서비스를 이용하는 고객을 만났다.

계속 1 I met a client, **who(that) uses our service**.

나는 한 고객을 만났는데, 그 고객은 우리 서비스를 이용한다.

한정 2 We know the problem **which(that) you found**.

우리는 당신이 발견한 그 문제를 알고 있다.

계속 2 We know the problem, **which(that) you found**.

우리는 그 문제를 알고 있는데, 당신도 그 문제를 발견했다.

생략 1 I know the inspector (who is) **examining the finished goods**.

나는 완제품을 검사하고 있는 검사관을 알고 있다.

생략 2 I purchased a car (which was) **imported from Germany**.

나는 독일에서 수입된 자동차를 구매했다.

생략 3 We will hire all the applicants (whom) **we interviewed**.

우리는 면접을 본 모든 지원자들을 고용할 것이다.

생략 4 I know the problem (which) **you found**.

나는 당신이 발견한 그 문제를 알고 있다.

to부정사(형용사적 용법)

명사를 항상 후치 수식하며 한정적 용법, 서술적 용법으로 모두 사용된다.

한정 1 Copyright is about property and who has the authority **to use** it.

저작권은 자산과 그 자산을 이용할 수 있는 권한을 누가 가지고 있는가에 대한 권리이다.

한정 2 The manager knows the best way **to solve** the problem wisely.

매니저는 그 문제를 현명하게 해결할 수 있는 가장 좋은 방법을 알고 있다.

서술/주격보어 1(예정) We are **to attend** the conference next week.

우리는 다음 주에 회의에 참석할 것이다.

| 서술/주격보어 2(의무) | Passengers are **to comply with** safety regulations on the plane. |

승객들은 기내에서 안전 규정을 준수해야 한다.

| 서술/목적격보어 1 | The accountant asked me **to state** my annual income. |

회계사는 나에게 연봉을 명시하라고 요구했다.

| 서술/목적격보어 2 | I expect her **to succeed** in the development of new medicines. |

나는 그녀가 신약 개발에 성공할 것이라 기대한다.

분사 형용사

동사의 원형에 -ing, -ed를 붙여 **능동/진행, 수동/완료**의 의미를 나타내며 명사를 수식한다. 전치 수식/후치 수식, 한정적 용법/서술적 용법 모두 가능하다.

A 자동사/타동사에 따른 능동/진행, 수동/완료 만들기

자동사	현재분사(v + ing)/진행	~하고 있는 / ~ 중인	missing document 분실된 서류 missing child 실종 상태인 아이 sleeping baby 잠들어 있는 아기
	과거분사(v + ed)/완료	이미 ~한 / 이미 ~된	fallen leaves 낙엽 retired soldier 전역 군인 faded flower 시든 꽃
타동사	현재분사(v + ing)/능동	~을 하게 만드는 ~을 시키는 ~한 감정을 유발하는	interesting show 재미있는 쇼 surprising result 놀라운 결과 disappointing sales 실망스러운 매출액
	과거분사(v + ed)/수동	~이 된 / ~을 당한 ~한 감정을 느끼는	preferred method 선호되는 방법 broken arm 부러진 팔 revised report 수정된 보고서

| 타동사/능동 | We got some **disappointing** news about business prospects. |

우리는 사업 전망에 대한 실망스러운 소식을 접했다.

| 타동사/수동 | We have a **designated** parking lot for employees. |

우리는 직원들을 위한 전용 주차장이 있다.

| 자동사/진행 | We have to find the **missing** climbers as soon as possible. |

우리는 가능한 한 빨리 실종 상태인 등반가들을 찾아야 한다.

자동사/완료 They raked up the **fallen** leaves to make a fire.

그들은 불을 피우기 위해 낙엽을 그러모았다.

한정/전치 수식 A recent survey shows some **interesting** results.

최근의 조사는 몇 가지 흥미로운 결과를 보여주고 있다.

한정/후치 수식 The boat **damaged** in the accident is tied to the dock.

사고로 손상된 보트는 부두에 묶여 있다.

서술/능동 Our export performance last year was **disappointing**.

작년도 우리의 수출 실적은 실망스러웠다.

서술/수동 Personal information can not be **accessed** due to a password.

개인정보는 비밀번호 때문에 접근할 수 없다.

B 감정동사의 분사 용법

감정동사를 이용한 분사의 경우 **-ing**는 사물을, **-ed**는 사람을 수식한다.

interest ～의 흥미를 유발시키다	bewilder ～을 당혹시키다
excite ～을 흥분시키다	confuse ～을 혼란시키다
please ～을 기쁘게 하다	fascinate ～을 매혹시키다
satisfy ～을 만족시키다	disappoint ～을 실망시키다
surprise(= stagger) ～을 놀라게 하다	frustrate ～을 좌절시키다
tire(= exhaust) ～을 피곤하게 하다	discourage ～을 낙담시키다
bore ～을 지루하게 하다	depress ～을 우울하게 만들다
embarrass ～을 당황시키다	impress ～을 감동시키다

능동/사물 수식 Hosting the Olympics will be a **surprising** achievement of the country.

올림픽 개최는 그 나라의 놀라운 성취가 될 것이다.

수동/사람 수식 The executives were **impressed** by his eloquent speech.

임원들은 그의 유창한 연설에 감명받았다.

비교 변화

형용사는 3단계로 변화한다. 비교의 대상이 없으면 원급, 비교의 대상이 둘일 때는 비교급, 비교의 대상이 셋 이상일 때는 최상급을 사용한다.

원급 My office is **large**. 내 사무실은 넓다.

비교급 My office is **larger than** yours. 내 사무실은 당신의 사무실보다 더 넓다.

최상급 My office is **the largest in the building**. 내 사무실은 이 건물에서 가장 넓다.

A 규칙 변화

❶ 원급에 모음 [a, e, i, o, u] 음절이 1개 혹은 2개일 때: 원급에 -er, -est를 붙인다.

원급	비교급	최상급
high 높은	higher 더 높은	highest 가장 높은
fast 빠른	faster 더 빠른	fastest 가장 빠른
clever 영리한, 숙련된	cleverer 더 영리한, 더 숙련된	cleverest 가장 영리한, 가장 숙련된
healthy 건강한	healthier 더 건강한	healthiest 가장 건강한

❷ 원급에 모음 [a, e, i, o, u] 음절이 3개 이상인 경우: 원급 앞에 more, most를 붙인다.

원급	비교급	최상급
famous 유명한	more famous 더 유명한	most famous 가장 유명한
important 중요한	more important 더 중요한	most important 가장 중요한
plentiful 풍부한	more plentiful 더 풍부한	most plentiful 가장 풍부한
agreeable 적합한	more agreeable 더 적합한	most agreeable 가장 적합한

B 불규칙 변화

원급	비교급	최상급
good 좋은	better 더 좋은	best 가장 좋은
bad 나쁜	worse 더 나쁜	worst 최악의
many 많은(가산명사)	more 더 많은	most 제일 많은
much 많은(불가산명사)	more 더 많은	most 제일 많은
few 적은(가산명사)	fewer 더 적은	fewest 제일 적은
little 적은(불가산명사)	less 더 적은	least 제일 적은

C 라틴 비교

라틴어에 어원을 둔 형용사들은 비교급에서 ~ than이 아니라 ~ to를 사용한다.

prior to ~보다 앞서, ~보다 전에	senior to ~보다 연상인, ~보다 선배인
superior to ~보다 우수한, ~보다 뛰어난	junior to ~보다 연하의, ~보다 후배인
inferior to ~보다 떨어지는, ~보다 열등한	major / minor to ~보다 큰 / 작은, ~보다 중요한 / 중요하지 않은

Prior to his visit to London, he paid a visit to Japan to make an on-site inspection.
런던을 방문하기 전, 그는 현지 시찰을 위해 일본을 방문했다.

The teamwork of my office is **superior to** that of the other offices.
우리 직원들의 결속력은 다른 팀의 결속력보다 뛰어나다.

D 강조 부사

비교급 수식 강조 부사	much / even / still / far / a lot 훨씬 a bit 살짝 a little 약간 significantly 상당히 noticeably 두드러지게
최상급 수식 강조 부사	single / only 오로지
원급 수식 강조 부사	very 매우 quite 꽤 so 무척 pretty 꽤 extremely 아주

비교급 Sometimes, simple images are **much** better than long-written explanations.
때로는 단순한 이미지가 장황하게 작성된 설명보다 훨씬 더 낫다.

최상급 Heating costs are the **single** largest overhead expense we have to pay.
난방비는 우리가 지불해야 하는 단일 고정 경비로는 가장 큰 비용이다.

E as ~ as 동급 비교

as ~ as 사이에는 형용사, 부사의 원급만 사용된다.

① s + 완전자동사 + as 부사 as + 비교 대상
② s + 불완전자동사 + as 형용사 as + 비교 대상
③ s + 완전타동사 + as 형용사 + 명사 as + 비교 대상

완전자동사 She tried to explain the situation as **clearly** as she could.
그녀는 가능한 한 명료하게 상황을 설명하려 노력했다.

불완전자동사 My new secretary is as **meticulous** as her predecessor.
나의 새 비서는 그녀의 전임자만큼이나 꼼꼼하다.

완전타동사 Her life has as **many** hardships as my life.
그녀의 삶에는 나의 삶만큼이나 많은 역경이 있다.

156

F 비교급에 the를 붙이는 경우

① the + 비교급, the + 비교급(~하면 할수록 …하다)

The more we work with Mr. Donald, **the more** impressed we are by his talents.

Donald 씨와 일하면 할수록 우리는 그의 재능에 더 감탄한다.

The quicker a loan is repaid, **the less** it will cost.

대출을 더 빨리 갚을수록 비용이 덜 들게 된다.

② of the two(둘 중 하나로 한정할 때)

The original route is **the shorter** of the two routes.

두 노선 중 원래의 노선이 더 짧다.

수량형용사

A 가산명사 수식

one (a, another) 1의(다른 하나의)	two (both) 2의(둘 다의)	three 3의	ten 10의
one hundred 100의	two thousand 2천 개의	few 거의 없는	a few 몇 개의
several 몇 개의	many 많은	diverse 다양한	numerous[a number of] 다수의
various[a (wide) variety of] 다양한	a couple of 두 개의	a pair of 한 쌍의	

Few students could understand the lecture.

강의를 이해할 수 있는 학생들은 거의 없었다.

The island recently showed **various** signs of volcanic activities.

그 섬은 최근 다양한 화산 활동 징후를 보였다.

B 불가산명사 수식

little 거의 없는	a little 약간의	much 많은	a (good) deal of 다량의	an (large) amount of 많은

Students argue that they are stressed out due to **much** homework.

학생들은 과도한 숙제 때문에 스트레스를 받는다고 주장한다.

We should yield **a little** privacy to gain better safety.

우리는 더 나은 안전을 위해 약간의 사생활을 양보해야 한다.

가산명사/불가산명사 모두 수식

all 모든	some 일부	any 어느, 어떤	most 가장 많은	more 더 많은
enough 충분한	a lot of 많은	lots of 많은	plenty of 많은	no 조금도 ~ 아닌

We had better ask Ms. Tyler for **some** help with the presentation.
우리는 발표에 관해 Tyler 씨에게 도움을 요청하는 편이 낫다.

Some volunteers are working on the project with a medical team.
몇몇 자원봉사자가 의료팀과 함께 그 프로젝트를 진행 중이다.

형용사 관용어구

be similar to ~와 유사하다	be subject to ~을 겪다, ~을 받기 쉽다
be comparable to ~에 필적하다	be noted[known] for ~으로 유명하다
be consistent in[with] ~에서 일관되다, ~와 일치하다	be responsible for ~에 책임이 있다
be eligible for ~할 자격이 있다	be ideal for ~에 이상적이다
be valid for ~ 동안 유효하다	be aware of ~을 알다
be capable of ~할 수 있다	be (= run) short of ~이 부족하다
be proud of ~을 자랑스럽게 여기다	be compatible with ~와 호환되다
be conscious of ~을 의식하다	be commensurate with ~와 비례하다
be incapable of ~할 수 없다	be satisfied with ~에 만족하다

Our schedule can **be subject to** change without prior notice.
우리 일정은 사전 통보 없이 바뀔 수 있다.

They **were satisfied with** the contract terms and conditions.
그들은 계약 조건에 만족했다.

We should **be responsible for** the consequences.
우리는 결과에 책임을 져야 한다.

PART 5

1. New employees should guard against becoming ------- due to their simple tasks.
    (A) disappoint
    (B) disappointing
    (C) disappointed
    (D) disappointment

2. We, at *The Sun Herald*, provide ------- more accurate information than other major newspapers.
    (A) evenly
    (B) much
    (C) single
    (D) very

3. Mr. Clooney is a writer ------- writes books that can bring us hope and courage.
    (A) who
    (B) whose
    (C) whom
    (D) what

4. Sugary drinks are ------- for the increasing obesity rate throughout the world.
    (A) similar
    (B) conscious
    (C) eligible
    (D) responsible

5. It is ------- that the container be shaken several times before being opened.
    (A) important
    (B) importance
    (C) of the importance
    (D) importantly

6. In addition to making calls, smartphones perform a ------- variety of functions.
    (A) width
    (B) widen
    (C) wide
    (D) widely

7. This special medical kit allows the patients ------- in oxygen and breathe out carbon dioxide.
    (A) take
    (B) to take
    (C) taking
    (D) taken

8. According to the spokesperson, there have been ------- requests for the service.
    (A) every
    (B) a lot
    (C) much
    (D) numerous

9. The employer's daughter is ------- to criticism for her moral hazard.
    (A) subjective
    (B) subject
    (C) subjecting
    (D) subjection

10. The difficult part of writing the book was to make the contents as ------- as possible to beginners.
    (A) comprehend
    (B) comprehension
    (C) comprehensive
    (D) comprehensible

PART 6

Questions 1-4 refer to the following e-mail.

To: sean90@galaxy.com
From: jkrasinski@grelec.com
Subject: Confirmation
Date: April 23

Dear Mr. Sean,

I'm sending this e-mail to ------- your order. The order number for your electric stove is
1.
09584. Our records show that you requested our latest product, HX-33. We have

------- stock on hand, so we guarantee your order will get to its destination on time. We
2.
will attach a bill to the shipment and you have to pay the bill ------- 5 business days of
3.
your receipt. The shipment should arrive at your address on April 26. -------. We need
4.
your signature to confirm that the shipment has been received, so you should be in your

house at the appointed time.

Best regards,
John Krasinski, Manager
Sales Department

1. (A) advance
   (B) change
   (C) confirm
   (D) delay

2. (A) enough
   (B) various
   (C) numerous
   (D) several

3. (A) while
   (B) with
   (C) about
   (D) within

4. (A) I have attached a list of sales
       representatives for your
       convenience.
   (B) Our delivery man will give you a
       call before he visits your address.
   (C) This is our biggest production
       facility close to you.
   (D) You will experience no delays in
       processing your repairs.

PART 7

Questions 1-2 refer to the following invitation.

The College of Education at the University of Pennsylvania will hold a reception on the night of July 1 in honor of Steve Thatcher who will be retiring after 31 years of loyal service at the organization. Anyone is welcome, so come and show your respect for his achievements and contributions.

- Date and Time: 7:00-9:00 P.M., Monday, July 1
- Place: Carlton Hall, 1st floor, Crystal Convention Center
- Dinner party, live music, casual attire, free parking

For further information regarding the event, contact Tony Simpson, dean's assistant at 815-799-3749.

1. What kind of event will be held on July 1?
   (A) A graduation
   (B) An inauguration
   (C) A retirement
   (D) An alumni reunion

2. Who most likely is Mr. Thatcher?
   (A) An educator
   (B) An office worker
   (C) A researcher
   (D) The president of a university

05 부사

1. 부사는 [6:8:4]이다. 부사는 완전 문장에서 필수 성분이 아닌 부속 성분으로 쓰이는 수식어다.

2. 부사의 수식 기능은 6가지로, 다른 부사, 부사구, 부사절, 동사, 형용사, 문장 전체를 수식한다.

3. 부사는 대개 동사를 수식하여 동작이 일어나는 장소, 방법, 시간, 날짜, 이유, 정도, 빈도, 부정 등 8가지 정보를 알려준다.

4. 부사류에는 부사, 부사구, 부사절, to부정사의 부사적인 용법 등 4가지가 있다.

5. 부사도 형용사처럼 원급 – 비교급 – 최상급으로 비교 변화한다.

부사 기본 정보

수식 기능(6가지)	다른 부사, 부사구(전명구), 부사절(9가지), 동사, 형용사, 문장 전체	
동사 정보(8가지)	동작이 벌어진 장소, 방법, 시간, 날짜, 이유, 정도, 빈도, 부정	
부사류(4가지)	❶ 부사	
	❷ 부사구(전명구)	
	❸ 부사절(9가지)	① 시간 ② 조건 ③ 이유 ④ 양보 ⑤ 목적 ⑥ 결과 ⑦ 동시발생 ⑧ 비례/양태 ⑨ 복합관계사(10가지)
	❹ to부정사(부사)	① 목적: to + v ～하기 위하여 ② 원인/이유: to + v ～하기 때문에 ③ (상황 판단의) 근거: to + v ～하다니 ④ 조건: to + v ～한다면 ⑤ 결과: to + v ～하게 되다 ⑥ 부사 수식 ⑦ 형용사 수식

부사의 수식 기능(6가지)

다른 부사 The new vacuum cleaner operates very **smoothly**.

새 진공청소기는 매우 부드럽게 작동한다.

부사구 His plane arrived at the airport promptly **at 7 P.M.**

그가 탄 비행기는 정확히 오후 7시에 공항에 도착했다.

부사절 We found a potential defect shortly **after we launched our new model**.

우리는 신제품을 출시하자마자 잠재적인 결함이 있다는 것을 알게 되었다.

동사 Ms. Weaver finally **finished** her project. Weaver 씨는 마침내 그녀의 프로젝트를 끝마쳤다.

BONUS 부사가 동사를 수식하는 자리

주어 + 부사 + 동사	I **always** exercise regularly to stay healthy. 나는 건강을 유지하려고 늘 정기적으로 운동한다.
조동사 + 부사 + 본동사 원형	He will **easily** be able to repay his mortgage loan. 그는 주택담보대출을 쉽게 갚을 수 있을 것이다.
be + 부사 + v + ing	She is **still** working on her sales report. 그녀는 여전히 매출 보고서 작업을 하고 있다.
be + 부사 + v + ed	The proposal was **favorably** accepted by the management. 그 제안은 경영진에 흔쾌히 받아들여졌다.
have + 부사 + v + ed	Imports have **significantly** increased in recent years. 수입이 최근 몇 년간 크게 증가했다.
has + 부사 + v + ed	He has **just** been to the airport to see Peter off. 그는 방금 Peter를 배웅하러 공항에 갔다 왔다.
had + 부사 + v + ed	We had **ideally** combined sports events with marketing. 우리는 스포츠 행사와 마케팅을 이상적으로 결합했다.

증감동사	증감동사 수식 부사
increase vt./vi. ~을 증가시키다/~이 증가하다	substantially 상당히, 굉장히
decrease vt./vi. ~을 축소시키다/~이 축소하다	significantly 상당히, 현저히
reduce vt./vi. ~을 줄이다/~이 줄어들다	noticeably 두드러지게, 현저하게
decline vt./vi. ~을 거절하다/~이 하락하다	markedly 현저하게, 뚜렷하게
go up vi. ~이 오르다, 상승하다	dramatically 극적으로
rise vi. ~이 상승하다	sharply 급격하게
soar vi. ~이 상승하다	greatly 크게, 몹시, 매우
fall vi. ~이 하락하다	considerably 상당히, 현저히
drop vi. ~이 하락하다	slightly 약간, 조금

형용사 It is very **important** to set up fair trade rules to protect consumers.

소비자들을 보호하기 위해 공정한 상거래 규칙을 제정하는 것은 매우 중요하다.

문장 전체 Clearly, **increasing employee morale is the responsibility of the managers**.

분명히 직원의 사기를 증진시키는 것은 관리자들의 책임이다.

동사 정보(8가지)

장소 Mt. Everest is located **on the border** between Nepal and China.

에베레스트 산은 네팔과 중국 사이의 국경에 위치하고 있다.

방법 All the activities are **meticulously** recorded in the daily log.

모든 활동은 일지에 꼼꼼하게 기록된다.

시간 The much anticipated negotiations ended **2 hours ago**.

많은 기대를 모았던 협상이 2시간 전에 끝났다.

날짜 His public inauguration will be held **on August 10**.

그의 공식 취임식이 8월 10일에 열릴 것이다.

이유 Energy consumption peaked **because of the prolonged cold**.

지속된 한파로 인해 에너지 소비가 정점에 달했다.

정도 Our profits have **markedly** increased. 우리의 수익이 크게 증가했다.

빈도 We **sometimes** get into arguments during the meeting. 우리는 회의 중 가끔 논쟁에 휘말린다.

부정 We do **not** need to depend on one person's judgment. 우리는 한 개인의 판단에 의존할 필요가 없다.

부사류(4가지)

부사 An **increasingly** large number of customers purchase our products **online**.

점점 더 많은 고객들이 온라인으로 우리 제품을 구매한다.

형용사 + -ly	careful 주의하는/carefully 주의 깊게 easy 쉬운/easily 쉽게 thorough 빈틈없는/thoroughly 철두철미하게 expert 전문적인/expertly 전문적으로
원급 수식 강조부사	always 항상 usually 대개 often 종종 sometimes 가끔 very 아주 so 매우 too 너무 never 절대 ~ 않는 hardly 거의 ~ 않는 already 이미 still 아직 yet 벌써(긍정문), 아직(부정문)

부사구 The shopping mall is conveniently located **near a subway station**.

그 쇼핑몰은 지하철역 근처 교통이 편리한 곳에 위치하고 있다.

BONUS 부사구(= 전명구)

모든 **전명구**(전치사 + 명사/구)는 품사적 기능에 따라 **형용사구, 부사구**의 역할을 하며 문장 전체를 수식하는 경우를 제외하고 모두 후치 수식(역행 수식)한다.

As of September 10, your current ID cards will no longer work. (전치 수식/부사구)

9월 10일부터는 현재 신분증이 더 이상 유효하지 않다.

You can't use your cell phone **in the building**. (후치 수식/부사구) 이 건물에서는 휴대전화를 사용할 수 없다.

Several offices **in the building** are not occupied. (후치 수식/형용사구) 이 건물에 있는 사무실 몇 개는 비어 있다.

The details provided in the report are **of use** to investors. (형용사구/보어)

보고서에 포함된 세부 사항은 투자자들에게 유용했다.

부사절 **When trains were first invented,** they were just tools to carry loads and coal.

기차가 처음 발명되었을 때, 그것은 단지 짐과 석탄을 실어 나르는 도구에 불과했다.

시간	when ~할 때 after ~ 후에 before ~ 전에 while ~하는 동안 until ~할 때까지 since ~ 이래로 as soon as ~하자마자
조건	if / proving (that) / provided (that) / suppose (that) / supposing (that) ~이라면 unless 만약 ~ 않는다면
이유	because / since / as / now that ~이므로, ~이니까
양보	though / although / even though / even if / whereas / while(문두) 비록 ~이더라도, ~임에도 불구하고
목적	so that / in order that ~하기 위하여
결과	so + (부사, 형용사) that, such (a + 형용사 + 명사) that 너무 ~해서 ···하다

to부정사/부사/목적 The new law was passed **(in order) to protect the environment**.

환경보호를 위해 새로운 법이 통과되었다.

to부정사/부사/부사 수식 He was alert enough **to avoid possible errors**.

그는 발생 가능한 오류를 피할 수 있을 만큼 충분히 조심스러웠다.

부사의 비교 변화

부사도 형용사처럼 비교 변화하며 보통 최상급에는 the를 붙이지 않는다.

원급	비교급	최상급
well 잘, 능숙하게	better 더 잘	best 최고로
much 많이	more 더 많이	most 가장 많이
early 빨리, 일찍이	earlier 더 빨리, 더 일찍	earliest 가장 일찍
hard 열심히	harder 더 열심히	hardest 가장 열심히
quickly 빨리	more quickly 더 빨리	most quickly 가장 빠르게

원급 I usually get up **early** in the morning.

나는 보통 아침 일찍 일어난다.

비교급 My father gets up **earlier** in the morning than I.

나의 아버지는 아침에 나보다 일찍 일어나신다.

최상급 My mother gets up **earliest** in my family.

나의 어머니는 가족 중 가장 먼저 일어난다.

예외 Mr. Martin is the employee who has worked **hardest** for the company.

Martin 씨는 회사를 위해 가장 열심히 일해 온 직원이다.

꼭 구분해야 하는 형용사/부사

hard	형용사	The desk is **hard**. (딱딱한) 책상이 딱딱하다.
	부사 1	He studied **hard**. (열심히) 그는 열심히 공부했다.
	부사 2	He **hardly** studies. (= hardly ever, almost never) (거의 ~않는) 그는 거의 공부하지 않는다.
late	형용사	He was **late** for school. (늦은, 지각한) 그는 학교에 지각했다.
	부사 1	He came **late**. (늦게) 그는 늦게 왔다.
	부사 2	I haven't seen her **lately**. (최근에) 나는 최근에 그녀를 본 적이 없다.
high	형용사	The mountain is **high**. (높은) 산이 높다.
	부사 1	The bird flies **high**. (높게) 새가 높이 난다.
	부사 2	This model is **highly** recommended for its durability. (매우) 이 모델은 내구성 때문에 적극 추천되고 있다.
sharp	형용사	I think the knife is really **sharp**. (날카로운) 그 칼이 정말 날카로운 것 같아.
	부사 1	I will meet you there at 10 o'clock **sharp**. (정확히) 나는 너를 10시 정각에 그곳에서 만날 거야.
	부사 2	Our sales dropped **sharply**. (날카롭게, 급격히) 우리 매출이 급격히 하락했다.

BONUS 수량형용사를 수식하는 부사

approximately 대략	roughly 대충	around 약	about 약	up to ~한도까지	almost 거의 다
nearly 거의	more than ~보다 많이	over ~ 이상	less than ~보다 적게	at least 적어도	only 딱

She became rich after working for **nearly** 30 years. 그녀는 거의 30년 동안 일한 후에야 부자가 되었다.

It will take **about** 10 minutes to get there. 거기 도착하는 데 약 10분 정도 걸릴 것이다.

PART 5

1. ------- a team leader, Mr. Yang has to report to the head office once a week.
   (A) As
   (B) To
   (C) As for
   (D) By

2. New employees are asked to look over the employee handbook -------.
   (A) careful
   (B) thoroughly
   (C) effective
   (D) effectively

3. ------- you insist your products are high in quality, please show the excellence in detail.
   (A) In case of
   (B) In addition
   (C) Unless
   (D) If

4. The chef was sure that the food was ------- prepared to satisfy demanding customers.
   (A) greatly
   (B) expertly
   (C) increasingly
   (D) frequently

5. ------- the terms of the contract, we are going to add a few more clauses to it.
   (A) To clarifying
   (B) To clarification
   (C) To clarify
   (D) To clarified

6. A study shows that ------- 10 percent of the residents use wireless online services.
   (A) hardly
   (B) only
   (C) approximate
   (D) increasingly

7. The burden of the current workforce to support old people has increased -------.
   (A) consider
   (B) to consider
   (C) considering
   (D) considerably

8. Ms. Yanaki has been ------- recommended for the position due to her excellent interpersonal skills.
   (A) high
   (B) highly
   (C) sharp
   (D) sharply

9. Mr. Schneider was promoted to manager for having worked ------- of all the team members.
   (A) hard
   (B) hardly
   (C) harder
   (D) the hardest

10. His body condition was serious enough ------- additional surgery for treatment.
    (A) undergo
    (B) to undergo
    (C) undergoing
    (D) undergone

PART 6

Questions 1-4 refer to the following instructions.

Read the following instructions carefully before starting to use this portable heater.

Keep your heater on a ------- surface. If not, it could cause a fire. The heater has -------

1.   2.

for regulating the temperature and shuts down automatically when the temperature of a

room reaches a certain point. -------. Securely attach it to the back of the heater. The filter

                                      3.

is for filtering dust out and requires ------- washing.

                                     4.

---

1. (A) movable
(B) flat
(C) oval
(D) risky

2. (A) buttons
(B) button
(C) buttony
(D) buttonhole

3. (A) The heater has a manual in the package.
(B) The temperature is controlled by a remote control.
(C) Users can set the temperature manually.
(D) Enclosed in the package is a filter.

4. (A) temporary
(B) immediate
(C) massive
(D) periodic

PART 7

Questions 1-3 refer to the following memo.

From: Human Resources
To: All Employees
Subject: Important Notice

For the past couple of years, our profit and loss accounts have shown that we did not achieve our projected revenue. It means that we have been operating at a loss for two straight years. — [1] —.

The overall economy has suffered recently and this affected most companies in our industry. — [2] —. Also, an unusually high number of new competitors have entered the market cutting our share of customers.

The management has come to the decision that we will be making reductions within the workforce. There will be a total of 80 members of staff that will be let go. — [3] —. We will be giving a very generous severance package to those affected. — [4] —.

We are sorry for bringing this news to you and we are working hard to return the company back to the top.

Serena Cameron
Human Resources Manager
J and J Insurance

---

1. What can be implied in the memo?
   (A) The company will be bankrupt.
   (B) The company was short of its goals.
   (C) All the employees will lose their jobs.
   (D) They are opening a new market.

2. What will the management do next?
   (A) Hire a new CEO
   (B) Sell out the company
   (C) Restructure human resources
   (D) Combine several departments

3. In which of the positions marked [1], [2], [3], and [4] does the following sentence best belong?

   "This downturn is attributed to a number of reasons."
   (A) [1]
   (B) [2]
   (C) [3]
   (D) [4]

CHAPTER 06 전치사

Grammar Points

1. 전치사는 [5:2]이다. 전치사는 낱말과 낱말을 연결하는 **연결어**로 **전명구**를 구성한다.

2. **전명구**는 [전치사 + 명사]로 구성된 하나의 말 덩어리를 말하며 전치사에 뒤따르는 명사를 **전치사의 목적어**라 일컫는다.

3. 전치사의 목적어 자리에는 **명사, 대명사, 동명사, 명사구, 명사절** 등 **5가지**가 올 수 있다.

4. **전명구**는 문장 내에서 **형용사구와 부사구**, 즉 **2가지** 품사 기능을 한다.

5. 전치사는 단독 전치사와 관용어구 내 전치사로 나뉜다.

전치사 + 전치사의 목적어(5)

전치사의 목적어로 명사, 대명사, 동명사, 명사구, 명사절이 온다.

명사 A reception for the new managers will be held **at the banquet hall**. (부사구)

> 신임 매니저들을 위한 환영식이 연회장에서 열릴 것이다.

대명사 Some of their laws were different **from those** of my country. (부사구)

> 그들의 법 일부는 우리나라의 법과 달랐다.

동명사 Our kitchen liquid is ideal **for washing** greasy dishes. (부사구)

> 우리 주방세제는 기름기 있는 접시를 세척하는 데 이상적이다.

명사구 1 I have some ideas **on how to improve** employee productivity. (형용사구)

> 내게 직원 생산성을 어떻게 향상시킬지에 대한 아이디어 몇 가지가 있다.

명사구 2 The applicants will be given instructions **on what to bring** tomorrow. (형용사구)

> 지원자들은 내일 무엇을 가져와야 할지에 대한 지시를 받을 것이다.

명사절 1 You have to be clear **about what you want to accomplish**. (부사구)

> 여러분들은 이루고자 하는 것에 대해 명확해야 한다. (관계대명사 what)
> 여러분들은 무엇을 이루고자 하는지에 대해 명확해야 한다. (의문대명사 what)

명사절 2 There was a debate **about whether we should invest in renewable energy**. (형용사구)

> 우리가 재생 가능한 에너지에 투자해야 할지에 대한 논쟁이 있었다.

in	시간: 상대적으로 긴 시간	in the morning 아침에 in May 5월에 in fall 가을에 in 2010 2010년에 in (the) 21st century 21세기에
	공간: 특정 공간 안, 상대적으로 넓은 도시, 국가	in the room 방에 in the water 물속에 in New York 뉴욕에 in Korea 한국에
at	시간: 짧고 정확한 시간	at dawn 새벽에 at noon 정오에 at 10 o'clock 10시에 at 10:10 10시 10분에
	공간: 상대적으로 좁은 장소	at home 집에서 at school 학교에서 at work 직장에서 at the bank 은행에서
on	시간: 요일, 날짜	on Monday 월요일에 on the 1st of July 7월 1일에 on Christmas day 크리스마스에
	공간: 공간적으로 ～ 위에	on the table 탁자 위에 on the shoulder 어깨 위에 on the shelf 선반 위에
about	주제: ～에 관하여	regarding, concerning, as for, as to, in[with] regard to

in / 시간 The construction work will be completed **in** September. (부사구)
건설 공사는 9월에 끝날 것이다.

in / 공간 We will open another branch office **in** London next year. (부사구)

우리는 내년에 런던에 지점 한 곳을 더 개점할 것이다.

at / 시간 We will finish the work **at** the end of this month. (부사구) 우리는 이달 말에 작업을 끝낼 것이다.

at / 공간 The instructor explained safety rules **at** the workplace. (형용사구)

교관은 작업장에서의 안전 규칙을 설명했다.

on / 시간 We celebrate Parents' Day **on** May 8 every year. (부사구) 우리는 매해 5월 8일에 어버이날을 기념한다.

on / 공간 Our new office will be located **on** the second floor of the building. (부사구)

우리 새 사무실은 그 건물의 2층에 위치하게 될 것이다.

about / 주제 One of the problems **about** apartment life is serious noise. (형용사구)

아파트 생활의 문제점 중 하나는 심각한 소음이다.

관용어구에서 사용되는 전치사

A be + 형용사 + 전치사

be responsible for + n ～에 책임이 있다	be interested in + n ～에 관심이 있다
= be in charge of + n	be subject to + n ～하기 쉽다, ～받아야 한다
be eligible for + n ～할 자격이 있다	be involved in + n ～에 관련되다
= be entitled to + n	be aware of + n ～을 알고 있다
be famous for + n ～으로 유명하다	be capable of + n ～할 수 있다
be known as + n ～으로 알려지다	be consistent with + n ～와 일관되다
be suitable for + n ～에 알맞다	be equipped with + n ～이 갖추어지다

The government **is responsible for** the social wellbeing of its citizens.
정부는 시민들의 사회적 행복에 책임이 있다.

The newly created device **is equipped with** a small sensor.
새로 개발된 그 장치에는 작은 센서가 장착되어 있다.

We **were aware of** the risks involved in introducing new technologies.
우리는 신기술을 도입에 따른 위험요소를 알고 있었다.

B 전치사 + 명사 + 전치사

as a result of + n ～의 결과로	in addition to + n ～에 더하여
on behalf of + n ～을 대신[대표]하여	in the event of + n ～하는 경우에는
in compliance with + n ～을 준수하여	in comparison with + n ～와 비교하여
= in observance of + n	in view of + n ～이라는 관점에서
in charge of + n ～에 책임 있는	by means of + n ～을 수단으로

Biological systems have changed significantly **as a result of** climate change.
기후 변화의 결과로 생물학적 체계가 많이 변화되었다.

The museum will be closed next Monday **in observance of** the national holiday.
박물관은 국경일을 준수하여 다음 주 월요일에 문을 닫을 것이다.

In the event of rain, all outdoor activities are subject to cancellation.
우천 시 모든 야외활동은 취소될 수 있다.

C 명사 + 전치사

information about / concerning + n ~에 대한 정보	chance of + n ~의 기회
concern about + n ~에 대한 걱정	effect on + n ~에 대한 영향
demand for + n ~에 대한 수요	increase in + n ~의 증가
qualifications for + n ~을 위한 자격	interest in + n ~에 대한 관심
exposure to + n ~에의 노출	problem with + n ~의 문제[고장]
commitment to + n ~에의 노력[헌신]	access to + n ~에 대한 접근[이용]

Please refer to the attached schedule for more information **about** the event.
행사에 대한 더 많은 정보를 얻으려면 첨부된 일정표를 참고하십시오.

There has been increasing demand **for** glasses and contact lenses.
안경과 콘택트렌즈에 대한 수요가 증가해오고 있다.

Most people in the city have access **to** clean water every day.
이 도시 사람들 대부분은 매일 깨끗한 물을 이용할 수 있다.

D 자동사 + 전치사(=타동사구)

interfere with + n ~을 방해하다	respond to + n ~에 응답[반응]하다
deal with + n ~을 다루다, 취급하다	object to + n ~에 반대하다
comply with + n ~을 준수하다	depend on + n ~에 의존하다
apply for + n ~에 지원하다, ~을 신청하다	focus on + n ~에 집중하다
look into + n ~을 조사하다	specialize in + n ~을 전공하다, ~을 전문적으로 하다
go through + n ~을 겪다	succeed in + n ~에서 성공하다
refer to + n ~을 참조[문의]하다	participate in + n ~에 참여[참가]하다
agree to / with / on + n ~에 동의하다	refrain from + n ~을 삼가다

Some medications may **interfere with** your sound sleep.
몇몇 의약품은 숙면을 방해할 수도 있다.

Due to lack of human resources, we have to **deal with** many miscellaneous duties.
인력 부족 때문에, 우리는 많은 잡무를 처리해야 한다.

Many countries all over the world will **participate in** the 6-month Expo.
전 세계의 많은 나라들이 6개월간의 박람회에 참가할 것이다.

E 전치사 + 명사(동명사)

under construction 공사 중인	without having to pay 지불 없이
upon request 요청하면	without a doubt 의심 없이
come in third 3등으로 들어오다	for free 무료로
on arrival 도착하자마자	behind schedule 예정보다 늦은
in advance 미리, 사전에	ahead of schedule 예정보다 앞서
in detail 상세하게	in conclusion 결론적으로
at the end of the month 월말에	much to one's (the) surprise 놀랍게도
in writing 서면으로	beyond expectations 기대 이상으로

A highway is **under** construction to connect the two cities.

그 두 도시를 연결하기 위해 고속도로가 건설 중이다.

More information will be provided **upon** request after the presentation.

발표 후에 요청하시면 좀 더 많은 정보가 제공됩니다.

The spokesperson said the public reaction was well **beyond** expectations.

대변인은 대중의 반응이 기대를 훨씬 넘어섰다고 말했다.

F be + p.p. + 전치사

be faced with + n ~에 직면하다	be related to + n ~에 관련되다
be used to + ing ~에 익숙해지다	be absorbed in + n ~에 몰두하다
be aimed at + n ~을 겨냥하다	be concerned about + n ~을 걱정하다
be dedicated to + n ~에 헌신적이다	be satisfied with + n ~에 만족하다
be worried about + n ~을 걱정하다	be crowded with + n ~으로 붐비다
be covered with + n ~으로 뒤덮이다	be engaged in + n ~에 종사하다, ~에 관계하다
be pleased with + n ~에 기뻐하다	be made of + n ~으로 구성되다

We are used **to** working overtime to meet deadlines.

우리는 마감을 맞추기 위해 연장근무를 하는 데 익숙하다.

The personnel shift is related **to** the sales achievements of the previous year.

이번 인사 이동은 전년도 판매실적과 관련이 있다.

The new CEO was satisfied **with** our financial management system.

신임 사장은 우리의 재정관리 체계에 만족했다.

G 타동사 + 목적어 + 전치사

consider A as B A를 B로 간주하다	prevent A from B A가 B하지 못하게 막다
= regard A as B	impose A on B A를 B에게 부과하다
compensate A for B A에게 B를 보상하다	remind A of B A에게 B를 상기시키다
replace A with B A를 B로 교체하다	= notify A of B, inform A of B
provide A with B A에게 B를 제공하다	relate A to B A를 B와 관련 짓다

Most employees have considered their president **as** an outstanding negotiator.
대부분의 직원들은 사장을 뛰어난 협상가로 간주하고 있다.

The company compensated its employees **for** their extra trouble with a bonus.
회사는 별도의 노고에 대해 직원들에게 보너스로 보상했다.

Please notify my assistant **of** your arrival date and time.
제 비서에게 귀하의 도착 일시를 알려주십시오.

H 최근 기출 전치사

according to + n ~에 따르면	including + n ~을 포함해서
as + n (자격 표시) ~으로서	excluding + n ~을 제외하고
besides + n ~ 이외에	instead of + n ~ 대신에
= apart from + n, aside from + n	considering + n ~을 고려해서
because of + n ~ 때문에	= given + n
= due to + n, on account of + n, owing to + n	throughout + n (공간) ~ 전역에서, (시간) ~ 내내
in spite of + n ~에도 불구하고	prior to + n ~ 전에
= despite + n	since + n ~이후 줄곧
about + n ~에 관하여	during + n (알 수 없는 기간) ~ 동안
= regarding + n, concerning + n, as for + n,	at + n (가격, 비율, 속도) ~에, ~으로
as to + n	regardless of + n ~에 상관없이
except + n ~을 제외하고	until + n (계속성/시간) ~까지
= except for + n	by + n (1회성/시간, 한계, 날짜) ~까지
between A and B (2개) A와 B 사이에	within + n (시간) ~ 이내에
among + n (3개 이상) ~ 중에	as of + n (날짜) ~부로, ~부터
such as + n ~와 같은	beyond + n (능력, 한계) ~을 벗어나는
following + n ~ 이후	

Temperatures of the country do not vary much **throughout** the year.
이 나라의 기온은 1년 내내 크게 변하지 않는다.

We have worked to promote peace **throughout** the world.
우리는 세계 도처에서 평화를 증진하기 위해 일해 오고 있다.

I have to submit the report **by** tomorrow.
나는 내일까지 그 보고서를 제출해야 한다.

The meeting will be delayed **until** further notice.
회의는 추후 공지가 있을 때까지 연기될 것이다.

If this item breaks down **within** a month of purchase, you can claim a full refund.
이 제품이 구매한 지 1개월 이내에 고장 나면 전액 환불을 요구할 수 있다.

PART 5

1. The president's visit to the branch office was canceled ------- his schedule conflicts.
   (A) despite
   (B) because
   (C) due to
   (D) beyond

2. Most public offices ------- the country will conduct an energy conservation campaign.
   (A) between
   (B) throughout
   (C) during
   (D) except

3. Several leading automakers will release their new products ------- May 23.
   (A) on
   (B) in
   (C) while
   (D) for

4. The investors should be careful and patient ------- choosing stocks for purchase.
   (A) in
   (B) on
   (C) of
   (D) by

5. ------- extensive expertise in software, Mr. Muller has an excellent sense of business.
   (A) Through
   (B) Beside
   (C) Thanks to
   (D) In addition to

6. ------- the presentation, the participants will have a chance to meet with the speaker.
   (A) Considering
   (B) Despite
   (C) Regarding
   (D) Following

7. Ms. Pincheon has served ------- a consultant for a real estate company for over 10 years.
   (A) as
   (B) in
   (C) with
   (D) to

8. Our ingredients may differ from those in the menu depending ------- the season and availability of them.
   (A) to
   (B) for
   (C) on
   (D) after

9. They will try to improve the economy and increase jobs ------- the next five years.
   (A) about
   (B) over
   (C) along
   (D) toward

10. Since we started importing rice, the domestic price of grains has decreased ------- 20 percent.
    (A) to
    (B) until
    (C) by
    (D) above

PART 6

Questions 1-4 refer to the following notice.

To all production facility employees:

You should be aware already of the changes ------- to the procedure for installing car
     1.
bumpers. These changes will take effect ------- July 1. To summarize, we are making
                                          2.
a transition from the current procedure of installing bumpers manually to having them

installed by robots. -------. You will be able to spend more time on issues requiring your
                      3.
attention and less on the repetitive task of bumper installation. Also from July 1, the

bumpers will no longer be made up of multiple components, and will be single pieces,

------- can be easily installed by robots.
4.

1. (A) plan
   (B) to plan
   (C) planning
   (D) planned

2. (A) in
   (B) on
   (C) at
   (D) during

3. (A) While working in the assembly line, we had numerous accidents.
   (B) Doing something like this by hand would take a couple of days.
   (C) We are trying to find ways to solve the minor problems.
   (D) This change to our way of working will lead to greater efficiency.

4. (A) what
   (B) that
   (C) which
   (D) who

PART 7

Questions 1-2 refer to the following advertisement.

Olive Tree

Fine Mexican Cuisine
334 Washington Street
Tel: 455-8385
Specialties in Regional Mexican Cuisine

Opening Hours
Tuesday – Thursday 12:00 P.M. – 11:00 P.M.
Friday – Saturday 12:00 P.M. – 11:30 P.M.
Sunday 12:00 P.M. – 9:00 P.M.
Closed Mondays

Take-out Hours(pick-up or delivery)
Tuesday – Thursday 5:00 P.M. – 10: 00 P.M.
Friday – Saturday 5:00 P.M. – 9:30 P.M.
Sunday 3:00 P.M. – 8:00 P.M.

10% off orders on presentation of this brochure (eat-in only)

1. According to the advertisement, what is NOT true about the restaurant?
    (A) It is closed on Mondays.
    (B) It delivers food at lunchtime.
    (C) It offers delivery services.
    (D) It serves local Mexican food.

2. How can customers get a discount?
    (A) By ordering takeout
    (B) By visiting the restaurant over the weekend
    (C) By spending more than 30 dollars
    (D) By showing the promotional material

CHAPTER **07** 접속사

Grammar Points

1. 접속사는 [4:3]이다. 접속사는 문장과 문장을 이어주는 연결어로 종류는 4가지, 종속절의 품사 기능은 3가지이다.
2. 종속접속사가 이끄는 종속절은 명사절, 형용사절, 부사절로 나뉜다.
3. 명사절, 형용사절, 부사절은 길이와 상관 없이 하나의 명사, 형용사, 부사로 간주된다.
4. 명사절 접속사는 6가지, 형용사절 접속사는 10가지, 부사절 접속사는 9가지이다.

접속사의 기능

문장(주절)과 문장(등위절, 종속절)을 연결한다.

등위접속사 I like to watch movies **but** she prefers to see plays.
나는 영화 관람을 좋아하지만 그녀는 연극 관람을 더 좋아한다.

등위상관접속사 This new photocopier is **both** functional **and** affordable.
이 신형 복사기는 기능적이면서도 저렴하다.

종속접속사/명사절 I think **that** we have to minimize the impact of restructuring.
나는 우리가 구조조정의 영향을 최소화해야 한다고 생각한다.

종속접속사/형용사절 Bill is a man **who** can close the deal successfully.
Bill은 거래를 성공적으로 성사시킬 수 있는 사람이다.

종속접속사/부사절 **When** people feel tired, their work performance is also reduced.
사람들은 피곤할 때 업무 능력 또한 저하된다.

접속부사 We were tired; **however**, we had to work overtime. 우리는 피곤했지만 초과 근무를 해야 했다.

접속사의 종류

A 등위접속사

절과 절, 구와 구, 낱말과 낱말을 대등하게 병렬 구조로 연결한다.

등위접속사	and 그리고	but (= yet) 그러나	or 혹은, 또는	so 그래서	for ~이기 때문에

All the employees worked hard **but** our new project resulted in failure.
모든 직원들이 열심히 일했지만, 신규 사업은 결과적으로 실패했다.

These robots can work in a nuclear power plant **or** at the scene of a fire.
이 로봇들은 원자력발전소나 화재 현장에서 일할 수 있다.

Customers can enjoy ice cream **or** cookies for dessert.
고객들은 후식으로 아이스크림이나 쿠키를 즐길 수 있다.

B 등위상관접속사

B에 따라 동사의 단수/복수가 결정된다.

등위상관접속사	① not only A but also B A뿐만 아니라 B도 　= not only A but B as well A뿐만 아니라 B도 역시 　= B as well as A A뿐만 아니라 B도 　= B together with A A뿐만 아니라 B도 ② either A or B A나 B 둘 중 하나 ③ neither A nor B A, B 둘 다 아닌 　= not A, nor B A도 아니고 B도 아닌 ④ not A but B A가 아니라 B 　= B, but not A A가 아니라 B ⑤ both A and B A, B 둘 다

Not only the financial director **but also** the accountants attend the meeting.
재무이사뿐만 아니라 회계사들도 회의에 참석한다.

Travelers can **either** ride a bicycle **or** walk to look around the flower garden.
여행객들은 화원을 둘러보기 위해 자전거를 타거나 걸을 수 있다.

Both the book **and** the TV drama became sensations at the same time.
그 책과 TV 드라마는 동시에 선풍적인 인기를 끌었다.

C 종속접속사

종속절은 명사절(6가지), 형용사절(10가지), 부사절(9가지)로 나뉜다.

품사별 구분	종류와 형태
명사절(6)	① that s + v ② if/whether s + v ③ 의문사(11) s + v 　❶ 의문대명사(4) what, which, who, whom s + v 　❷ 의문형용사(3) what book, which book, whose book s + v 　❸ 의문부사(4) where, when, why, how s + v

	④ 복합관계대명사(4) s + v 　❶ whatever, whichever, whoever, whomever s + v ⑤ 복합관계형용사(3) s + v 　❷ whatever book, whichever book, whosever book s + v ⑥ 관계대명사 what s + v
형용사절(10)	① 관계대명사 who, whose, whom s + v ② 관계대명사 which, whose, that s + v ③ 관계부사 where, when, why, how s + v
부사절(9)	① 시간 when, after, before, until, while, since, as soon as s + v ② 조건 if, unless, proving that, provided that, suppose that s + v ③ 이유 because, as, since s + v ④ 양보 though, although, even though, even if s + v ⑤ 목적 s + v so that s + v ⑥ 결과 s + v so/such ~ that s + v ⑦ 동시상황 as s + v ⑧ 비례/양태 as s + v ⑨ 복합관계사(10) 　❶ 복합관계대명사(4) whatever, whichever, whoever, whomever s + v 　❷ 복합관계형용사(3) whatever book, whichever book, whosever book s + v 　❸ 복합관계부사(3) whenever, wherever, however s + v

❶ 명사절

명사절은 하나의 명사처럼 문장의 주어, 목적어, 보어로 사용된다.

명사절 1 We expect **that** he will live up to everyone's expectations.
= **It** is expected **that** he will live up to everyone's expectations.
우리는 그가 모든 사람들의 기대에 부응하리라 예상한다.

명사절 2 **That** he won't be able to attend the party is unfortunate.
= **It** is unfortunate **that** he won't be able to attend the party.
그가 파티에 참석하지 못한다는 사실은 유감스러운 일이다.

명사절 3 She explained **(that)** her group consists of over 100 opinion leaders.
그녀는 자신의 단체가 100여 명이 넘는 여론 주도층으로 구성되어 있다고 설명했다.

명사절 4 I don't know **whether** she will participate in the event.
나는 그녀가 행사에 참여할지 안 할지 모른다.

명사절 5 We finally found out **what** the problem was with the marketing plan.
우리는 마침내 마케팅 계획과 관련해 무엇이 문제인지를 찾아냈다.

명사절 6 **What** the problem was with the marketing plan will be revealed.
마케팅 계획과 관련해 무엇이 문제였는지가 밝혀질 것이다.

명사절 7 No one knows **how** she survived the accident.

그녀가 사고에서 어떻게 살아남았는지는 아무도 모른다.

명사절 8 You can do **whatever** you want in this country.

여러분들은 이 나라에서 원하는 것은 무엇이든 할 수 있다.

명사절 9 Jason showed Dr. Han **what** he had found at the site.

Jason은 Han 박사에게 그가 현장에서 발견한 것을 보여주었다.

명사절 10 **What** Jason found at the site was a sword of the Middle Ages.

Jason이 현장에서 발견한 것은 중세 시대의 검이었다.

❷ 형용사절

형용사절 접속사는 관계사라고 하며 명사를 후치 수식한다.

구분	선행사	격	형태	관계사 이후의 어순
관계대명사	사람	주격	who[that]	+ v
		소유격	whose	+ s + v + 명사 + s + vt + (×)
		목적격	whom[that]	+ s + vt + (×) + s + vi + 전 + (×)
	사물 동물	주격	which[that]	+ v
		소유격	whose	+ s + v + 명사 + s + vt + (×)
		목적격	which[that]	+ s + vt + (×) + s + vi + 전 + (×)
관계부사	the place	접속사	where[that] = in which = on which = at which	+ s + v (완전한 문장)
	the time	접속사	when[that] = in which = on which = at which	+ s + v (완전한 문장)
	the reason	접속사	why[that] = for which	+ s + v (완전한 문장)
	the way	접속사	how[that] = in which	+ s + v (완전한 문장)

형용사절 1 I will meet the client **who**(that) called me yesterday.

나는 어제 내게 전화했던 고객을 만날 것이다.

형용사절 2 I will meet the client **whose** company specializes in retail sales.

나는 소매 판매를 전문으로 하는 회사의 의뢰인을 만날 것이다.

형용사절 3 I will meet the client **whom**(that) you recommended to me.

나는 당신이 내게 추천한 의뢰인을 만날 것이다.

형용사절 4 I sold the car **which**(that) was a birthday gift from my parents.

나는 부모님으로부터 생일 선물로 받은 자동차를 팔았다.

형용사절 5 I sold the car **whose** fuel efficiency was low.

나는 연비가 낮은 차를 팔았다.

형용사절 6 I sold the car **which**(that) I purchased last year.

나는 작년에 구매했던 자동차를 팔았다.

형용사절 7 I visited the park **where**(that) I met you for the first time.

= I visited the park **in which** I met you for the first time.

나는 당신을 처음으로 만났던 공원을 방문했다.

형용사절 8 We live in a time **when** men and women share equal opportunities.

우리는 남녀가 동등한 기회를 누리는 시대에 살고 있다.

형용사절 9 I don't know the reason **why** the sales figures have dropped.

나는 매출액이 하락한 이유를 모르겠다.

형용사절 10 I learned the way **(how)** I could interact with my colleagues efficiently.

= I learned the way **(in which)** I could interact with my colleagues efficiently.

나는 동료들과 효율적으로 상호작용할 수 있는 방법을 배웠다.

❸ 부사절

하나의 부사로 간주되며 부사절의 위치는 문두나 문미 둘 다 가능하다.

구분	접속사의 형태
시간	until/by the time (when) ~할 때까지 when ~할 때 as ~할 때, ~함에 따라 while ~하는 동안 after ~하는 이후 before ~하기 전 since ~한 이래 줄곧 as soon as ~하자마자(= immediately after, soon after, right after, shortly after)
조건	if 만약 ~이라면 unless 만일 ~이 아니라면 as long as/as far as/so long as ~하는 한 providing (that)/provided (that)/supposing (that)/suppose (that)/on condition (that) 만일 ~이라면, ~이라는 조건으로 only if 오직 ~하는 경우에는 in case (that) ~하는 경우를 대비해 in the event (that) ~하는 경우에는 once 일단 ~하면
이유	because/as/since/now that ~ 때문에
양보	though/although/even though/even if ~에도 불구하고 whereas/while ~하는 반면에
목적	s + v + so (that) s + may(can, will) s + v + in order that ~ may(can, will) ~하기 위해서
결과	so/such ~ that 너무 ~해서 …하다
동시발생	as ~하면서 동시에 …하다
비례/양태	as ~ as … …만큼 ~한 -er/more than ~보다 …한 as ~처럼 like ~처럼
복합관계사	whatever, whichever, whoever, whomever whatever book, whichever book, whosever book wherever, whenever, however

부사절/시간　**After** our midterm exams are over, we will have a party.
=We will have a party **after** our midterm exams are over.
중간고사가 끝난 후 우리는 파티를 열 것이다.

부사절/조건　**If** you read many books, you will be able to write better.
=You will be able to write better, **if** you read many books.
만일 책을 많이 읽는다면, 글을 더 잘 쓸 수 있게 될 것이다.

BONUS　시간/조건 부사절의 시제

시간/조건을 나타내는 부사절에서는 미래 대신 현재, 미래완료 대신 현재완료를 사용한다.

시간 1　The test will begin **as soon as** you sit down.
여러분들이 앉자마자 시험이 시작될 것입니다.

시간 2　We can't carry out the policy **until** we have made a thorough study.
철저히 검토하기 전까지는 그 정책을 실행할 수 없다.

조건　**If** you take a school bus, you will never be late for school.
만일 스쿨버스를 탄다면, 절대 학교에 늦지 않을 것이다.

| 부사절/이유 | The road was very dangerous **because** it was covered with snow. |

눈으로 덮여 있었기 때문에 도로는 매우 위험했다.

| 부사절/양보 | **Though** we are a leading company, we are facing fierce competition. |

비록 우리가 선두 업체이기는 하지만, 치열한 경쟁에 직면해 있다.

| 부사절/목적 | A meeting has been arranged **so that** we can discuss urgent matters. |

긴급한 문제를 논의하기 위해 회의가 잡혀 있다.

| 부사절/결과 1 | The gas price was **so** high **that** I decided to sell my car. |

유류비가 너무 높아서 나는 자동차를 팔기로 결정했다.

| 부사절/결과 2 | *The Doctors* is **such** a great book **that** I have read it several times. |

〈The Doctors〉는 너무 훌륭한 책이어서 나는 그 책을 수차례나 읽었다.

| 부사절/동시 상황 | **As** he was walking down the street, he glanced here and there. |

그는 거리를 걸으며 여기저기를 훑어보았다.

| 부사절/비례·양태 | **As** many of you know, we should carry out restructuring plans. |

많은 분들이 알고 있는 것처럼, 우리는 구조조정 계획을 실행해야 한다.

| 부사절/복합관계사 | **However** hard we worked, the manager was never satisfied. |

우리가 아무리 열심히 일해도 매니저는 결코 만족하지 못했다.

D 접속부사

문장과 문장의 사이에 쓰이며, 세미콜론(;)이 있으면 접속사, 세미콜론이 없으면 단순 부사이다.

| 접속부사 | however 그렇지만 otherwise 그렇지 않다면 nevertheless 그럼에도 불구하고 therefore 따라서
furthermore 더 나아가 moreover 게다가 consequently 결과적으로 in fact 사실
in contrast 대조적으로 by the way 참, 그런데 meanwhile 그동안 |

| 단순부사 | Mr. Don worked hard. **However,** the results were short of our expectations. |

Don 씨는 열심히 일했다. 하지만 결과는 우리의 기대에 미치지 못했다.

| 접속부사 1 | Mr. Don worked hard; **however,** the results were short of our expectations. |

Don 씨는 열심히 일했지만, 결과는 우리의 기대에 미치지 못했다.

| 접속부사 2 | Let them know our situation; **otherwise,** there could be a misunderstanding. |

그들에게 우리의 상황을 알리지 않으면, 오해가 생길 수 있다.

PART 5

1. They will showcase ancient relics from next month, some of ------- are as old as 1,000 years.
   - (A) which
   - (B) that
   - (C) what
   - (D) them

2. We tried to reach an agreement; -------, the negotiation was broken off due to a conflict of opinions.
   - (A) otherwise
   - (B) therefore
   - (C) furthermore
   - (D) however

3. Mr. Gomez ------- we have worked with for years is one of the best accountants in the company.
   - (A) what
   - (B) whose
   - (C) whom
   - (D) which

4. The senior programmer who ------- working on the new project will be given a promotion.
   - (A) has been
   - (B) have been
   - (C) had been
   - (D) is to

5. Some online games can ------- be harmful to juveniles but lead to social problems as well.
   - (A) neither
   - (B) both
   - (C) not only
   - (D) either

6. The investigation team identified ------- was the cause of the problem.
   - (A) that
   - (B) what
   - (C) whether
   - (D) when

7. We are planning on hiring ------- meets our strict terms and conditions of employment.
   - (A) someone
   - (B) anyone
   - (C) whoever
   - (D) whom

8. ------- the construction is finished as scheduled, we should pay the costs at the end of the month.
   - (A) Whether
   - (B) That
   - (C) Unless
   - (D) If

9. ------- the two companies will merge into a giant business or not still remains to be seen.
   - (A) If
   - (B) Whether
   - (C) What
   - (D) However

10. ------- several directors noticed that the plan was controversial, the CEO tried to push ahead with it.
    - (A) And
    - (B) In case
    - (C) Although
    - (D) Since

PART 6

Questions 1-4 refer to the following article.

New Season for Paris Youth Choir

The Paris Youth Choir is ready to start ------- season of brilliant recitals. The choir has
1.
made a name for itself during the past few years, receiving positive reviews from many

critics. This year promises to be ------- better, so it's a good idea to reserve your seats
2.
now. The choir will also hold an appreciation night after the first show of the season.

-------. If you book your tickets online this week, you can get them ------- a 10% discount.
3.   **4.**

---

1. (A) other
   (B) another
   (C) the other
   (D) one another

2. (A) too
   (B) very
   (C) only
   (D) even

3. (A) Fans will have a chance to
       participate in an audition.
   (B) Participants at the event will be
       presented with various souvenirs.
   (C) The last performance had the
       greatest audience ever.
   (D) The leader of the choir will make
       public its future schedule.

4. (A) at
   (B) in
   (C) on
   (D) for

PART 7

Questions 1-2 refer to the following invoice.

Best Office Supplies
Tribeca Branch
534 Central Street, Wayne
Tel 485-5039-3983

Invoice

Invoice Number: 39478
Date: 24th September 2017
Client: Julian Dilton
Delivery Address: Dilton Law Office, 3489 Park Ave., Wayne

Regular Size Paper 300 Sheets × 10	$25.00
QCR 200 Series Toner × 1	$150.00
Board Marker(black, red, blue) × 3	$18.00
Standard Stapler(middle size) × 3	$30.00
Subtotal	$223.00
Redeemable Voucher	$20.00
Tax	$26.45
Total	**$229.45**

Thank you for ordering from Best Office Supplies. We look forward to your continued business.

---

1. What is implied about Best Office Supplies?
   (A) It recently opened a new office.
   (B) It has more than one branch.
   (C) It usually deals with paper products.
   (D) It often delivers orders to Dilton Law Office.

2. According to the invoice, what is the total discount?
   (A) $20.00
   (B) $26.45
   (C) $223.00
   (D) $229.45

08 관계사

1. 관계사는 한 개의 낱말이 [접속사 + 대명사], [접속사 + 부사]의 기능을 한다.
2. 관계사에는 관계대명사, 관계부사, 복합관계대명사, 복합관계형용사, 복합관계부사가 있다.
3. 관계대명사와 관계부사는 형용사절을 이끌지만, 관계대명사 what은 명사절을 이끈다.
4. 관계대명사가 이끄는 절은 한정적 용법과 계속적 용법으로 쓰인다.
5. 관계대명사는 경우에 따라 생략되거나 분사 구문으로 바뀔 수 있다.

관계사

관계사는 관계대명사와 관계부사로 나뉘며 보통 형용사절을 이끌어 선행사(명사)를 후치 수식한다. 하나의 형용사로 간주되지만 보어로는 사용되지 않는다.

관계대명사	선행사 사람	주격	who(= that) + v
		소유격	whose + 명사(s) + v
		목적격	whom(= that) + s + vt + (×)
	선행사 사물/동물	주격	which(= that) + v
		소유격	whose + 명사(s) + v
		목적격	which(= that) + s + vt + (×)
	선행사 없음 (명사절/~것)	주격	what + v
		소유격	×
		목적격	what + s + vt + (×)
관계부사	선행사/장소	the place	where(= that) + s + v
	선행사/시간	the time	when(= that) + s + v
	선행사/이유	the reason	why(= that) + s + v
	선행사/방법	the way	how(= that) + s + v

A 관계대명사의 용법과 격

관계대명사의 용법에는 한정적 용법과 계속적 용법이 있으며 격(주격, 소유격, 목적격)에 따라 형태가 달라진다.

❶ 사람이 선행사인 경우

한정/주격 I met a man **who**(that) was suffering from heart disease.

나는 심장병으로 고생하고 있는 한 남자를 만났다.

계속/주격 I met a man, who(that) was suffering from heart disease.

나는 한 남자를 만났는데, 그는 심장병으로 고생하고 있었다.

생략 I met a man who(that) was suffering from heart disease.

나는 심장병으로 고생하는 한 남자를 만났다.

한정/소유격 I met a man **whose** father was a soldier.

나는 아버지가 군인이었던 남자를 만났다.

한정/목적격 He is a manager **whom**(that) everyone likes.

그는 모든 사람들이 좋아하는 매니저이다.

생략 He is a manager whom(that) everyone likes.

그는 모든 사람들이 좋아하는 매니저이다.

❷ 사물, 동물이 선행사인 경우

한정/주격 I bought a book **which**(that) was published last month.

나는 지난달에 출간된 책 한 권을 구매했다.

계속/주격 I bought a book, **which**(that) was published last month.

나는 책 한 권을 구매했는데, 그 책은 지난달에 출간되었다.

생략 I bought a book which(that) was published last month.

나는 지난달에 출간된 책 한 권을 구매했다.

한정/소유격 TCC is a group **whose** purpose is to protect the environment.

TCC는 목적이 환경보호인 단체이다.

한정/목적격 I bought the book **which**(that) I wanted to read.

나는 내가 읽고 싶어 했던 그 책을 구매했다.

생략 I bought the book **which**(that) I wanted to read.

나는 내가 읽고 싶어 했던 그 책을 구매했다.

❸ 명사절을 이끄는 관계대명사 what(~하는 것)

명사절/주격 **What** is described below is a way to solve the problem.

아래에 설명된 것은 문제 해결 방법이다.

명사절/목적격 Thank you for **what** you have done for me.

당신이 저를 위해 해준 것에 대해 감사드립니다.

B 관계부사

관계부사는 **형용사절, 명사절**을 이끄는 접속사로 한정적 용법과 계속적 용법으로 쓰이며 관계부사 이하에는 완전 문장이 이어진다. 한정적 용법으로 쓰인 관계부사는 that으로 대체하거나 생략할 수 있다.

where/형용사절/한정 We had to go back to the place **where**(that) we started.

우리는 출발한 장소로 되돌아와야 했다.

where/형용사절/계속 We had to go back to the place, **where**(that) we started.

우리는 그 장소로 돌아와야만 했는데, 그곳은 우리가 출발한 곳이었다.

where/명사절 I know **where** she works.

나는 그녀가 일하는 곳을 알고 있다.

when/형용사절/한정 I remember the time **when**(that) the film was released.

나는 그 영화가 출시된 때를 기억하고 있다.

when/형용사절/계속 I remember the time, **when**(that) the film was released.

나는 그때를 기억하는데, 그때 그 영화가 출시되었다.

why/형용사절 I know the reason **why**(that) the street is crowded.

나는 거리가 붐비는 이유를 알고 있다.

how/형용사절/예외 I know the way (how) we can get more detailed weather data.

나는 우리가 좀 더 상세한 기상 자료를 구할 수 있는 방법을 알고 있다.

how/명사절 I know (the way) **how** we can get more detailed weather data.

나는 우리가 좀 더 상세한 기상 자료를 구할 수 있는 방법을 알고 있다.

관계대명사 that의 특수용법

선행사가 [the only, the very, the same, the + 최상급 형용사, the + 서수, every, any] 등의 수식을 받는 경우와 선행사가 [사람 + 사물(동물), -thing, all, 의문대명사]인 경우 관계대명사는 that을 주로 쓴다.

The only measure **that**(which) we can take is to extend our working hours.

우리가 취할 수 있는 유일한 조치는 근무시간 연장이다.

All that(which) we can do now is improve the quality of our products.

지금 우리가 할 수 있는 일이라곤 제품의 품질을 향상시키는 것뿐이다.

Who that has common sense will refuse such a generous offer?

상식이 있는 사람이라면 누가 그렇게 관대한 제안을 거절하겠는가?

관계대명사 which의 특수용법

관계대명사 which의 선행사는 보통 사물이나 동물이지만, 계속적 용법의 주격 관계대명사 which는 앞 문장 전체를 선행사로 받을 수 있다.

We failed to win the bid this time, **which** was a really disappointing result.
우리는 이번 입찰에 실패했는데, 그것은 정말 실망스러운 결과였다.

I met Dr. Baker at the convention, **which** was an exciting experience.
나는 회의장에서 Baker 박사를 만났는데, 그것은 즐거운 경험이었다.

C 관계부사의 불규칙 활용

the place	where(= that)	= in which = on which = at which	+ s + v (완전한 문장)
the time	when(= that)	= in which = on which = at which	+ s + v (완전한 문장)
the reason	why(= that)	= for which	+ s + v (완전한 문장)
the way	how(= that)	= in which	+ s + v (완전한 문장)

1. I like the hotel **where** we stayed during the business trip.

   = I like the hotel **that** we stayed during the business trip.

   = I like the hotel we stayed during the business trip.

   = I like the hotel **which** we stayed **at** during the business trip.

   = I like the hotel **at which** we stayed during the business trip.

   나는 우리가 출장 기간 동안 머물렀던 호텔이 마음에 든다.

2. I met her in 2011 **when** she was an intern.

   = I met her in 2011 **that** she was an intern.

   = I met her in 2011 she was an intern.

   = I met her in 2011 **which** she was an intern **in**.

   = I met her in 2011 **in which** she was an intern.

   나는 그녀가 인턴사원이었던 2011년에 만났다.

3. Global warming is the reason **why** there are tropical nights.

   = Global warming is the reason **which** there are tropical nights **for**.

   = Global warming is the reason **for which** there are tropical nights.

   지구 온난화는 열대야가 발생하는 원인이다.

4. I like the way ~~how~~ they have been managing their workforce.

   = I like the way **which** they have been managing their workforce **in**.

   = I like the way **in which** they have been managing their workforce.

   나는 그들이 인력을 관리하는 방식이 마음에 든다.

PART 5,6&7

CH 01

CH 02

CH 03

CH 04

CH 05

CH 06

CH 07

CH 08

CH 09

CH 10

D 복합관계사

구분	형태	명사절	양보의 부사절
복합관계대명사	whatever	anything that ~ ~하는 것은 무엇이든(대상 무한대)	no matter what ~ 무엇을 ~할지라도(대상 무한대)
	whichever	anything that ~ ~하는 것은 어느 것이든(대상 선택적)	no matter which ~ 어느 쪽을 ~할지라도(대상 선택적)
	whoever	anyone who ~ ~하는 사람은 누구나(주격)	no matter who ~ 누가 ~할지라도(주격)
	whomever	anyone whom ~ ~하는 사람은 누구나(목적격)	no matter whom ~ 누구를 ~할지라도(목적격)

	형태	명사절	양보의 부사절
복합관계형용사	whatever book	any book that ~ ~할 수 있는 책은 무엇이든(대상 무한대)	no matter what book ~ 어떤 책을 ~하든(대상 무한대)
	whichever book	any book that ~ ~할 수 있는 책은 무엇이든(대상 선택적)	no matter which book ~ 어떤 책을 ~하든(대상 선택적)
	whosever book	whose book that ~ ~ 이하 누구의 책이든	no matter whose book ~ 누구의 책을 ~하든

	형태	시간/장소의 부사절	양보의 부사절
복합관계부사	wherever	at any place where ~ ~하는 곳은 어디에서나	no matter where ~ 어디에서 ~할지라도
	whenever	at any time when ~ ~할 때는 언제나	no matter when ~ 언제 ~할지라도
	however	해당 없음	no matter how ~ 아무리 ~할지라도

명사절 You can learn **whatever** you want to know from Dr. Phillis.

Phillis 박사에게서 당신이 알고 싶은 것은 무엇이든 배울 수 있다.

부사절 **Whatever** you do in the future, it's not my business.

앞으로 당신이 무엇을 하든 그것은 내가 상관할 일이 아니다.

명사절 We will sincerely review **whatever** conditions you suggest.

당신이 어떤 조건을 제시하든 우리는 신중히 검토할 것이다.

부사절 **Whatever** conditions we suggest, they will not accept them.

우리가 어떤 조건을 제시하더라도 그들은 그것을 수락하지 않을 것이다.

부사절 **Wherever** she goes, she always wears her hat and sunglasses.

그녀는 어디를 가든 항상 모자와 선글라스를 착용한다.

부사절 **However** hard we may try, there is a limit to our ability.

우리가 아무리 노력할지라도 우리의 능력에는 한계가 있다.

PART 5

1. We have been working with a client ------- has discriminating tastes in renovating her building.
   (A) who
   (B) which
   (C) whose
   (D) whom

2. Jang Motors has a contingency plan ------- can deal with unexpected recalls.
   (A) how
   (B) which
   (C) what
   (D) of which

3. I'd like to express my thanks for ------- you have done for me over the past few years.
   (A) what
   (B) which
   (C) that
   (D) whether

4. We will hold the retirement party for the president at the hotel ------- it is famous for its Korean cuisine.
   (A) which
   (B) how
   (C) where
   (D) even if

5. Customers can return their purchases within a month with ------- they are not satisfied.
   (A) what
   (B) that
   (C) whom
   (D) which

6. ------- remote the destination may be, we guarantee the same day delivery service.
   (A) Whenever
   (B) Wherever
   (C) However
   (D) Whatever

7. ------- intends to attend this year's finance conference must contact Mr. Hill by July 1.
   (A) Someone
   (B) Whoever
   (C) Anyone
   (D) Whom

8. The newly hired consultant ------- we met today is well known for his expertise.
   (A) whose
   (B) which
   (C) whom
   (D) what

9. We recently purchased new office equipment, some of ------- is not working properly.
   (A) what
   (B) which
   (C) that
   (D) them

10. The police didn't exercise strict control over car exhaust fumes, ------- was customary at that time.
    (A) what
    (B) that
    (C) which
    (D) whom

PART 6

Questions 1-4 refer to the following letter.

Toronto Daily Star

PO Box 334
Toronto, Rosedale 3458

Dear Mr. Moore,

I am writing to inform you that your subscription rate will be changed from $30.00 to $33.00 per month. I ------- regret any financial burden this may cause for your
1.
subscription, but this change is unavoidable ------- our rising payroll costs. -------.
2.   **3.**
We, at *Toronto Daily Star*, appreciate your loyalty for the past few years and we will be

committed to ------- timely and informative information to our subscribers. Feel free to
4.
contact us at 080-348-9485 with any questions.

Sincerely,
David Monroe, Director
Circulation Department

---

1. (A) sincerely
   (B) directly
   (C) typically
   (D) promptly

2. (A) regarding
   (B) due to
   (C) with all
   (D) in case of

3. (A) We can cut down on labor costs shortly.
   (B) The rise in material costs was unexpected.
   (C) The increase will go into effect next month.
   (D) Hurry up to renew your subscription.

4. (A) offer
   (B) offering
   (C) being offered
   (D) having been offered

Questions 1-2 refer to the following memo.

MEMO

To: All Employees
From: Margo Milton, President
Date: May 23
Subject: New Online System

The payroll department will transfer employee working information into a new online timekeeping system from June 1. The system will be operational starting on June 20.

From the date, all employees have to enter their working hours into the online system every day, so June 19 is the last date when the payroll office will receive the paper timesheets. Julia Simpson, the manager of the payroll department will lead a training session on the new system at the main auditorium on June 15. All employees should be there mandatorily.

---

1. What are the employees asked to do?
   (A) Be ready to move into a new facility
   (B) Keep their personal belongings in the locker
   (C) Input their working hours through a new system
   (D) Check the new work schedule daily

2. When will the new policy be effective?
   (A) On May 23
   (B) On June 15
   (C) On June 19
   (D) On June 20

Grammar Points

1. 분사는 v + ing, v + ed처럼 동사의 원형에 -ing/-ed를 붙여 형용사로 사용하는 낱말을 말한다.
2. 현재분사(v + ing)는 능동/진행의 의미를, 과거분사(v + ed)는 수동/완료의 의미를 나타내며 명사를 수식한다.
3. 분사는 전치 수식할 때는 동사의 기능이 없지만 후치 수식할 때는 동사의 기능이 있다.
4. 보통 분사구문은 시간, 조건의 부사절과 주격 관계대명사가 이끄는 한정적 용법의 형용사절에서 쓰인다.

분사

자동사/타동사를 구분해야 능동/수동, 진행/완료를 이해할 수 있다.

A 현재분사(v + ing)

능동/진행의 의미를 나타내며 명사를 수식하는 형용사 역할을 한다.

능동(타동사)	진행(자동사)
promising business 유망한 사업	sleeping baby 잠들어 있는 아기
leading company 선도 업체	missing boat 실종 상태인 선박
interesting proposal 흥미로운 제안	existing law 현행법
demanding customer 까다로운 고객	remaining time 남아 있는 시간
amazing experiment 놀라운 실험	unwavering support 확고한 지지

타동사/능동 1 Joan gave up her **promising** business to be an actress.
　　Joan은 배우가 되기 위해 전도유망한 사업을 포기했다.

타동사/능동 2 The new product helped DUO become a **leading** company.
　　그 신제품은 DUO사가 선두 기업이 되는 데 도움이 되었다.

자동사/진행 1 The rescue team has been searching for the **missing** boat.
　　구조팀은 실종 상태인 선박을 찾고 있다.

자동사/진행 2 The reason for their **unwavering** support for Mr. Lee is simple.
　　Lee 씨에 대한 그들의 확고한 지지 이유는 간단하다.

B 과거분사(v + ed)

수동/완료의 의미를 나타내며 명사를 수식하는 형용사 역할을 한다.

수동(타동사)	완료(자동사)
finished product 완제품	retired CEO 은퇴한 CEO
detailed information 상세한 정보	fallen tree 쓰러진 나무
damaged goods 손상된 상품	faded memory 희미해진 기억
limited period 제한된 기간	rotten food 상한 음식
attached document 첨부된 서류	expired credit card 유효기간이 지난 신용카드
qualified candidate 자격이 갖추어진 지원자	developed country 선진국

타동사/수동 1 The human resources department will hire only **qualified** candidates.

인사과는 오직 자격이 갖추어진 지원자만 고용할 것이다.

타동사/수동 2 They asked us **detailed** information about the project.

그들은 우리에게 프로젝트에 대한 상세한 정보를 요구했다.

자동사/완료 1 The government provides **retired** soldiers with employment opportunities.

정부는 퇴역한 군인들에게 취업 기회를 제공한다.

자동사/완료 2 Denmark is a highly **developed** country in Europe.

덴마크는 고도로 발전된 유럽 국가다.

C 감정동사의 분사용법

감정동사는 타동사로 쓰이며 능동/수동의 의미를 나타낸다.

interest ~의 흥미를 유발시키다	bewilder ~을 당혹시키다
excite ~을 흥분시키다	confuse ~을 혼란시키다
please ~을 기쁘게 하다	fascinate ~을 매혹시키다
satisfy ~을 만족시키다	disappoint ~을 실망시키다
surprise(= stagger) ~을 놀라게 하다	frustrate ~을 좌절시키다
tire(= exhaust) ~을 피곤하게 하다	discourage ~을 낙담시키다
bore ~을 지루하게 하다	depress ~을 우울하게 만들다
embarrass ~을 당황시키다	impress ~을 감동시키다

타동사/능동 1 The comedy show was so **interesting** that I became a fan of it.

그 코미디쇼는 너무 재미있어서 나는 그 쇼의 팬이 되었다.

타동사/능동 2 The director of the movie made several **surprising** scenes.

그 영화감독은 몇몇 놀라운 장면을 만들었다.

타동사/수동 1 We were **disappointed** to find out that she failed to pass the test.

우리는 그녀가 시험에 합격하지 못했다는 것을 알고 실망했다.

타동사/수동 2 Johnson felt **bewildered** by the unexpected questions.

Johnson은 예상치 않은 질문에 당혹스러워했다.

D 주격보어, 목적격보어로 사용되는 분사

주격보어 1 My manager was **interested** in the development plan.

나의 매니저는 개발 계획에 흥미를 느꼈다.

주격보어 2 The new development plan was **interesting**.

새로운 개발 계획은 흥미로웠다.

목적격보어 1 We found the customers **satisfied** with our services.

우리는 고객들이 우리의 서비스에 만족했다는 것을 알게 되었다.

목적격보어 2 I saw her **walking** down the street with her friends.

나는 그녀가 친구들과 거리를 걷고 있는 것을 보았다.

분사구문

A 시간, 조건, 이유, 양보, 동시 상황 부사절의 분사구문

시간 1 When **you sign** the contract, **you** must read the conditions carefully.

= (When) ~~You are~~ **signing** the contract, **you** must read the conditions carefully.

= (When) **Signing** the contract, you must read the conditions carefully.

계약서에 서명할 때 당신은 계약 조건을 꼼꼼히 읽어야 한다.

시간2 Before **Mr. Park** is transferred to Seoul, **he** has to hire a replacement for him.

= (Before) ~~Mr. Park~~ **being transferred** to Seoul, **he** has to hire a replacement for him.

= (Before) **Being transferred** to Seoul, he has to hire a replacement for him.

Park 씨는 서울로 전출하기 전에 자신을 대신할 후임자를 고용해야 한다.

시간3 ~~After I~~ had completed the form, **I** handed it in to the booth.

= **Having completed** the form, I handed it in to the booth.

나는 서류를 작성한 다음 창구로 제출했다.

시간4 ~~After he~~ had found a wallet, **he** brought it to the lost and found office.

= **Having found** a wallet, he brought it to the lost and found office.

그는 지갑을 발견한 다음 그것을 분실물 센터로 가져갔다.

조건 ~~If you are~~ faced with financial difficulties, **you** can use our loan services.

= **Faced** with financial difficulties, you can use our loan services.

만일 재정난에 직면하게 된다면, 당신은 우리의 대출 서비스를 이용할 수 있다.

이유1 ~~Because he did~~ not know the results, **he** couldn't prepare the final report.

= Not **knowing** the results, he couldn't prepare the final report.

그는 결과를 몰랐기 때문에 최종 보고서를 준비할 수 없었다.

이유2 ~~Because it is~~ written in easy English, **the book** is suitable for beginners.

= **Written** in easy English, the book is suitable for beginners.

쉬운 영어로 씌어졌기 때문에 그 책은 초보자에게 알맞다.

양보1 ~~Though he~~ lives near her house, **Tom** has rarely seen her.

= **Living** near her house, Tom has rarely seen her.

그녀의 집 근처에 살고 있지만 Tom은 그녀를 거의 보지 못했다.

양보2 ~~Though oil was~~ discovered in the village, **the oil** didn't bring wealth to the residents.

= **Discovered** in the village, the oil didn't bring wealth to the residents.

석유가 마을에서 발견되었지만, 그것이 주민들에게 부를 가져다 주지는 못했다.

동시상황 **He** was strolling on the beach ~~as he was~~ talking on the phone.

= He was strolling on the beach **talking** on the phone.

그는 전화 통화를 하며 해변을 거닐고 있었다.

PART 5,6&7

CH 01

CH 02

CH 03

CH 04

CH 05

CH 06

CH 07

CH 08

CH 09

CH 10

BONUS 독립분사구문

- Judging from + n ~으로 판단해볼 때
- Considering everything 모든 것을 고려해 볼 때
- Strictly speaking 엄격히 말하자면
- Taking everything into account 모든 것을 고려해볼 때
- Generally speaking 일반적으로 말하자면

Judging from the market outlook, we have to launch our new product next month.
시장 전망으로 판단해 볼 때, 우리는 다음 달에 신제품을 출시해야 한다.

Generally speaking, men like sports more than women.
일반적으로 말해, 남자들은 여자들보다 스포츠를 더 좋아한다.

B 주격 관계대명사가 이끄는 분사구문

주격 관계대명사 뒤에 [be + -ing/be + -ed]가 이어지는 한정적 용법의 관계대명사절에서는 주격 관계대명사와 be동사를 생략하여 [-ing/-ed]가 선행사를 바로 수식할 수 있다.

The manager ~~who is~~ **examining** the document will let you know the result.

서류를 검토 중인 매니저가 당신에게 결과를 알려줄 것이다.

The employees ~~who were~~ **dismissed** unfairly sued the company.

부당하게 해고를 당한 직원들은 회사를 고소했다.

The accountant ~~who is~~ **working** on the new project has 10 years of experience.

새 프로젝트를 위해 일하고 있는 회계사는 10년의 경력을 가지고 있다.

The policies ~~which are~~ **making** the situation worse should be abolished.

상황을 악화시키는 그 정책은 폐지되어야 한다.

The energy ~~which is~~ **stored** in each battery can be used for up to 2 years.

각각의 배터리에 저장된 에너지는 최대 2년까지 쓸 수 있다.

PART 5

1. Most of the respondents chose the city of Liverpool as the most ------- place.
   (A) inviting
   (B) invited
   (C) invitation
   (D) invite

2. If it is strictly -------, the new quality control system will be an innovative solution.
   (A) follow
   (B) follows
   (C) following
   (D) followed

3. Unemployment and lack of job stability is a particularly ------- problem in the nation.
   (A) worry
   (B) worrying
   (C) worried
   (D) worries

4. ------- a train tomorrow morning, you have to leave home early enough to avoid traffic jams.
   (A) To taken
   (B) Take
   (C) Taking
   (D) Taken

5. The test results ------- by the laboratory researchers were sent to the headquarters.
   (A) confirmed
   (B) confirm
   (C) are confirming
   (D) were confirmed

6. ------- the office last, you should remember to lock the doors and set up the alarm system.
   (A) Exit
   (B) Having exited
   (C) Exited
   (D) Exiting

7. The new researcher ------- our department next week has expertise in the financial sector.
   (A) joins
   (B) joining
   (C) will join
   (D) will be joining

8. The man ------- a magazine has been waiting for you for about an hour since you went out.
   (A) reads
   (B) read
   (C) to read
   (D) reading

9. The city is known for being a major spot on the Silk Road ------- the East and the West.
   (A) connecting
   (B) connected
   (C) for connect
   (D) connects

10. He does not always provide ------- answers to reporters expecting something special.
    (A) satisfy
    (B) satisfaction
    (C) satisfying
    (D) satisfied

PART 6

Questions 1-4 refer to the following memo.

To: All Employees

A Christmas Party for You!

Christmas is just around the corner and we are going to have a Christmas party at Papa John's Steak House ------- December 24. The party starts at 7:00 P.M. and lasts until **1.** 10:00 P.M. When you come, please ------- a small gift for the children our company is **2.** supporting. -------. Please e-mail Ms. Gibson at barbara@gmail.com and let her ------- **3.** **4.** how many guests you are inviting.

Ben Johnson
President

1. (A) in
(B) on
(C) at
(D) to

2. (A) deliver
(B) order
(C) give
(D) prepare

3. (A) Live music will be ready.
(B) You can bring your family and friends.
(C) Various foods and drinks will be prepared.
(D) Let us know in advance if you are present.

4. (A) known
(B) knowing
(C) to know
(D) know

Questions 1-2 refer to the following review.

Visitors to Grand Blue restaurant in Seattle are satisfied overall. Many people love the location since it has wonderful scenery overlooking a beautiful lake that is gorgeous both day and night. Grand Blue includes a selection of Italian cuisine as well as gourmet coffee. The chef, Mr. Pedro, finished culinary school in Rome, Italy and has been the head chef here for the past 20 years. However, the restaurant does not offer discounts for daily specials.

1. What is NOT true about the restaurant?
   (A) It serves various kinds of Italian food.
   (B) House specials can be discounted.
   (C) People can enjoy tasty coffee.
   (D) It is located near a lake.

2. What is mentioned about the chef?
   (A) He picked up a special recipe on his own.
   (B) He went to a culinary training school.
   (C) He has his own restaurant in Rome.
   (D) He has previous experience as a restaurant owner.

CHAPTER **10** 특수구문

Grammar Points

1. **주장, 제안**의 동사가 이끄는 that절에서는 should가 생략되고 동사 원형을 사용한다.
2. **이성, 판단**의 형용사가 이끄는 that절에서도 should가 생략되고 동사 원형을 사용한다.
3. **가정법**에서는 동사의 구조를 암기해야 한다.
4. **도치**는 [주어 + 동사]의 문장을 [동사 + 주어]로 바꾸어 사용하는 것을 말한다.

주장/제안의 동사

주장/제안의 동사가 3형식 완전타동사로서 명사절 [that s + v]를 목적어로 취할 때, **'주절의 주어가 (that절의 주어는) ~을 해야 한다고 주장[제안]하다'**처럼 **'당위성'**을 나타내면 that절에서는 should가 생략되고, 동사 원형을 사용해야 한다.

주장	insist, claim, urge	결정	decide, choose
제안	propose, suggest, recommend	명령	order, command, forbid
요구/요청	ask, require, request, demand	조언	advise

She **insisted** that Mr. Henry (should) take full control of his team.
그녀는 Henry 씨가 그의 팀의 전권을 맡아야 한다고 주장했다.

The doctor **suggested** that I (should) consider hormone treatments.
의사는 내가 호르몬 치료를 고려해야 한다고 제안했다.

The people **ask** that environmental influence appraisals be conducted first.
국민들은 우선 환경 영향 평가가 실시되어야 한다고 요구하고 있다.

Experts **advise** that the government find solutions to address the problem.
전문가들은 정부가 이 문제를 처리하기 위한 해결책을 찾아야 한다고 조언하고 있다.

이성/판단의 형용사가 이끄는 that절

주장/제안의 동사와 마찬가지로 이성이나 감정, 판단의 형용사가 이끄는 that절이 **'당위성'**을 나타내면 역시 should가 생략되고, 동사 원형을 사용한다.

important 중요한	imperative 필수적인	necessary 필요한	desirable 바람직한
mandatory 의무적인	urgent 긴급한	essential 필수적인	vital 필수적인
difficult 어려운	natural 자연스러운	sorry 유감스러운	

It is **important** that we (should) recognize the importance of studying English.

우리가 영어 학습의 중요성을 인식해야 한다는 것은 중요하다.

It is **imperative** that the company communicate with its customers.

회사가 고객들과 의사소통해야 한다는 것은 필수적이다.

가정법

A 가정법 과거

현재의 사실에 대한 반대 가정, 원망, 후회를 표현한다.

If + s + v(일반동사 과거형/were), s + would(could, should, might) + v

If I **were** the president of the company, I would give you a bonus.

만일 내가 이 회사의 사장이라면 당신에게 보너스를 줄 텐데.

It would be wonderful if I **had** a chance to start my own business.

만일 내 사업을 시작할 수 있는 기회가 있다면 정말 좋을 텐데.

B 가정법 과거완료

과거의 사실에 대한 반대 가정, 원망, 후회를 표현한다.

If + s + v(had + p.p.), s + v(would, could, should, might) + have + p.p.

If I **had taken** your advice, I could have avoided the problem.

만일 내가 당신의 조언을 들었다면 그 문제를 피할 수 있었을 텐데.

If you **had invested** in the company, you could have made significant profits.

만일 당신이 그 회사에 투자했었다면 큰 수익을 낼 수 있었을 텐데.

C 가정법 미래

미래에 생길 수 있는 일에 대한 가정을 표현한다.

If + s + v(should + v), s + v (would, could, should, might + v)
               (will, can, shall, may + v, 명령문, 현재동사)

If you **should** need any help, don't hesitate to call me.

만일 도움이 필요하다면 망설이지 말고 제게 전화주세요.

If you **should** find a defect in your purchase, please return it to the distributor.

만일 구입한 제품에 결함을 발견하면 판매 대리점으로 반품해 주십시오.

D 가정법 관용어구

If it were not for your efforts, we could not achieve our goals.

= **Without** your efforts, we could not achieve our goals.

= **But for** your efforts, we could not achieve our goals.

만일 여러분들의 노력이 없다면 우리는 목표를 달성하지 못할 거예요.

If it had not been for your help, we might have failed in the negotiation.

= **Without** your help, we might have failed in the negotiation.

= **But for** your help, we might have failed in the negotiation.

만일 당신의 도움이 없었다면 우리는 협상에 실패했을 거예요.

도치

A 유도부사 there의 도치

There is a book on the shelf.

선반 위에 책 한 권이 있다.

There are many books on the shelf.

선반 위에 많은 책들이 있다.

There has been a sharp increase in the number of obese people.

비만 인구가 급격이 증가했다.

There have been some rule changes.

일부 규정이 바뀌었다.

B 가정법 문장에서 if를 생략하는 경우

If it were not for your help, I could not meet the deadline.

= **Were it not for** your help, I could not meet the deadline.

만일 당신의 도움이 없다면 나는 마감 기한을 지키지 못할 거예요.

If we had known your requests, we could have helped you.

= **Had we known** your requests, we could have helped you.

만일 우리가 당신의 요구사항을 알았다면 당신을 도울 수 있었을 거예요.

If you should need any additional help, don't hesitate to call me.

= **Should you need** any additional help, don't hesitate to call me.

만일 추가로 도움이 필요하다면 망설이지 말고 저에게 전화 주십시오.

부정부사 도치

not ~은 아니다	only (시간상) ~이 되어서야	never 조금도 ~않다
little 그다지 ~하지 않다	hardly(= rarely, seldom) 거의 ~ 아니다	neither ~도 또한 그렇지 않다
nor (…이 아닌 것은) ~도 그렇다	no sooner ~ than ~하자마자	so ~도 또한 그렇다

Not until we know the detailed information **can we take any measure**.

우리는 상세한 정보를 안 후에야 어떤 조치든 취할 수 있다.

Not until late this afternoon **did we realize that** we need to work overtime.

우리는 오후 늦게야 초과 근무가 필요하다는 사실을 깨달았다.

Only recently **have we noticed problems** that need to be corrected.

최근에야 우리는 바로잡아야 할 문제를 알게 되었다.

Only after she moved to a different city **did she find a job**.

그녀는 다른 도시로 이사한 뒤에야 일자리를 찾았다.

Not only **did she win the contract,** but also she was promoted to manager.

그녀는 계약을 따냈을 뿐만 아니라, 매니저로 승진까지 했다.

Never in history **have we experienced such an inclement weather event**.

우리는 역사상 그렇게 혹독한 기상 악화를 경험한 적이 없다.

I do**n't** want to take legal action, **nor do I accept their apology in this case**.

나는 이번 사건에 대해 법적 조치를 취하고 싶지도, 그들의 사과를 받고 싶지도 않다.

No sooner had he heard about the accident **than** he hurried to the spot.

그는 사고 소식을 듣자마자 사고 현장으로 서둘러 떠났다.

부사(구)와 형용사 보어가 문두에 오는 경우

Below are some suggestions on how to deal with the problems.

= Some suggestions on how to deal with the problems are **below**.

아래에 이 문제들의 해결을 위한 몇몇 제안 사항이 있다.

Among our accomplishments was the invention of smart chips.

= The invention of smart chips was **among our accomplishments**.

우리의 성과 중에는 스마트 칩의 발명도 있었다.

On the waiting list is your name.

= Your name is **on the waiting list**.

당신의 이름은 대기자 명단에 있다.

Enclosed in the package is a sample.

= A sample is **enclosed** in the package.

소포에는 샘플이 동봉되어 있다.

Attached to this e-mail is an application form.

= An application form is **attached** to this e-mail.

이 이메일에는 지원서가 첨부되어 있다.

Impossible is nothing.

= Nothing is **impossible**.

불가능이란 없다.

PART 5

1. The temporary workers asked that they ------- fully paid for their overtime hours.
(A) are
(B) were
(C) has been
(D) be

2. Should you ------- any questions or concerns, please don't hesitate to contact my office.
(A) has
(B) have
(C) having
(D) have to

3. If we had carried out maintenance checks regularly, we ------- that kind of problem.
(A) can avoid
(B) could avoid
(C) have avoided
(D) could have avoided

4. We could not have achieved our goals ------- the commitment of our staff members.
(A) without
(B) with
(C) but that
(D) if not

5. ------- with this letter are two packages of our samples that you may be interested in.
(A) Enclosed
(B) Enclosing
(C) Enclosure
(D) Encloser

6. ------- the achievements of our company was the expansion of business to South America.
(A) Never
(B) Under
(C) Between
(D) Among

7. ------- you told us that you were interested in art, we would have arranged for a trip to the art museum.
(A) Has
(B) Have
(C) Had
(D) Having

8. Some dentists suggest that people ------- about 10 minutes before brushing their teeth.
(A) waited
(B) waiting
(C) waits
(D) wait

9. ------- they built more homes at that time, housing problems wouldn't have been so serious.
(A) If
(B) Should
(C) Has
(D) Had

10. It is imperative that all employees working in the field ------- the safety regulations.
(A) follows
(B) follow
(C) following
(D) followed

PART 6

Questions 1-4 refer to the following article.

T-Max Technology announced that it lowered the price on its newest tablet computer. Its newest tablet computer, the G7 model, ------- free video telephoning between users using **1.** cell phones or tablet computers manufactured by T-Max. T-Max could save production costs ------- some of its assembly lines became fully automatized. As a result, retail prices **2.** came down by five percent compared to last year. -------. However, competitors showed **3.** negative opinions on the move and there were some protests by some of the employees who lost their jobs ------- the automatized production facilities. **4.**

1. (A) features
   (B) refers
   (C) affects
   (D) leaves

2. (A) though
   (B) because
   (C) unless
   (D) so that

3. (A) We recognize the quality of its products.
   (B) They also provide free repairs.
   (C) Consumers welcomed the news.
   (D) This is part of a fair trade violation.

4. (A) besides
   (B) regarding
   (C) despite
   (D) due to

Questions 1-2 refer to the following advertisement.

Company Logo Sales

Just drop by for all of your company logo needs!

Come in today for a personalized logo for your company! Our expert designers will help you come up with a customized logo that will match your company's personality.

We offer the following services:
- Free basic design help from our expert designers
- Consultation of the materials and inks used
- Fast production
- Logos printed on any surface or material

We guarantee the lowest prices. If you find a lower price, we will match the price and give you a 25% discount!

Call or come in today for your FREE consultation!

Logo Mania
1255 East Mont Rd.
Tel. 472-124-9850

---

1. For whom is this advertisement most likely intended?
   (A) Business owners
   (B) Expert designers
   (C) Company workers
   (D) Executive members

2. What is NOT available at Logo Mania?
   (A) Consultations
   (B) Logo creation
   (C) Equipment rentals
   (D) Fast production

START
개정판

베이직보다 더 쉬운 토익 입문서

아이원 토익

이성영 저

해설서

토익 기초 핵심을 더 쉽고 더 간결하게 풀어냈다!

I WANT
TOEIC

PAGODA Books

아이원 토익

START

개정판

이성영 저

해설서

PAGODA Books

PART 1

CHAPTER 01 실전 예상 문제

1. (C) 2. (A) 3. (D) 4. (B) 5. (D) 6. (C)

1. (A) The man is turning on the computer.
(B) The man is showing a video.
(C) The man is facing the audience.
(D) The man is pointing at the monitor.
(A) 남자가 컴퓨터를 켜고 있다.
(B) 남자가 비디오를 보여주고 있다.
(C) 남자가 청중을 향해 있다.
(D) 남자가 모니터를 가리키고 있다.

[해설] (A) 기기를 끄는 동작인지 켜는 동작인지는 사진상으로는 알 수 없다. (B) 역시 사진상으로 알 수 없는 추측성 진술이며, (D) 남자가 모니터를 가리키는 동작이 없으므로 오답이다.

[어휘] turn on ~을 켜다 face vt. ~을 향하다 point at ~을 가리키다

2. **(A) They are running on the track.**
(B) Some of them are crossing the finish line.
(C) The stadium is full of spectators.
(D) The track lines are being painted.
(A) 사람들이 트랙을 달리고 있다.
(B) 사람들 중 몇 명이 결승선을 통과하고 있다.
(C) 경기장이 군중으로 가득 차 있다.
(D) 트랙 라인에 페인트가 칠해지고 있다.

[해설] (B) 결승선이 보이지 않고, (C) 경기장에는 군중이 보이지 않으며, (D) 트랙 라인에 페인트를 칠하는 모습도 보이지 않으므로 모두 오답이다.

[어휘] run vi. 달리다 track n. 트랙 cross vt. ~을 가로지르다 be full of ~으로 가득 차다 paint vt. ~을 칠하다

3. (A) People are waiting in line in front of the gate.
(B) Some of them are pushing carts.
(C) They are walking through turnstiles.
(D) People have gathered around the conveyor belt.
(A) 사람들이 게이트 앞에 줄을 서서 대기 중이다.
(B) 사람들 중 몇 명은 카트를 밀고 있다.
(C) 사람들이 개찰구를 통과하고 있다.
(D) 사람들이 컨베이어 벨트 주변에 모여 있다.

[해설] (A) 게이트가 보이지 않고 줄을 서 있는 상황도 아니다. (B) 카트가 보이기는 하지만 밀고 있는 동작이 보이지 않으며, (C) 개찰구를 통과하는 모습도 보이지 않는다.

[어휘] in line 줄지어 in front of ~ 앞에 gate n. 문, (공항의) 게이트 push vt. ~을 밀다 turnstile n. 개찰구 gather vi. 모이다

4. (A) The man is putting on an apron.
(B) Merchandise is displayed on the wall.
(C) Some goods are being packed.
(D) The man is standing at the counter.
(A) 남자가 앞치마를 입는 중이다.
(B) 상품이 벽에 진열되어 있다.
(C) 상품이 포장되고 있다.
(D) 남자가 계산대에 서 있다.

[해설] (A) put on은 '~을 입고 있는 중이다'라는 의미로 동작을 묘사하는 표현이지만, 사진의 남자는 앞치마를 이미 입은 상태이므로 wearing an apron이라 해야 알맞다. (C) 포장되고 있는 상품이 없으며, (D) 계산대는 사진에 등장하지 않는다.

[어휘] put on (동작) ~을 입는 중이다 apron n. 앞치마 pack vt. ~을 포장하다 counter n. 계산대

5. (A) They are flying balloons.
(B) They are standing in a circle.
(C) Some of them are sitting at the table.
(D) Some people are wearing party hats.
(A) 사람들이 풍선을 날리고 있다.
(B) 사람들이 원형으로 서 있다.
(C) 사람들 중 몇 명은 테이블에 앉아 있다.
(D) 사람들 중 몇 명은 파티 모자를 쓰고 있다.

[해설] (A) 풍선을 날리는 동작이 아니며, (B) 원형으로 서 있는 모습도 아니다. (C) 테이블은 사진에 보이지 않는 소품이다.

[어휘] fly vt. ~을 날리다 balloon n. 풍선 in a circle 원형으로 wear (상태) ~을 착용하다

6. (A) A woman is using a broomstick.
(B) She is washing the floor.
(C) She is using a vacuum cleaner.
(D) A woman is rolling up the carpet.
(A) 여자가 빗자루를 사용하고 있다.
(B) 여자가 바닥을 닦고 있다.
(C) 여자가 진공청소기를 사용하고 있다.
(D) 여자가 카펫을 말고 있다.

[해설] (A) 빗자루를 사용하는 모습이 아니며, (B) wash는 물 등으로 닦는다는 의미이므로 이 사진과는 맞지 않다. (D) 카펫을 마는 동작은 이 사진과 관련이 없는 내용이다.

[어휘] broomstick n. 빗자루 wash vt. (물로) ~을 닦다 vacuum cleaner 진공청소기 roll up ~을 감다[말다]

1. (A) The man is turning on the computer.
   (B) The man is showing a video.
   (C) The man is facing the audience.
   (D) The man is pointing at the monitor.

2. (A) They are running on the track.
   (B) Some of them are crossing the finish line.
   (C) The stadium is full of spectators.
   (D) The track lines are being painted.

3. (A) People are waiting in line in front of the gate.
   (B) Some of them are pushing carts.
   (C) They are walking through turnstiles.
   (D) People have gathered around the conveyor belt.

4. (A) The man is putting on an apron.
   (B) Merchandise is displayed on the wall.
   (C) Some goods are being packed.
   (D) The man is standing at the counter.

5. (A) They are flying balloons.
   (B) They are standing in a circle.
   (C) Some of them are sitting at the table.
   (D) Some people are wearing party hats.

6. (A) A woman is using a broomstick.
   (B) She is washing the floor.
   (C) She is using a vacuum cleaner.
   (D) A woman is rolling up the carpet.

CHAPTER **02** 실전 예상 문제

1. (D) 2. (A) 3. (B) 4. (C) 5. (B) 6. (C)

1. (A) All the clothes are folded neatly.
   (B) Some goods are displayed on the shelf.
   (C) The laundry has been hung on the rack.
   (D) **Some clothes are piled up.**

(A) 모든 옷이 깔끔하게 개켜져 있다.
(B) 몇몇 상품이 선반에 진열되어 있다.
(C) 세탁물이 건조대에 걸려 있다.
(D) 옷가지가 쌓여 있다.

해설 (A) 옷 일부는 정돈되지 않은 모습이다. (B) 사진에는 선반이 보이지 않는다. (C) 세탁물이 건조대에 걸려 있지 않으므로 오답이다.

어휘 clothes n. 옷, 세탁물 fold vt. ~을 접다[개다] display vt. ~을 진열하다 laundry n. 세탁물 pile up ~을 쌓다

2. **(A) Some tables are placed outdoors.**
   (B) A tree is being planted near the building.
   (C) Tables are lined up along the building.
   (D) The patio is full of plants.

(A) 야외에 테이블 몇 개가 놓여 있다.
(B) 나무 한 그루가 건물 옆에 심어지고 있다.
(C) 건물을 따라 테이블이 줄지어 있다.
(D) 안뜰에는 식물이 가득하다.

해설 (B) 사진상 나무를 심고 있는 동작이 보이지 않으며, (C) 테이블이 건물을 따라 줄지어져 있는 모습은 아니다. (D) 안뜰이 식물로 가득한 상태가 아니므로 오답이다.

어휘 place vt. ~을 두다[놓다] outdoors adv. 야외에 plant vt. ~을 심다 n. 식물 line up ~을 늘어 세우다 patio n. 안뜰

3. (A) The car is being serviced.
   (B) A cord is connected to the car.
   (C) A vehicle is parked near the parking meter.
   (D) The car is parked on the sidewalk.

(A) 자동차가 수리되는 중이다.
(B) 전선이 자동차에 연결되어 있다.
(C) 자동차가 주차 요금 징수기 옆에 주차되어 있다.
(D) 자동차가 인도 위에 주차되어 있다.

해설 (A) 자동차가 수리되는 모습이 아니며, (C) 주차 요금 징수기는 보이지 않는다. (D) 자동차는 인도 위에 주차되어 있지 않다.

어휘 service vt. ~을 수리하다 cord n. 코드, 전선 connect vt. ~을 연결하다 vehicle n. 차량 parking meter 주차 요금 징수기 sidewalk n. 인도

4. (A) The street has been blocked.
   (B) Some trees have fallen down.
   (C) Some vehicles are covered with snow.
   (D) The snow is being cleared from the road.

(A) 도로가 봉쇄되었다.
(B) 몇 그루의 나무가 쓰러졌다.
(C) 자동차 몇 대가 눈으로 덮여 있다.
(D) 도로에서 눈이 치워지고 있다.

해설 (A) 거리가 폐쇄된 것인지는 알 수 없다. (B) 쓰러진 나무도 보이지 않으며, (D) 눈을 치우는 사람도 보이지 않는다.

어휘 block vt. ~을 가로막다 fall vi. 쓰러지다, 넘어지다 be covered with ~으로 덮이다

5. (A) Some containers are being loaded onto the truck.

(B) A container is being lifted.

(C) The crane is being removed.

(D) The containers are stacked up on the cargo ship.

(A) 컨테이너들이 트럭에 실리고 있다.

(B) 컨테이너가 들어 올려지고 있다.

(C) 크레인이 치워지고 있다.

(D) 컨테이너들이 화물선에 쌓여 있다.

해설 (A) 사진 속에 트럭이 없으므로 오답이다. (C) 크레인이 치워지는 모습이 아니며, (D) 화물선이 보이지 않으므로 오답이다.

어휘 container n. 컨테이너 load vt. ~을 선적하다 lift vt. ~을 들어 올리다 cargo ship 화물선

6. (A) Some people are playing on the beach.

(B) Clouds are moving slowly in the sky.

(C) A parasol is spread out over the chairs.

(D) The chairs are piled up.

(A) 사람들이 해변에서 놀고 있다.

(B) 하늘의 구름이 천천히 움직이고 있다.

(C) 의자 위로 파라솔이 펼쳐져 있다.

(D) 의자가 쌓여 있다.

해설 (A) 해변에 사람이 없고, (B) 사진상으로는 구름의 움직임은 알 수 없다. (D) 의자가 쌓여 있는 모습이 아니다.

어휘 beach n. 해변 parasol n. 파라솔, 우산 spread vt. ~을 펼치다

CHAPTER 02 Dictation Drill

1. (A) All the clothes are folded neatly.

(B) Some goods are displayed on the shelf.

(C) The laundry has been hung on the rack.

(D) Some clothes are piled up.

2. (A) Some tables are placed outdoors.

(B) A tree is being planted near the building.

(C) Tables are lined up along the building.

(D) The patio is full of plants.

3. (A) The car is being serviced.

(B) A cord is connected to the car.

(C) A vehicle is parked near the parking meter.

(D) The car is parked on the sidewalk.

---

4. (A) The street has been blocked.

(B) Some trees have fallen down.

(C) Some vehicles are covered with snow.

(D) The snow is being cleared from the road.

5. (A) Some containers are being loaded onto the truck.

(B) A container is being lifted.

(C) The crane is being removed.

(D) The containers are stacked up on the cargo ship.

6. (A) Some people are playing on the beach.

(B) Clouds are moving slowly in the sky.

(C) A parasol is spread out over the chairs.

(D) The chairs are piled up.

PART 2

CHAPTER 03 실전 예상 문제

1. (A)	2. (B)	3. (A)	4. (B)	5. (C)	6. (C)
7. (C)	8. (A)	9. (A)	10. (A)	11. (C)	12. (B)

1. What should I do with those samples?

(A) Send them to the client.

(B) 10 samples I think.

(C) Yes, those are mine.

이 샘플들을 어떻게 해야 하죠?

(A) 고객에게 보내세요.

(B) 제 생각에는 10개의 샘플입니다.

(C) 네, 그것들은 제 것입니다.

해설 수량을 묻는 문제가 아니므로 (B)는 오답, (C) 의문사 의문문에는 Yes/No를 사용할 수 없다.

어휘 do vt. ~을 하다 sample n. 견본품 client n. 의뢰인, 고객

2. Which curry recipe do you use?

(A) Sure, I use them.

(B) The one you suggested.

(C) Curry and rice is an easy meal.

어떤 카레 조리법을 쓰세요?
(A) 물론, 저는 그것들을 이용합니다.
(B) 당신이 추천한 조리법이요.
(C) 카레라이스는 간편한 식사입니다.

해설 ▶ (A) Sure는 Yes와 같은 의미로 의문사 의문문에는 사용할 수 없다. (C)는 중복음 함정이다.

어휘 ▶ recipe n. 조리법, 비법 suggest vt. ~을 추천하다 easy meal 간편한 식사

---

3. Who is going to lunch with you?
(A) Mr. Franklin is.
(B) Yes, at a fancy restaurant.
(C) I ate lunch.

누구랑 점심 먹으러 갈 거예요?
(A) Franklin 씨요.
(B) 네, 고급 음식점에서요.
(C) 저는 점심을 먹었어요.

해설 ▶ 의문사 의문문에는 (B)처럼 Yes/No의 답을 할 수 없다. (C)는 중복음 함정이다.

어휘 ▶ lunch n. 점심 식사 fancy a. 값비싼, 고급의

---

4. What do you think about renting the office equipment?
(A) We have enough office supplies.
(B) Actually, it will be much cheaper.
(C) For two months.

사무장비를 임대하는 것에 대해 어떻게 생각하세요?
(A) 우리는 충분한 사무용품이 있어요.
(B) 사실, 그러는 편이 훨씬 저렴할 거예요.
(C) 2개월 동안이요.

해설 ▶ (A)는 중복음을 이용한 함정이다. (C)는 질문의 요점에서 벗어난 오답이다.

어휘 ▶ rent vt. ~을 임대하다 office equipment 사무장비 office supply 사무용품

---

5. Who is reviewing the applications for the position?
(A) There are three applicants.
(B) You are the right person for the position.
(C) Mr. Dole of the hiring committee.

그 직책에 대한 지원서를 누가 검토하고 있습니까?
(A) 지원자가 세 명 있어요.
(B) 당신은 그 직책에 적임자입니다.
(C) 고용위원회의 Dole 씨요.

해설 ▶ (A)는 질문의 applications와 보기의 applicants를 이용한 유사발음 함정, (B)는 중복음 position을 이용한 함정이다.

어휘 ▶ review vt. ~을 검토하다 application n. 지원서 position n. 직책 hiring committee 고용위원회

---

6. Which book is your favorite?
(A) I try to read books.
(B) No, it's not my taste.
(C) The one about art history.

어떤 책을 가장 좋아합니까?
(A) 저는 책을 읽으려 노력합니다.
(B) 아니요, 그것은 제 취향이 아니에요.
(C) 미술사에 관한 책이요.

해설 ▶ (A)는 중복음 book을 이용한 함정. (B)는 의문사 의문문에 사용할 수 없는 Yes/No로 답한 오답이다.

어휘 ▶ favorite a./n. 가장 좋아하는 (것) try to ~하려고 노력하다 art history 미술사

---

7. What's the deadline for the bid?
(A) To meet the deadline.
(B) Today is Friday.
(C) March 31.

입찰 마감이 언제입니까?
(A) 마감 시한에 맞추려고요.
(B) 오늘은 금요일입니다.
(C) 3월 31일입니다.

해설 ▶ what으로 when의 의미를 나타내는 의문문이다. (A)는 질문에 사용된 deadline을 쓴 중복음 함정이다. (B)는 질문의 요점에서 벗어난 오답이다.

어휘 ▶ deadline n. 마감(기한, 일) bid n. 입찰

---

8. Who's using the auditorium?
(A) I will check the schedule.
(B) The auditorium is full of people.
(C) You can use my office.

누가 강당을 사용하고 있습니까?
(A) 제가 스케줄을 확인해 볼게요.
(B) 강당에는 사람들이 가득 차 있어요.
(C) 당신은 제 사무실을 이용할 수 있어요.

해설 ▶ (B)는 질문에 사용된 auditorium을 쓴 중복음 함정이다. (C)는 질문의 using과 보기의 use를 이용한 유사발음 함정이다.

어휘 ▶ auditorium n. 강당 check vt. ~을 확인하다 be full of ~으로 가득 차다

---

9. Which movie are you going to?
(A) It's at 8 P.M.
(B) They won't be going to.
(C) I heard it was excellent.

어떤 영화를 보시러 가는 거죠?
(A) 8시에 시작하는 거요.
(B) 그들은 가지 않을 거예요.
(C) 저는 그 영화가 훌륭하다고 들었어요.

해설 ▶ (B)는 중복음 going to를 이용한 함정이다. (C)는 내용상 질문과 관련이 없고 시제도 일치하지 않는 오답이다.

어휘 ▶ movie n. 영화 hear vt. ~을 듣다 excellent a. 뛰어난

10. What was the weather like during your business trip?

(A) It was warm and sunny.

(B) I'd rather not go.

(C) I couldn't get a ticket.

출장 동안 날씨는 어땠나요?
(A) 따뜻하고 맑았어요.
(B) 저는 차라리 안 갈래요.
(C) 저는 티켓을 구할 수 없었어요.

해설 ▶ (B)와 (C)는 질문의 요점에서 벗어난 답변으로 출장에서 연상되는 단어를 사용한 함정이다.

어휘 ▶ weather n. 날씨 during prep. ~ 동안 business trip 출장

11. What kind of shoes are you looking for?

(A) Those are 80 dollars.

(B) Yes, that's the right size.

(C) Something comfortable for jogging.

어떤 신발을 찾고 계신가요?
(A) 그것은 80달러입니다.
(B) 네, 그것이 알맞은 사이즈입니다.
(C) 조깅하기에 편한 신발이요.

해설 ▶ (A)는 질문의 요점에서 벗어난 답변으로 연상 단어를 사용한 함정이다. (B) 의문사 의문문에는 Yes/No를 사용할 수 없다.

어휘 ▶ shoe n. 신발 look for ~을 찾다 comfortable a. 편안한

12. Who wrote this sales report?

(A) She is a salesperson.

(B) I did most of it.

(C) They will review the report.

누가 이 판매보고서를 작성했나요?
(A) 그녀는 판매원입니다.
(B) 대부분 제가 작성했습니다.
(C) 그들은 보고서를 검토할 것입니다.

해설 ▶ (A)는 질문의 sales report와 보기의 salesperson을 사용한 유사 발음 함정이다. (C)는 질문의 report를 쓴 중복음 함정이다.

어휘 ▶ write vt. ~을 작성하다 salesperson n. 판매원 review vt. ~을 검토하다

CHAPTER 03 Dictation Drill

1. Q. What should I do with those samples?
   A. Send them to the client.

2. Q. Which curry recipe do you use?
   A. The one you suggested.

3. Q. Who is going to lunch with you?
   A. Mr. Franklin is.

4. Q. What do you think about renting the office equipment?
   A. Actually, it will be much cheaper.

5. Q. Who is reviewing the applications for the position?
   A. Mr. Dole of the hiring committee.

6. Q. Which book is your favorite?
   A. The one about art history.

7. Q. What's the deadline for the bid?
   A. March 31.

8. Q. Who's using the auditorium?
   A. I will check the schedule.

9. Q. Which movie are you going to?
   A. It's at 8 P.M.

10. Q. What was the weather like during your business trip?
   A. It was warm and sunny.

11. Q. What kind of shoes are you looking for?
   A. Something comfortable for jogging.

12. Q. Who wrote this sales report?
   A. I did most of it.

CHAPTER 04 실전 예상 문제

1. (B)	2. (B)	3. (C)	4. (A)	5. (A)	6. (B)
7. (C)	8. (C)	9. (B)	10. (A)	11. (C)	12. (B)

1. Where do you usually keep the records?

(A) It doesn't matter to me.

(B) In the cabinet.

(C) To find the recording room.

당신은 기록물을 보통 어디에 보관합니까?
(A) 저는 상관없습니다.
(B) 캐비닛 안에요.
(C) 녹음실을 찾으려고요.

> 해설 ▶ (A)는 질문의 내용과 관련이 없는 답변이다. (C)는 질문의 records 와 보기의 recording을 쓴 유사발음 함정이다.

> 어휘 ▶ keep vt. ~을 보관하다 record n. 기록(물) matter vi. 중요하다 recording room 녹음실

2. When did Mr. Choi go to the New York office?
(A) Mr. Choi was promoted.
(B) Last month.
(C) Sure, he lives in New York.

Choi 씨는 언제 뉴욕 지사로 갔습니까?
(A) Choi 씨는 승진했어요.
(B) 지난달에요.
(C) 물론이죠. 그는 뉴욕에 살고 있어요.

> 해설 ▶ 과거에 일어난 일을 묻고 있다. (A)는 질문의 내용과 관련이 없는 답변으로 인명을 이용한 중복음 함정이다. (C)는 의문사 의문문에 사용할 수 없는 Yes/No의 대용어 sure를 썼고 중복음 New York을 쓴 함정이다.

> 어휘 ▶ promote vt. ~을 승진시키다 live vi. 살다

3. Why did the phone stop working?
(A) No, she is still working on it.
(B) I don't know where it is.
(C) I have no idea.

전화기가 왜 작동되지 않았죠?
(A) 아니요. 그녀는 아직도 작업 중이에요.
(B) 전화기가 어디에 있는지 모르겠어요.
(C) 저도 잘 모르겠어요.

> 해설 ▶ (A) 의문사 의문문에는 Yes/No로 답할 수 없다. (B)는 이유를 묻는 말에 장소에 대해 말하고 있으므로 어울리지 않는다.

> 어휘 ▶ work vi. 작동하다 work on ~에 노력을 들이다

4. How will the customers receive new product information?
(A) By e-mail.
(B) In a couple of hours.
(C) Yes, I also got some information.

고객들은 신제품 정보를 어떻게 받게 되나요?
(A) 이메일을 통해서요.
(B) 몇 시간 뒤에요.
(C) 네, 저도 정보를 좀 받았어요.

> 해설 ▶ 의문사 how를 통해 정보를 받는 수단, 방법을 묻고 있다. (B)의 시간 표현은 how에 대한 답이 될 수 없다. (C)는 의문사 의문문에 사용할 수 없는 Yes/No으로 답했으며 중복음 information을 쓴 함정이다.

> 어휘 ▶ customer n. 고객 receive vt. ~을 받다 information n. 정보 get vt. ~을 구하다

5. When will the reception begin?
(A) After the workshop.
(B) At the convention hall.
(C) Quite a long time.

환영식은 언제 시작됩니까?
(A) 워크숍이 끝난 후에요.
(B) 회의장에서요.
(C) 꽤 오랜 시간이요.

> 해설 ▶ (B)는 시간을 묻는 when에 장소 정보를 제시한 오답이다. (C)는 시점을 묻는 의문사 when에 '장시간'이라는 기간으로 답한 오답이다.

> 어휘 ▶ reception n. 환영식 begin vi. 시작되다 convention hall 회의장

6. Where did you store the extra stationery?
(A) Yes, at Central Station.
(B) We usually keep it in the closet.
(C) At the nearest store.

여분의 문구류를 어디에 보관해 뒀나요?
(A) 네, Central 역에서요.
(B) 우리는 보통 문구류를 수납장에 보관해요.
(C) 가장 가까운 상점에서요.

> 해설 ▶ (A)는 의문사 의문문에 Yes/No를 사용한 오답이다. (C)는 중복음 store를 사용한 함정이다.

> 어휘 ▶ store vt. ~을 보관하다 extra a. 여분의 stationery n. 문구류 closet n. 수납장, 벽장

7. How long have we been doing business with them?
(A) A profitable business.
(B) It will take a long time.
(C) For about a year.

우리는 그들과 얼마나 오랫동안 거래해왔죠?
(A) 수익성이 좋은 사업이요.
(B) 시간이 오래 걸릴 거예요.
(C) 대략 1년 동안이요.

> 해설 ▶ 기간을 묻는 how long을 이용한 문제이다. (A)는 중복음 business 를 이용한 함정이다. (B)는 시제 오류, 중복음(long) 함정이 제시된 오답이다.

> 어휘 ▶ do business with ~와 거래하다 profitable a. 수익성이 좋은. 이익이 되는

8. Why don't you take a break for a moment?
(A) No, we don't have any.
(B) I didn't take anything.
(C) That's a good idea.

잠깐 좀 쉬는 게 어때요?
(A) 아니요, 하나도 없어요.
(B) 저는 아무것도 가져가지 않았어요.
(C) 좋은 생각입니다.

해설 ▶ Why don't you ~?는 '~을 해 보라'는 의미의 청유의문문으로 (C)처럼 답하는 것이 일반적이다. (A), (B)는 질문의 요점과 관련 없는 내용이며 (B)는 중복음 take를 이용한 함정이기도 하다.

어휘 ▶ take a break 휴식을 취하다 take vt. ~을 가져가다

---

9. When should we submit the proposal?
   (A) To your immediate supervisor.
   (B) As soon as possible.
   (C) I wrote the proposal.

우리는 제안서를 언제 제출해야 합니까?
(A) 당신의 직속 상관에게요.
(B) 가능한 한 빨리요.
(C) 제가 제안서를 작성했어요.

해설 ▶ (A)는 의문사 when과 관련 없는 오답이다. (C)는 중복음 proposal을 이용한 함정이다.

어휘 ▶ submit vt. ~을 제출하다 proposal n. 제안서 immediate a. 직속의

---

10. Why do you want to exchange shirts?
    (A) It's the wrong size.
    (B) Yes, your shirt looks nice.
    (C) The price is reasonable.

왜 셔츠를 교환하려고 하세요?
(A) 사이즈가 안 맞아요.
(B) 네, 당신 셔츠는 멋져 보여요.
(C) 가격이 적당하네요.

해설 ▶ (B)는 의문사 의문문에 Yes/No를 사용한 오답이며 유사발음(shirts-shirt)을 이용한 함정이다. (C) 가격이 적당해서 셔츠를 교환한다는 논리는 부적절하다.

어휘 ▶ exchange vt. ~을 교환하다 wrong a. 잘못된 reasonable a. 적당한, 적절한

---

11. Where did you find this article?
    (A) I agree with your article.
    (B) A few days ago.
    (C) In a business magazine.

당신은 이 기사를 어디서 찾았나요?
(A) 저는 당신의 기사에 동의합니다.
(B) 며칠 전에요.
(C) 경제 잡지에서요.

해설 ▶ (A)는 중복음 article을 사용한 함정이다. (B)는 의문사 where에 시간으로 답하고 있는 오답이다.

어휘 ▶ find vt. ~을 발견하다 article n. (신문·잡지 등의) 기사 magazine n. 잡지

---

12. Why don't we meet early in the morning?
    (A) I'm busy tonight.
    (B) I like that idea.
    (C) Because I was sick.

아침 일찍 만나는 거 어때요?
(A) 저는 오늘 밤에 바빠요.
(B) 좋은 생각이에요.
(C) 제가 아팠거든요.

해설 ▶ 의문사 why를 이용한 청유의문문이다. (A)는 때를 나타내는 in the morning과 tonight을 이용한 연상 단어 함정이다. (C)는 질문의 요지와 시제가 맞지 않는 오답이다.

어휘 ▶ early adv. 일찍 busy a. 바쁜 sick a. 아픈

CHAPTER 04 Dictation Drill

1. Q. Where do you usually keep the records?
   A. In the cabinet.

2. Q. When did Mr. Choi go to the New York office?
   A. Last month.

3. Q. Why did the phone stop working?
   A. I have no idea.

4. Q. How will the customers receive new product information?
   A. By e-mail.

5. Q. When will the reception begin?
   A. After the workshop.

6. Q. Where did you store the extra stationery?
   A. We usually keep it in the closet.

7. Q. How long have we been doing business with them?
   A. For about a year.

8. Q. Why don't you take a break for a moment?
   A. That's a good idea.

9. Q. When should we submit the proposal?
   A. As soon as possible.

PART 2

CH 01
CH 02
CH 03
CH 04
CH 05
CH 06
CH 07
CH 08
CH 09
CH 10

10. Q. Why do you want to exchange shirts?

    A. It's the wrong size.

11. Q. Where did you find this article?

    A. In a business magazine.

12. Q. Why don't we meet early in the morning?

    A. I like that idea.

CHAPTER **05** 실전 예상 문제

1. (B)	2. (A)	3. (C)	4. (B)	5. (C)	6. (C)
7. (C)	8. (A)	9. (B)	10. (B)	11. (A)	12. (C)

1. Were there any calls from the manager?

    (A) The manager was late for the meeting.

    (B) Yes, he wanted you to call him back.

    (C) They called for Larry's resignation.

매니저로부터 전화가 왔나요?

(A) 매니저는 회의에 늦었어요.

(B) 네, 그가 전화해 달라고 했어요.

(C) 그들은 Larry의 사임을 요구했어요.

해설 동사 were에 초점을 맞춰 Yes/No로 답한 경우이다. (A)는 중복음 manager를 이용한 함정이다. (C)는 calls/called for의 유사발음을 이용한 함정이다.

어휘 be late for ~에 지각하다 call for ~을 요구하다 resignation n. 사임

2. Do you know who Ms. Wong was talking to?

    (A) He was one of the presenters.

    (B) Ms. Wong is on the phone.

    (C) We will talk about it later.

Wong 씨가 누구와 이야기하고 있었는지 아세요?

(A) 그는 발표자 중 한 명이었어요.

(B) Wong 씨는 전화를 받고 있어요.

(C) 나중에 이야기해요.

해설 간접의문문의 의문사 who에 초점을 맞춰 답한 경우이다. (B)는 중복음(Ms. Wong) 함정과 연상단어(phone)를 이용한 함정이다. (C)는 talking to/talk about을 이용한 유사발음 함정이다.

어휘 talk to ~에게 이야기하다 presenter n. 발표자 on the phone 통화 중인

3. A new accountant was hired, wasn't she?

    (A) I appreciate your help.

    (B) We have a lot of work to do.

    (C) Yes, she started working on Monday.

새 회계사가 고용됐죠, 그렇지요?

(A) 당신의 도움에 감사드려요.

(B) 우리는 할 일이 많아요.

(C) 네, 그녀는 월요일부터 일하기 시작했어요.

해설 부가의문문으로 보어 hired에 초점을 맞춰 Yes/No로 답한 경우이다. (A)와 (B)는 질문의 요점에서 벗어난 내용이다.

어휘 accountant n. 회계사 hire vt. ~을 고용하다 appreciate vt. ~을 감사하다

4. Don't you usually have lunch at the cafeteria?

    (A) I already had lunch, thanks.

    (B) Yes, but not always.

    (C) Usually at noon.

당신은 점심을 보통 구내식당에서 먹습니까?

(A) 감사합니다만, 저는 이미 점심을 먹었어요.

(B) 네, 항상 그런 것은 아니지만요.

(C) 보통 정오에요.

해설 본동사 have에 초점을 맞춰 Yes/No로 답한 경우이다. (A)는 중복음 lunch를 이용한 함정이다. (C)는 질문에 사용된 lunch의 연상 단어를 이용한 함정이다.

어휘 usually adv. 보통은 have lunch 점심을 먹다 cafeteria n. 구내식당

5. Can you tell me why Mr. Jones visited Paris?

    (A) One or two times a year.

    (B) He visits us very often.

    (C) To make a contract with a client.

Jones 씨가 왜 파리를 방문했는지 이유를 알려줄 수 있으세요?

(A) 1년에 한두 번이요.

(B) 그는 우리를 자주 방문합니다.

(C) 고객과 계약을 체결하기 위해서요.

해설 간접의문문의 의문사 why에 초점을 맞춰 답한 경우이다. (A)는 이유가 아니라 빈도를 제시한 오답이다. (B)는 visited/visits의 유사발음을 이용한 함정이다.

어휘 visit vt. ~을 방문하다 make a contract with ~와 계약하다 client n. 고객, 의뢰인

6. Did you read the newspaper today?

    (A) I heard about the news.

    (B) No, it was yesterday.

    (C) Yes, there was an article on our product.

당신은 오늘 신문을 읽었나요?

(A) 저는 그 소식을 들었어요.

(B) 아니요, 그것은 어제였어요.

(C) 네, 우리 제품에 대한 기사가 있었어요.

해설 ▶ 본동사 read에 초점을 맞춰 Yes/No로 답한 경우이다. (A)는 newspaper/news의 유사발음을 이용한 함정이다. (B)는 연상 단어 today/yesterday를 이용한 함정이다.

어휘 ▶ read vt. ~을 읽다 news n. 소식 article n. 기사 product n. 제품

7. Didn't you submit the revised report to the manager?

(A) I revised the report three times.

(B) I have to report to Gate 11.

(C) No, he is on a business trip.

당신은 매니저에게 수정된 보고서를 제출했나요?

(A) 그 보고서를 세 번이나 수정했어요.

(B) 저는 11번 문으로 가야 해요.

(C) 아니요, 그는 출장 중이에요.

해설 ▶ 본동사 submit에 초점을 맞춰 Yes/No로 답한 경우이다. (A)는 중복음 revised를 이용한 함정이다. (B) 역시 중복음 report to를 이용한 함정이다.

어휘 ▶ submit vt. ~을 제출하다 revise vt. ~을 수정하다 report to ~에 출두하다

8. This guidebook belongs to you, doesn't it?

(A) Yes, do you need it?

(B) No, I haven't seen him yet.

(C) I had to employ a guide.

이 안내 책자는 당신 거죠, 그렇죠?

(A) 네, 그 책자가 필요하세요?

(B) 아니요, 저는 아직 그를 보지 못했어요.

(C) 저는 가이드를 고용해야 했어요.

해설 ▶ 본동사 belongs에 초점을 맞춰 Yes/No로 답한 경우이다. (B)는 사물에 대한 질문에 사람으로 답한 오답이다. (C)는 guidebook/guide의 유사발음을 이용한 함정이다.

어휘 ▶ guidebook n. 안내 책자, 편람 belong to ~에 속하다 employ vt. ~을 고용하다 guide n. 안내원

9. Can't you change your work hours with mine next Monday?

(A) Sorry, I have no change.

(B) Do you have anything special that day?

(C) It happened last Monday.

다음 주 월요일에 저와 근무 시간을 바꿀 수 있나요?

(A) 죄송합니다만, 저는 잔돈이 없어요.

(B) 그날 특별한 일이라도 있으세요?

(C) 그 일은 지난주 월요일에 발생했어요.

해설 ▶ PART 2에서 질문에 대한 역질문 보기는 대부분 정답이다. (A)는 중복음 change를 이용한 함정이다. (C)는 중복음 Monday를 이용한 함정이다.

어휘 ▶ change vt. ~을 바꾸다 n. 잔돈 work hour 근무시간 happen vi. 발생하다

10. The inspectors have visited here before, haven't they?

(A) He will visit us tomorrow.

(B) Yes, I think so.

(C) I'm sure that they will.

조사관들이 이전에 여기에 온 적이 있어요, 그렇지요?

(A) 그는 내일 우리를 방문할 거예요.

(B) 네, 그런 것 같아요.

(C) 그들이 올 것이라 확신해요.

해설 ▶ 본동사 visited에 초점을 맞춰 Yes/No로 답한 경우이다. (A)는 시제가 다르며 visited/visit의 중복음을 이용한 함정이다. (C)는 시제도 다르고 질문에 대한 답변도 아니다.

어휘 ▶ inspector n. 조사관

11. Have you reserved your tickets yet?

(A) No, I have to do that now.

(B) I don't have a preference.

(C) Yes, I reserved a room.

당신은 벌써 티켓을 예약했나요?

(A) 아니요, 지금 예약해야 합니다.

(B) 저는 선호하는 것이 없어요.

(C) 네, 저는 방을 예약했어요.

해설 ▶ 본동사 reserved에 초점을 맞춰 Yes/No로 답한 경우이다. (B)는 질문의 요지와 관련이 없는 내용이다. (C)는 중복음 reserved를 이용한 함정이다.

어휘 ▶ reserve vt. ~을 예약하다 preference n. 선호, 기호

12. Do you know why their new product is so popular?

(A) Yes, it is a new product.

(B) At major department stores.

(C) I think their design is exceptional.

그들의 신제품이 왜 그렇게 인기 있는지 아세요?

(A) 네, 그것은 신제품입니다.

(B) 주요 백화점에서요.

(C) 제 생각에는 디자인이 파격적이에요.

해설 ▶ 간접의문문의 의문사 why에 초점을 맞춰 답한 경우이다. (A)는 중복음 new product를 이용한 함정이다. (B)는 질문의 요점에서 벗어난 연상 단어 함정이다.

어휘 ▶ popular a. 인기 있는 major a. 큰, 주요한 exceptional a. 파격적인, 뛰어난

1. Q. Were there any calls from the manager?

A. Yes, he wanted you to call him back.

2. Q. Do you know who Ms. Wong was talking to?

A. He was one of the presenters.

3. Q. A new accountant was hired, wasn't she?

A. Yes, she started working on Monday.

4. Q. Don't you usually have lunch at the cafeteria?

A. Yes, but not always.

5. Q. Can you tell me why Mr. Jones visited Paris?

A. To make a contract with a client.

6. Q. Did you read the newspaper today?

A. Yes, there was an article on our product.

7. Q. Didn't you submit the revised report to the manager?

A. No, he is on a business trip.

8. Q. This guidebook belongs to you, doesn't it?

A. Yes, do you need it?

9. Q. Can't you change your work hours with mine next Monday?

A. Do you have anything special that day?

10. Q. The inspectors have visited here before, haven't they?

A. Yes, I think so.

11. Q. Have you reserved your tickets yet?

A. No, I have to do that now.

12. Q. Do you know why their new product is so popular?

A. I think their design is exceptional.

---

1. (A)	2. (B)	3. (C)	4. (B)	5. (A)	6. (C)
7. (A)	8. (A)	9. (B)	10. (C)	11. (A)	12. (B)

1. I think you missed some pages from the report.

(A) I'll correct it right away.

(B) I missed you a lot.

(C) I report directly to Mr. Bentley.

보고서에 몇 페이지가 누락된 것 같아요.

(A) 바로 수정하겠습니다.

(B) 당신이 무척 그리웠어요.

(C) 저는 Bentley 씨에게 직접 보고합니다.

해설 ▶ (B)는 중복음 missed를 이용한 함정이다. (C)는 중복음 report를 이용한 함정으로 질문과 관련 없는 답이다.

어휘 ▶ miss vt. ~을 놓치다[빠뜨리다/그리워하다] correct vt. ~을 바로잡다

2. Would you like to drink coffee or tea?

(A) At the coffee shop.

(B) Coffee, please.

(C) Yes, I have some time.

커피와 차 중 어떤 것을 드시겠습니까?

(A) 커피숍에서요.

(B) 커피 주세요.

(C) 네, 저는 시간이 좀 있어요.

해설 ▶ (A)는 질문의 요지에서 벗어난 중복음(coffee) 함정이다. (C)는 선택의문문에 사용할 수 없는 Yes/No의 답변을 사용한 오답이다.

어휘 ▶ would like to ~하고 싶다 drink vt. ~을 마시다

3. Do you go to work by bus or on foot?

(A) Early in the morning.

(B) The bus came on schedule.

(C) I usually walk to work.

당신은 버스를 타고 직장에 갑니까 아니면 걸어갑니까?

(A) 이른 아침에요.

(B) 버스는 시간에 맞게 왔어요.

(C) 저는 보통 걸어서 출근합니다.

해설 ▶ 출근 수단을 묻는 선택의문문이다. (A)는 방법이 아니라 시간으로 답한 오답이다. (B)는 중복음(bus)을 이용한 함정이다.

어휘 ▶ go to work 출근하다 on schedule 예정대로, 시간에 맞게 walk vi. 걷다

4. They are building a parking lot across the street.
(A) Yes, it's full right now.
(B) When will it be completed?
(C) Almost 100 vehicles.

길 건너편에 주차장을 짓고 있어요.
(A) 네, 그곳은 지금 만차예요.
(B) 공사가 언제 끝나죠?
(C) 거의 100대의 자동차요.

해설 ▶ (A)는 질문의 요점에서 벗어난 답변이다. (C)는 parking lot에서 연상되는 vehicles를 이용한 연상 단어 함정이다.

어휘 ▶ build vt. ~을 짓다 across prep. ~의 건너편에 complete vt. ~을 완성하다

5. I wonder if Ms. Benson could come to the party.
(A) Why don't you call her secretary?
(B) She is retiring soon.
(C) The party begins at 7 o'clock sharp.

Benson 씨가 파티에 올 수 있는지 궁금해요.
(A) 그녀의 비서에게 전화를 해 보는 게 어때요?
(B) 그녀는 곧 은퇴할 거예요.
(C) 파티는 7시 정각에 시작됩니다.

해설 ▶ (B)는 질문의 요점과 어울리지 않는 답변이다. (C)는 중복음 party를 이용한 함정이다.

어휘 ▶ wonder vt. ~을 궁금해 하다 secretary n. 비서 retire vi. 은퇴하다

6. Are you going to watch a movie or a play?
(A) It's a new movie.
(B) I think the play was boring.
(C) Neither, I have some work to do.

당신은 영화를 보겠습니까 아니면 연극을 보겠습니까?
(A) 이것은 새 영화입니다.
(B) 제 생각에 그 연극은 지루했어요.
(C) 둘 다 아니에요. 저는 할 일이 좀 있어요.

해설 ▶ (A)는 중복음 movie를 이용한 함정이다. (B)는 중복음(play)을 이용한 함정이자 시제가 다른 오답이다.

어휘 ▶ watch vt. ~을 보다 movie n. 영화 play n. 연극 boring a. 지루한, 따분한

7. I thought you already left for New York.
(A) No, the convention was canceled.
(B) Yes, he has left for the day.
(C) They've already arrived.

저는 당신이 이미 뉴욕으로 떠난 줄 알았어요.
(A) 아니에요. 회의가 취소되었어요.
(B) 네, 그는 퇴근했어요.
(C) 그들은 이미 도착했어요.

해설 ▶ (B)는 다른 인칭대명사와 중복음(left)을 이용한 함정이다. (C)는 다른 인칭대명사와 left/arrived의 연상 단어 함정을 이용한 오답이다.

어휘 ▶ leave for ~으로 떠나다 convention n. 회의 cancel vt. ~을 취소하다

8. Are you going to leave now or can you stay a little longer?
(A) I'd better go now.
(B) I stayed indoors all day long.
(C) I live near here.

당신은 지금 떠나실 건가요 아니면 좀 더 계실 건가요?
(A) 지금 가는 것이 좋겠어요.
(B) 저는 종일 실내에 머물렀어요.
(C) 저는 이 근처에 살아요.

해설 ▶ (B)는 유사발음(longer/long)을 이용한 함정이며 시제도 다르다. (C)는 유사발음(leave/live)을 이용한 함정이다.

어휘 ▶ leave vi. 떠나다 stay vi. 머무르다 indoors adv. 실내에

9. Mr. Joyce seems so busy today.
(A) I meet him quite often.
(B) He's preparing for a company event.
(C) No, he will come tomorrow.

Joyce 씨는 오늘 아주 바빠 보여요.
(A) 저는 그를 자주 만납니다.
(B) 그는 회사 행사를 준비 중이에요.
(C) 아니요, 그는 내일 올 거예요.

해설 ▶ (A)는 질문의 요점에서 벗어난 답변이다. (C)는 today/tomorrow의 연상 단어를 이용한 함정이다.

어휘 ▶ busy a. 바쁜 prepare for ~을 준비하다

10. I think the maintenance workers left.
(A) During the regular maintenance check.
(B) They are competent workers.
(C) Yes, about an hour ago.

제 생각에 시설 관리팀 직원들이 떠난 것 같아요.
(A) 정기 정비 점검 동안이요.
(B) 그들은 유능한 직원들이에요.
(C) 네, 약 1시간 전에요.

해설 ▶ (A)는 중복음(maintenance)을 이용한 함정이다. (B)도 중복음(workers)을 이용한 함정으로 질문의 내용과 관련 없는 답이다.

어휘 ▶ maintenance worker 유지보수 직원 leave vi. 떠나다 regular a. 정기적인 competent a. 유능한

11. Would you prefer a window seat or an aisle seat?
(A) Either is fine with me.
(B) He is seated next to me.
(C) The window is open.

창가 좌석과 복도 좌석 중 어떤 것을 더 좋아하세요?
(A) 아무거나 좋습니다.
(B) 그는 제 옆에 앉아 있어요.
(C) 창문이 열려 있어요.

(B)는 seat/seated의 유사발음 함정을 이용한 오답이다. (C)는 중복음 window를 이용한 함정이다.

prefer vt. ~을 더 좋아하다 aisle n. 복도 seated a. 앉아 있는

---

12. Is Mr. Jackson here today or is he still in China?
(A) Mr. Jackson is my supervisor.
(B) He'll be back tomorrow.
(C) No, he is not Chinese.

Jackson 씨는 오늘 오셨나요 아니면 아직도 중국에 있습니까?
(A) Jackson 씨는 제 감독관입니다.
(B) 그는 내일 돌아올 거예요.
(C) 아니요, 그는 중국인이 아니에요.

(A)는 중복음(Mr. Jackson)을 이용한 함정이다. (C)는 유사발음(China/Chinese)를 이용한 함정으로 선택의문문에는 Yes/No를 사용할 수 없다.

still adv. 여전히 supervisor n. 감독관

CHAPTER **06** **Dictation Drill**

1. Q. I think you missed some pages from the report.
A. I'll correct it right away.

2. Q. Would you like to drink coffee or tea?
A. Coffee, please.

3. Q. Do you go to work by bus or on foot?
A. I usually walk to work.

4. Q. They are building a parking lot across the street.
A. When will it be completed?

5. Q. I wonder if Ms. Benson could come to the party.
A. Why don't you call her secretary?

6. Q. Are you going to watch a movie or a play?
A. Neither, I have some work to do.

7. Q. I thought you already left for New York.
A. No, the convention was canceled.

8. Q. Are you going to leave now or can you stay a little longer?
A. I'd better go now.

9. Q. Mr. Joyce seems so busy today.
A. He's preparing for a company event.

10. Q. I think the maintenance workers left.
A. Yes, about an hour ago.

11. Q. Would you prefer a window seat or an aisle seat?
A. Either is fine with me.

12. Q. Is Mr. Jackson here today or is he still in China?
A. He'll be back tomorrow.

PART 3

CHAPTER **07** 실전 예상 문제

1. (A)	2. (C)	3. (B)	4. (A)	5. (B)	6. (B)
7. (B)	8. (D)	9. (C)	10. (B)	11. (C)	12. (A)

Questions 1-3 refer to the following conversation.

M: [1]Rachel, how are the customer surveys for our company's new homepage coming along? I need to look through them before the meeting.

W: I've finished compiling most of them. [2]The rest should be ready in about an hour. I'll drop them off at your desk when they're finished. When exactly is your meeting?

M: At 3 o'clock. However, [3]I have to drop by the technical services department before the meeting to let them know some problems with the new homepage.

남: Rachel, 우리 회사의 새 홈페이지에 대한 고객 설문은 어떻게 되어가고 있나요? 회의 전에 한번 검토해야 합니다.
여: 거의 다 작성했습니다. 나머지는 1시간 정도면 준비됩니다. 끝나는 대로 책상 위에 올려 두겠습니다. 회의가 정확히 언제인가요?

남: 3시입니다. 그렇지만, 새로운 홈페이지와 관련된 몇몇 문제점을 알려주기 위해 회의 전에 기술 서비스 부서에 들러야 합니다.

어휘 customer survey 고객 설문 look through ~을 살펴보다
compile vt. ~을 집계하다 drop by ~에 들르다 technical
services department 기술 서비스 부서

---

1. What are the speakers discussing?

(A) Customer surveys

(B) A project deadline

(C) Sample items

(D) New software

화자들은 무엇을 논의하는가?
(A) 고객 설문
(B) 프로젝트 마감일
(C) 견본 제품
(D) 새 소프트웨어

해설 (1) Rachel, how are the customer surveys for our company's new homepage coming along?을 통해 대화 주제가 고객 설문이라는 것을 알 수 있다.

---

2. According to the woman, when will the report be finished?

(A) At noon

(B) In half an hour

(C) In an hour

(D) In one and a half hours

여자에 따르면, 보고서는 언제 마무리되는가?
(A) 정오
(B) 30분 뒤
(C) 1시간 뒤
(D) 1시간 30분 뒤

해설 (2) The rest should be ready in about an hour.를 통해 1시간 뒤에 서류가 준비된다는 것을 알 수 있다.

---

3. What will the man do before the meeting?

(A) Copy some documents

(B) Visit an office

(C) Make a phone call

(D) Organize some papers

남자는 회의 전에 무엇을 할 것인가?
(A) 서류를 복사한다.
(B) 사무실 한 곳을 방문한다.
(C) 전화를 건다.
(D) 서류를 정리한다.

해설 (3) I have to drop by the technical services department before the meeting을 통해 남자가 회의 전 기술 서비스 부서, 즉 사무실 한 곳을 방문할 것임을 알 수 있다.

Questions 4-6 refer to the following conversation.

W: James, (4) **I heard you were laid off from the company.** How do you feel?

M: I'm worried about how I'm going to find a new job. I have to pay rent and my bills, but if I don't get paid, I won't be able to pay them. (5) **I'm currently looking for a new job.**

W: I'm sorry to hear that. I have a friend that is the owner of a small business. I could ask him if he is hiring.

M: That would be great. (6) **Can I get his phone number?** I want to talk to him in person if possible.

여: James, 회사에서 해고되었다고 들었어요. 좀 어때요?
남: 새 직장을 어떻게 찾을지 걱정이에요. 임대료와 공과금을 내야 하는데, 급여를 못 받으면 낼 수가 없어요. 지금 새 직장을 찾는 중이에요.
여: 유감이에요. 작은 사업을 하는 친구가 있어요. 그가 사람을 고용하는지 물어볼 수 있을 것 같아요.
남: 그러면 좋지요. 저에게 그분의 전화번호를 알려 주시겠어요? 가능하다면, 그분과 직접 얘기해 보고 싶어요.

어휘 hear vt. ~을 듣다 lay off ~을 해고하다 be worried about
~에 대해 걱정하다 find vt. ~을 찾다 rent n. 집세 bill n. 청구서
look for ~을 찾다 owner n. 소유주 in person 직접, 몸소

---

4. What happened to the man?

(A) He lost his job.

(B) He was sick.

(C) He was promoted.

(D) He got a job.

남자에게는 어떤 일이 생겼는가?
(A) 실직했다.
(B) 아팠다.
(C) 승진했다.
(D) 직업을 구했다.

해설 (4) I heard you were laid off from the company.를 통해 남자가 실직했음을 알 수 있다.

---

5. What's the man doing these days?

(A) Looking for an apartment

(B) Searching for a new job

(C) Taking a few months off

(D) Preparing for an exam

남자는 요즘 무엇을 하고 있는가?
(A) 아파트 찾기
(B) 새 일자리 찾기
(C) 몇 달간 쉬기
(D) 시험 준비

해설 (5) I'm currently looking for a new job.을 통해 남자가 직장을 구하는 중임을 알 수 있다.

6. What does the man ask for?

(A) Financial information

(B) A phone number

(C) Severance pay

(D) A set of instructions

남자는 무엇을 요청하는가?

(A) 금융 정보

(B) 전화번호

(C) 실업 급여

(D) 일련의 지시 사항

해설 ▷ (6) Can I get his phone number?를 통해 남자가 전화번호를 요청하고 있다는 것을 알 수 있다.

Questions 7-9 refer to the following conversation.

M: Emily, Mr. Harris just called about his previous order. (7) **He asked us to double the number of tables and chairs we're making for his restaurant.**

W: That's good news. When is the deadline for the work?

M: In fact, he wants the work to be completed by the end of the month.

W: (8) **That's a problem. I don't think we can make it within the time limit.**

M: (9) **How about hiring some part-time workers to help with the extra work?**

W: That's a good idea. I'll post a help-wanted ad on some recruiting sites.

남: Emily, Harris 씨가 이전 주문과 관련해 방금 전화를 주셨어요. 우리가 그의 식당을 위해 만들고 있는 탁자와 의자의 수를 두 배로 늘려 달라고 요구했어요.

여: 좋은 소식이네요. 마감일은 언제죠?

남: 사실, 그는 이번 달 말까지 작업을 끝내 달라고 하네요.

여: 그럼 문제가 되는데요. 기한 안에 일을 끝낼 수 없을 것 같아요.

남: 추가 작업을 도울 임시직 직원을 몇 명 고용하는 것은 어떨까요?

여: 좋은 생각이에요. 몇몇 구인 사이트에 구인광고를 게시할게요.

어휘 ▷ previous a. 이전의 order n. 주문 double vt. ~을 두 배로 만들다 deadline n. 마감일 complete vt. ~을 끝마치다 time limit 기한 hire vt. ~을 고용하다 part-time worker 시간제 직원 extra a. 추가의 post vt. ~을 게시하다 help-wanted ad 구인광고 recruiting site 구인 사이트

7. Where do the speakers work?

(A) At a family restaurant

(B) At a furniture manufacturer

(C) At a recruiting agency

(D) At a department store

화자들은 어디에서 일하는가?

(A) 패밀리 레스토랑

(B) 가구 제조업체

(C) 취업 정보 업체

(D) 백화점

해설 ▷ (7) He asked us to double the number of tables and chairs we're making for his restaurant.를 통해 화자들이 가구 제조업체에서 일하고 있다는 것을 알 수 있다.

8. What problem does the woman mention?

(A) They don't have skilled workers.

(B) They are short of raw materials.

(C) Some machines are not working.

(D) The deadline is too tight.

여자는 어떤 문제를 언급하는가?

(A) 숙련공이 없다.

(B) 원자재가 부족하다.

(C) 일부 기계가 작동하지 않는다.

(D) 마감일이 너무 촉박하다.

해설 ▷ (8) That's a problem. I don't think we can make it within the time limit.을 통해 마감시한에 맞추기가 어렵다는 것을 알 수 있다.

9. How will the speakers solve the problem?

(A) By renting some machines

(B) By negotiating the price

(C) By hiring additional workers

(D) By extending the deadline

화자들은 문제를 어떻게 해결하겠는가?

(A) 일부 기계를 임대함으로써

(B) 가격을 협상함으로써

(C) 추가로 직원을 고용함으로써

(D) 기한을 연장함으로써

해설 ▷ (9) How about hiring some part-time workers to help with the extra work?에서 추가로 직원을 고용해서 문제를 해결할 것임을 알 수 있다.

Questions 10-12 refer to the following conversation with three speakers.

W1: (10) **Minsu, I just heard you requested a transfer to our Santiago office. Is that true?**

M: Actually, Mr. Hill suggested that I might be a good fit for a position there as the liaison between our North and South American branches.

W2: Carol has been here much longer than you. Why wasn't she recommended?

M: (11)The job requires fluency in Spanish and Portuguese.

W2: Are you considering taking the position?

M: Well, I'm still thinking about it. I'm supposed to let him know my decision by the end of the month.

W1: I think you need to weigh the pros and cons carefully.

M: Thank you for your advice, (12)but I think it would be nice to try a new challenge.

여1: 민수, 당신이 Santiago 사무실로 전출을 요청했다고 들었어요. 사실인가요?

남: 사실은 Hill 씨가 저를 북미와 남미 지점의 연락 담당으로 적합할 것 같다고 추천한 거예요.

여2: Carol은 당신보다 여기에 훨씬 더 오래 근무했어요. 그녀는 왜 추천을 받지 못했죠?

남: 유창한 스페인어와 포르투갈어 실력이 필요한 자리거든요.

여2: 그 직책을 수락할 건가요?

남: 생각 중이에요. 이번 달 말까지 Hill 씨에게 제 결정을 알려야 해요.

여1: 장단점을 신중하게 고려해야 해요.

남: 조언 감사합니다. 하지만 새로운 도전을 해 보는 것도 좋다고 생각해요.

어휘 ▶ hear vt. ~을 듣다 request vt. ~을 요구하다 transfer n. 전출 suggest vt. ~을 제안하다 a good fit 적임자 liaison n. 연락책 branch n. 지점 recommend vt. ~을 추천하다 require vt. ~을 필요로 하다 fluency n. 유창함 consider vt. ~을 고려하다 take a position 직책을 수락하다 be supposed to ~하기로 예정되다 weigh the pros and cons 장단점을 따지다 challenge n. 도전

10. What are the speakers mainly discussing?

(A) A failed project

(B) A job transfer

(C) Language classes

(D) A coworker

화자들은 주로 무엇을 논하고 있는가?

(A) 실패한 사업

(B) 전출

(C) 어학 수업

(D) 직장 동료

해설 ▶ (10) Minsu, I just heard you requested a transfer to our Santiago office.를 통해 전출이 대화의 주제임을 알 수 있다.

11. What is the advantage of the man?

(A) He is from Santiago.

(B) He has more experience.

(C) He speaks several languages.

(D) He is a team leader.

남자의 장점은 무엇인가?

(A) Santiago 출신이다.

(B) 경험이 더 많다.

(C) 다국어를 구사한다.

(D) 팀장이다.

해설 ▶ (11) The job requires fluency in Spanish and Portuguese.를 통해 남자의 장점이 외국어 구사 능력이라는 것을 알 수 있다.

12. What can be inferred about the man?

(A) He will take a new position.

(B) He will take a business trip.

(C) He will meet new clients.

(D) He will ask for a pay raise.

남자에 대해 무엇을 추론할 수 있는가?

(A) 새 직책을 수락할 것이다.

(B) 출장을 떠날 것이다.

(C) 신규 고객을 만날 것이다.

(D) 임금 인상을 요구할 것이다.

해설 ▶ (12) but I think it would be nice to try a new challenge.를 통해 남자가 새 직책에 도전할 것임을 유추할 수 있다.

CHAPTER **07** Dictation Drill

Questions 1-3 refer to the following conversation.

M: Rachel, how are the **customer** surveys for our company's new **homepage** coming along? I need to look **through** them before the **meeting**.

W: I've finished **compiling** most of them. The **rest** should be **ready** in about an hour. I'll **drop** them off at your desk **when** they're finished. When **exactly** is your meeting?

M: At 3 o'clock. However, I **have to** drop by the **technical** services department before the meeting to **let** them know some **problems** with the new homepage.

Questions 4-6 refer to the following conversation.

W: James, I **heard** you were **laid** off from the company. How do you **feel**?

M: I'm **worried** about how I'm going to **find** a new job. I have to **pay** rent and my bills, but if I don't **get** paid, I won't be **able** to pay them. I'm **currently** looking for a new **job**.

W: I'm **sorry** to hear that. I have a **friend** that is the **owner** of a small business. I could **ask** him if he is **hiring**.

M: That would be **great**. Can I **get** his phone number? I want to **talk** to him in person **if possible**.

CHAPTER **08** 실전 예상 문제

1. (D)	2. (A)	3. (B)	4. (D)	5. (A)	6. (A)
7. (A)	8. (D)	9. (C)	10. (A)	11. (B)	12. (C)

Questions 1-3 refer to the following conversation.

M: Excuse me, my name is Jonathan Gurde and [1] I'm looking for Mr. Elliot Hyde. Is he in?

W: [1] Do you have an appointment with him, Mr. Gurde?

M: Yes I do. [2] I made an appointment to see him exactly at noon.

W: I see. [3] Mr. Hyde is currently in a meeting. You can wait in his office. He should be out shortly.

남: 실례합니다. 저는 Jonathan Gurde이고 Elliot Hyde 씨를 찾아왔습니다. 안에 계신가요?
여: 그분과 약속을 하셨나요, Gurde 씨?
남: 네, 정확히 정오에 뵙기로 했습니다.
여: 알겠습니다. Hyde 씨는 지금 회의 중입니다. 그분의 사무실에서 기다리세요. 곧 나오실 겁니다.

어휘 ▶ look for ~을 찾다 appointment n. 약속 exactly adv. 정확히 at noon 정오에 currently adv. 현재 shortly adv. 곧

1. What is the purpose of the conversation?
(A) To make a reservation
(B) To repair the damaged parts
(C) To announce a promotion
(D) To check in for an appointment

대화의 목적은 무엇인가?
(A) 예약을 하기 위해
(B) 손상된 부품을 수리하기 위해
(C) 승진을 발표하기 위해
(D) 약속을 확인하기 위해

해설 ▶ (1) I'm looking for Mr. Elliot Hyde. Is he in?과 (1) Do you have an appointment with him, Mr. Gurde?를 통해 약속을 확인하고 있음을 알 수 있다.

2. When is the appointment time?
(A) 12 o'clock
(B) 1 o'clock
(C) 2 o'clock
(D) 3 o'clock

약속 시간은 언제인가?
(A) 12시
(B) 1시
(C) 2시
(D) 3시

해설 ▶ (2) I made an appointment to see him exactly at noon.에서 at noon이 12 o'clock으로 패러프레이징되어 제시되고 있다.

3. What will most likely happen next?
(A) There will be a party.
(B) Mr. Hyde will finish his meeting.
(C) An appointment will be made.
(D) A reservation will be canceled.

다음에 어떤 일이 일어날 것 같은가?
(A) 파티가 열릴 것이다.
(B) Hyde 씨가 회의를 마칠 것이다.
(C) 약속이 잡힐 것이다.
(D) 예약이 취소될 것이다.

해설 ▶ (3) Mr. Hyde is currently in a meeting. You can wait in his office. He should be out shortly.가 Mr. Hyde will finish his meeting.으로 패러프레이징되었다.

Questions 4-6 refer to the following conversation.

M: Hi, Ms. Campbell. This is John in Sales. [4] [5] I'd like to make a reservation for a conference room next Monday.

W: Hi, John. What time will you have a meeting? And how many people will be there?

M: Well, I am supposed to meet five clients at 10 in the morning.

W: OK. Let me check the calendar first. Luckily, [6] room 304 is available next Monday. It's free from 9 to 11. I will put you down for it now.

남: 안녕하세요, Campbell 씨. 저는 영업부의 John입니다. 다음 주 월요일에 회의실을 예약하고 싶습니다.
여: 안녕하세요, John. 회의는 몇 시에 하실 건가요? 그리고 몇 명이나 참석하는 거죠?
남: 아침 10시에 다섯 분의 고객을 만나기로 예정되어 있습니다.
여: 네, 우선 일정표를 확인해 볼게요. 다행히 다음 주 월요일 304호를 이용할 수 있어요. 9시부터 11시까지 이용 가능합니다. 당신의 이름을 바로 적어 두겠습니다.

어휘 make a reservation 예약하다 be supposed to ~하기로 예정되다 client n. 고객, 의뢰인 check vt. ~을 확인하다 available a. 이용 가능한 put down ~을 적어 두다

---

4. What is the purpose of the call?

(A) To arrange a business trip

(B) To repair a computer

(C) To have an interview

(D) To reserve a meeting room

전화의 목적은 무엇인가?

(A) 출장을 준비하기 위해

(B) 컴퓨터를 수리하기 위해

(C) 면접을 보기 위해

(D) 회의실을 예약하기 위해

해설 (4) I'd like to make a reservation for a conference room next Monday.에서 전화를 건 목적이 제시되고 있다.

---

5. When will the man meet with the clients?

(A) Monday

(B) Tuesday

(C) Wednesday

(D) Thursday

남자는 고객들을 언제 만날 것인가?

(A) 월요일

(B) 화요일

(C) 수요일

(D) 목요일

해설 (5) I'd like to make a reservation for a conference room next Monday.에서 고객을 만나 회의를 하기로 한 요일이 제시되고 있다.

---

6. What does the woman imply when she says, "I will put you down for it now"?

(A) She will assign a meeting room to the man.

(B) She will make some copies for the man.

(C) She will put off other meetings.

(D) She will rearrange her schedule.

"당신의 이름을 바로 적어 두겠습니다"라는 여자의 말은 무엇을 의미하는가?

(A) 남자에게 회의실을 배정할 것이다.

(B) 남자를 위해 복사를 할 것이다.

(C) 다른 회의를 뒤로 미룰 것이다.

(D) 자신의 일정을 조정할 것이다.

해설 (6) room 304 is available next Monday. It's free from 9 to 11. I will put you down for it now.를 통해 남자가 회의실을 이용할 수 있도록 일정표에 남자의 이름을 적어 놓을 것임을 알 수 있다.

Questions 7-9 refer to the following conversation.

> **M:** I'm sorry, ma'am. (7) But your carry-on bag will have to be gate-checked. It is too big and it won't fit in the overhead compartment.
>
> **W:** But the flight I took to this airport allowed me to take it on the plane and I could put it in the overhead compartment without any problem.
>
> **M:** (8) I'm sorry, but different airlines have different size allowances.
>
> **W:** I've never had a bag gate-checked before. What do I do?
>
> **M:** (8)(9) I'll attach this sticker to your bag and give you a receipt. Just leave the bag at the door of the airplane. It will be returned to you when you disembark.
>
> **남:** 부인. 죄송합니다만 손님의 반입용 가방은 게이트에서 부치셔야 합니다. 가방이 너무 커 머리 위 수납 공간에 들어가지 않을 거예요.
> **여:** 하지만 이 공항까지 타고 온 비행기에서는 가방을 기내에 반입하도록 했고 짐칸에 가방을 넣을 때도 문제가 전혀 없었어요.
> **남:** 죄송합니다만, 항공사들마다 수하물 크기 허용 기준이 다릅니다.
> **여:** 게이트에서 가방을 부친 적이 없어요. 어떻게 하면 되는 거죠?
> **남:** 제가 가방에 스티커를 붙이고 영수증을 드리겠습니다. 그냥 가방을 비행기의 문가에 가져다 놓으시면 됩니다. 내리실 때 가방을 돌려받으실 겁니다.

어휘 carry-on a. 기내 반입용의 fit vi. 들어맞다 overhead compartment 머리 위 수납 공간 flight n. 비행기 allow vt. ~을 허락하다 airline n. 항공사 allowance n. 허용치 attach vt. ~을 붙이다 receipt n. 영수증 leave vt. ~을 두다, 놓다 return vt. ~을 돌려주다 disembark vi. 내리다

---

7. What is the problem?

(A) The woman has an oversized bag.

(B) The woman has too many suitcases.

(C) A company policy has been changed.

(D) A passenger lost her baggage.

어떤 문제가 있는가?

(A) 여자가 지나치게 큰 가방을 가지고 있다.

(B) 여자가 너무 많은 여행 가방을 가지고 있다.

(C) 회사 정책이 바뀌었다.

(D) 승객이 짐을 분실했다.

해설 (7) But your carry-on bag will have to be gate-checked. It is too big and it won't fit in the overhead compartment.에서 여자가 너무 큰 가방을 가지고 비행기에 탑승했다는 것을 알 수 있다.

8. Who most likely is the man?

(A) A travel agent

(B) A bus driver

(C) A captain

(D) A flight attendant

남자는 누구겠는가?

(A) 여행사 직원

(B) 버스 운전사

(C) 비행기 기장

(D) 승무원

해설 ▶ (8) I'm sorry, but different airlines have different size allowances.와 (8) I'll attach this sticker to your bag and give you a receipt.를 참조할 때 비행기 승무원이라는 사실을 알 수 있다.

9. What will the woman receive?

(A) Complimentary drinks

(B) An in-flight meal

(C) A claim check

(D) A boarding pass

여자는 무엇을 받을 것인가?

(A) 무료 음료

(B) 기내식

(C) 보관증

(D) 탑승권

해설 ▶ (9) I'll attach this sticker to your bag and give you a receipt.을 통해 여자가 보관증을 받을 것임을 알 수 있다. receipt 가 claim check으로 패러프레이징되었다.

Questions 10-12 refer to the following conversation and list.

W: Hello. ⁽¹⁰⁾I saw your sign about language classes and I am interested in studying Portuguese.

M: ⁽¹¹⁾We have two levels of Portuguese classes that will start at the beginning of next month.

W: Oh, good. ⁽¹²⁾I took basic Portuguese when I was a student in high school, so I think I'd like to try the next level up.

M: Well, if you look on the bulletin board behind you, you will see listings of all the language class times. They are listed alphabetically by language.

W: Yes, I see. ⁽¹²⁾I work in the evening and need to be at work most days by 4, so I think there is only one class that I'll be able to take.

Class	Title	Times
POR 101-01	Basic Portuguese	Mon, Wed, Fri (1-2 P.M.)
POR 101-02	Basic Portuguese	Mon (9-11 A.M.), Wed (10-11 A.M.)
POR 201-01	Intermediate Portuguese	Tue, Thurs, Fri (9-10 A.M.)
POR 201-02	Intermediate Portuguese	Tue (3-5 P.M.), Thurs (3-4 P.M.)

여: 안녕하세요. 어학 강좌 간판을 봤는데, 포르투갈어를 배우는 데 관심이 있어요.

남: 다음 달 초에 시작하는 두 단계의 포르투갈어 수업이 있습니다.

여: 잘됐군요. 기초 포르투갈어는 고등학교에서 들었으니 그 다음 단계를 듣고 싶어요.

남: 네. 뒤쪽에 있는 게시판을 보시면 모든 어학 강좌의 시간표를 보실 수 있어요. 강좌는 언어에 따라 알파벳 순서로 정렬되어 있습니다.

여: 네, 그렇군요. 저는 저녁에 일을 하고 주로 4시까지 출근하니까 들을 수 있는 강좌는 딱 하나 있네요.

강좌	제목	시간
POR 101–01	포르투갈어 기초	월, 수, 금 (오후 1–2시)
POR 101–02	포르투갈어 기초	월 (오전 9–11시), 수 (오전 10–11시)
POR 201–01	포르투갈어 중급	화, 목, 금 (오전 9–10시)
POR 201–02	포르투갈어 중급	화 (오후 3–5시), 목 (오후 3–4시)

어휘 ▶ sign n. 간판 language class 어학 강좌 be interested in ~에 관심이 있다 Portuguese n. 포르투갈어 level n. 수준 look on ~을 보다 bulletin board 게시판 listing n. 목록 alphabetically adv. 알파벳 순서로

10. What is the woman interested in?

(A) Learning a foreign language

(B) Applying for a job

(C) Working at a language school

(D) Making a timetable

여자는 무엇에 관심이 있는가?

(A) 외국어 배우기

(B) 일자리에 지원하기

(C) 어학원에서 일하기

(D) 시간표 만들기

해설 ▶ (10) I saw your sign about language classes and I am interested in studying Portuguese.를 통해 포르투갈어, 즉 외국어 학습에 관심이 있다는 것을 알 수 있다.

11. When will the classes in Portuguese be opened?

(A) At the beginning of the week

(B) At the beginning of the month

(C) At the end of the week

(D) At the end of the month

포르투갈어 강좌는 언제 개강하는가?
(A) 주 초에
(B) 월 초에
(C) 주 말에
(D) 월 말에

해설 ▶ (11) We have two levels of Portuguese classes that will start at the beginning of next month.를 통해 월 초에 포르투갈어 수업이 시작된다는 것을 알 수 있다.

---

12. Look at the graphic. Which class will the woman probably take?
(A) POR 101-01
(B) POR 101-02
(C) POR 201-01
(D) POR 201-02

시각자료를 보시오. 여자는 어떤 강좌를 수강할 것인가?
(A) POR 101-01
(B) POR 101-02
(C) POR 201-01
(D) POR 201-02

해설 ▶ (12) I took basic Portuguese when I was a student in high school, so I think I'd like to try the next level up.과 (12) I work in the evening and need to be at work most days by 4, so I think there is only one class that I'll be able to take. 를 참조할 때 여자가 들을 수 있는 강좌는 POR 201-01이다.

CHAPTER **08** Dictation Drill

Questions 1-3 refer to the following conversation.

M: Excuse me, **my name** is Jonathan Gurde and I'm **looking for** Mr. Elliot Hyde. Is **he in**?

W: Do you have an **appointment with** him, Mr. Gurde?

M: Yes I do. I **made** an appointment to see him **exactly** at noon.

W: I see. Mr. Hyde is **currently** in a meeting. You can **wait in** his office. He should **be out** shortly.

Questions 4-6 refer to the following conversation.

M: Hi, Ms. Campbell. This is John **in Sales**. I'd like to **make a reservation** for a conference room **next Monday**.

W: Hi, John. What time **will you** have a meeting? And **how many** people will be there?

M: Well, I **am supposed** to meet five clients at 10 **in the morning**.

W: OK. Let me check the **calendar** first. Luckily, room 304 is **available** next Monday. It's free from 9 to 11. I will **put you down** for it now.

PART 4

CHAPTER **09** 실전 예상 문제

1. (C)	2. (C)	3. (B)	4. (B)	5. (B)	6. (C)
7. (D)	8. (B)	9. (C)	10. (B)	11. (D)	12. (A)

Questions 1-3 refer to the following announcement.

M: [1] I have an announcement on our project which has a new deadline of this coming Wednesday. General supervisor, Christopher Wood, just notified me [2] that the project for publishing a series of 20 short books has been moved up. It means that we have less than two days. It's our duty to make sure that the project is completed on time and that the books are published free of errors. I know everyone is busy working on other assignments as well, but this publication is our top priority at the moment. So, [3] I will also approve all requests for overtime if necessary. Everyone will receive pay for overtime worked.

남: 이번 주 수요일로 마감 시한이 변경된 우리 프로젝트에 대한 공지가 있습니다. 총 관리자인 Christopher Wood는 조금 전 저에게 20권으로 된 단편 연작물의 출간 프로젝트가 앞당겨졌음을 통보해 왔습니다. 이것은 우리에게 이틀도 안 남았음을 의미합니다. 시간에 맞추어 프로젝트를 끝내고 오류 없이 책을 발간하는 것은 우리의 임무입니다. 또한 모든 분들이 다른 업무로도 바쁘다는 것을 알고 있지만, 이번 출판이 현재로서는 최우선 사항입니다. 따라서 필요하다면 모든 초과근무 요청도 승인할 것입니다. 모두 초과근무로 일한 시간만큼 급여를 받을 것입니다.

어휘 ▶ announcement n. 공지 deadline n. 마감일 notify vt. ~을 알리다 series n. 연작물, 시리즈물 move up ~을 앞당기다 mean vt. ~을 의미하다 complete vt. ~을 끝마치다 free of error 오류가 없는 assignment n. 과제, 업무 top priority 최우선 사항 approve vt. ~을 승인하다 request n. 요청 overtime n. 초과근무

1. What will happen on Wednesday?

(A) A book will be published.

(B) Employees will get a bonus.

(C) A project will come to an end.

(D) A product will be launched.

수요일에는 어떤 일이 일어날 것인가?

(A) 책 한 권이 출간된다.

(B) 직원들이 보너스를 받는다.

(C) 프로젝트가 종료된다.

(D) 제품이 출시된다.

해설 ▶ 초반부의 (1) I have an announcement on our project which has a new deadline of this coming Wednesday.를 통해 수요일에 프로젝트 하나가 끝난다는 것을 알 수 있다.

---

2. What kind of company do the listeners work for?

(A) A law firm

(B) A travel agency

(C) A publishing company

(D) A consulting company

화자들은 어떤 회사에서 일하는가?

(A) 법률 사무소

(B) 여행사

(C) 출판사

(D) 컨설팅 회사

해설 ▶ 초/중반부의 (2) that the project for publishing a series of 20 short books has been moved up.을 통해 이 업체가 출판사라는 것을 알 수 있다.

---

3. How will the employees be compensated for their extra work?

(A) By getting promotions

(B) By getting overtime wages

(C) By taking paid vacations

(D) By getting a pay raise

직원들은 초과근무에 대해 어떻게 보상을 받는가?

(A) 승진함으로써

(B) 초과근무 수당을 받음으로써

(C) 유급 휴가를 받음으로써

(D) 임금 인상을 받음으로써

해설 ▶ 후반부의 (3) I will also approve all requests for overtime if necessary. Everyone will receive pay for overtime worked.를 통해 초과근무 수당을 받게 될 것이라는 내용이 제시되고 있다.

Questions 4-6 refer to the following recorded message.

W: Thank you for calling City Transportation Company. (4)We are aware of the delays currently being experienced on city buses 310 and 311. (5)This is due to a pileup involving three cars on the Dobson Bridge, which has led to significant congestion throughout the surrounding area. Unfortunately we are unable to give any updates on when normal service will be resumed. (6)Please hold if you would like to speak to a customer service representative.

여: City Transportation사에 전화해 주셔서 감사합니다. 저희는 310번과 311번 버스가 현재 연착되고 있음을 알고 있습니다. 이는 Dobson Bridge에서 벌어진 자동차 3중 추돌 사고 때문이며, 이 사고는 인근 전역에 상당한 교통 체증을 일으키고 있습니다. 유감스럽지만, 정상적인 서비스가 언제 재개될지는 알 수 없습니다. 고객 서비스 부서 직원과 통화를 원하시면 기다려 주십시오.

어휘 ▶ call vt. ~에 전화하다 be aware of ~을 알고 있다 delay n. 지연, 지체 due to ~ 때문에 pileup n. 다중 추돌 lead to ~을 유발하다 congestion n. 체증 throughout prep. ~ 전역에서 update n. 소식 resume vt. ~을 재개하다 hold vi. (수화기를 들고) 기다리다 customer service representative 고객 서비스 직원

---

4. What is the message about?

(A) Road construction work

(B) Transportation delays

(C) Employment opportunities

(D) Health concerns

이 메시지는 무엇에 관한 것인가?

(A) 도로 공사

(B) 교통수단 연착

(C) 취업 기회

(D) 건강에 대한 관심

해설 ▶ 초반부의 (4) We are aware of the delays currently being experienced on city buses 310 and 311.을 통해 이 메시지가 교통 수단 연착에 대한 것임을 알 수 있다.

---

5. What has caused the problem?

(A) Damage to a bridge

(B) A traffic accident

(C) Bad weather

(D) Staff shortages

문제를 유발한 원인은 무엇인가?

(A) 교량 손상

(B) 교통사고

(C) 기상 악화

(D) 직원 부족

해설 ▶ 초/중반부의 (5) This is due to a pileup involving three cars on the Dobson Bridge, which has led to significant congestion throughout the surrounding area.를 통해 지체의 원인이 추돌 사고임을 알 수 있다.

6. How can the listeners speak to a company representative?

(A) By calling another number

(B) By requesting an interview

(C) By waiting on the line

(D) By updating their résumés

청자들은 어떻게 회사 상담원과 통화할 수 있는가?

(A) 다른 번호로 전화를 걸어서

(B) 면담을 신청해서

(C) 전화를 끊지 않고 기다려서

(D) 이력서를 새롭게 고쳐서

해설 ▶ 후반부의 (6) Please hold if you would like to speak to a customer service representative.를 통해 상담원과 통화를 원하면 대기하라는 내용이 By waiting on the line으로 패러프레이징되어 제시되고 있다.

Questions 7-9 refer to the following introduction.

M: Good evening, everybody. I hope you're all enjoying this event. **(7) I have the honor of presenting this year's Outstanding Achievement award. The recipient of this year's award is Brian Osher. (8) Since joining us as Marketing Director, Brian has overseen major promotional activities of most of our key products.** During his time with us, sales have increased by 200 percent. **(9) Before we ask Brian to come up on stage to receive the award, let's watch a short film about his remarkable achievements.**

남: 여러분 안녕하세요. 여러분 모두가 이 행사를 즐기고 계시기를 희망합니다. 저는 올해의 우수 업적상을 수여하는 영광을 누리게 되었습니다. 올해의 수상자는 Brian Osher입니다. Brian은 마케팅 이사로 우리 회사에 들어온 이후, 회사 주력 상품 대부분에 대한 주요 홍보 활동을 감독해 오고 있습니다. 그가 우리와 함께한 시간 동안 매출액이 200%까지 증가했습니다. Brian을 무대로 불러 상을 수여하기 전, 그의 뛰어난 업적에 대한 짧은 영상물을 먼저 보도록 하겠습니다.

어휘 ▶ enjoy vt. ~을 즐기다 honor n. 명예 present vt. ~을 주다 Outstanding Achievement award 우수 업적상 recipient n. 수취인 join vt. ~에 합류하다 oversee vt. ~을 감독하다 promotional a. 홍보의 sales n. 매출액 increase vi. 증가하다 watch vt. ~을 보다 remarkable a. 뛰어난

7. What is the purpose of the introduction?

(A) To organize an event

(B) To promote a movie

(C) To announce some statistics

(D) To present an award

소개의 목적은 무엇인가?

(A) 행사를 준비하기 위해

(B) 영화를 홍보하기 위해

(C) 통계를 발표하기 위해

(D) 상을 수여하기 위해

해설 ▶ 초반부 (7) I have the honor of presenting this year's Outstanding Achievement award. The recipient of this year's award is Brian Osher.를 통해 발표의 목적이 업적상 수여임을 알 수 있다.

8. In which field does Brian Osher most likely work?

(A) Accounting

(B) Marketing

(C) Manufacturing

(D) Education

Brian Osher는 어떤 분야에서 일할 것 같은가?

(A) 회계

(B) 마케팅

(C) 제조

(D) 교육

해설 ▶ 중반부의 (8) Since joining us as Marketing Director, Brian has overseen major promotional activities of most of our key products.를 통해 수상자가 마케팅 이사임을 알 수 있다.

9. What will the listeners do next?

(A) Contact a senior manager

(B) Calculate some figures

(C) Watch a video clip

(D) Go onto the stage

청중들은 다음에 무엇을 할 것인가?

(A) 수석 관리자에게 연락하기

(B) 몇 가지 수치 계산하기

(C) 영상물 시청하기

(D) 무대에 올라가기

해설 ▶ 후반부의 (9) Before we ask Brian to come up on stage to receive the award, let's watch a short film about his remarkable achievements.를 통해 청중들이 영상물을 볼 것임을 알 수 있다.

Questions 10-12 refer to the following announcement.

M: Attention everyone. **(10) I'm pleased to announce that we have successfully launched our new product.** There is a steady flow of customers that are pleased with our product and they are writing good reviews on online sites. **(11) We have placed our new product in 40 different** department stores and (12) there will be a Black Friday sale at the end of this month. With the sale, we are bound to sell thousands more. I would like to thank everyone for the hard work that they put into the launch. It would have been impossible without your efforts. Thank you.

남: 여러분 주목해 주십시오. 우리 신제품을 성공적으로 출시했다는 사실을 발표하게 되어 기쁩니다. 우리 상품에 만족하는 고객이 꾸준히 있고 이들이 온라인 사이트에 좋은 평을 남기고 있습니다. 우리는 신제품을 40곳의 백화점에 납품했고 이번 달 말에는 Black Friday 세일이 있을 것입니다. 이 세일에 힘입어 우리는 수천 개 이상을 더 판매할 것입니다. 제품 출시를 위해 애써 주신 여러분의 노고에 감사드립니다. 여러분들의 노력이 없었다면 이번 성공은 불가능했을 것입니다. 감사합니다.

어휘 ▶ attention n. 주목, 집중 be pleased to ~해서 기쁘다 announce vt. ~을 발표하다 launch vt. ~을 출시하다 steady a. 꾸준한 flow n. 흐름 review n. 평, 평가 place vt. ~을 비치하다 be bound to 반드시 ~하다 effort n. 노력

10. What's being announced?

(A) A successful sales campaign

(B) The launch of a new product

(C) Reviews on the new product

(D) The result of a test

무엇이 발표되고 있는가?
(A) 성공적인 판촉 활동
(B) 신제품 출시
(C) 신제품에 대한 평가
(D) 테스트 결과

해설 ▶ 초반부의 (10) I'm pleased to announce that we have successfully launched our new product.를 통해 신제품이 출시되었다는 것을 알 수 있다.

11. How many stores will sell the new product?

(A) 10 stores

(B) 20 stores

(C) 30 stores

(D) 40 stores

얼마나 많은 상점에서 신제품을 판매할 것인가?
(A) 10곳
(B) 20곳
(C) 30곳
(D) 40곳

해설 ▶ 중반부의 (11) We have placed our new product in 40 different department stores에서 40군데 임을 알 수 있다.

12. What will happen at the end of the month?

(A) A huge sale

(B) An annual party

(C) A reception

(D) A product launch

이번 달 말에는 어떤 일이 일어나는가?
(A) 대대적인 할인 판매
(B) 연례 파티
(C) 환영식
(D) 제품 출시

해설 ▶ 중/후반부의 (12) there will be a Black Friday sale at the end of this month.를 통해 대대적인 할인 판매가 있을 것임을 알 수 있다.

CHAPTER **09** Dictation Drill

Questions 1-3 refer to the following announcement.

M: I have an **announcement** on our project which has a new **deadline** of this coming Wednesday. **General supervisor**, Christopher Wood, just notified me that the **project** for publishing a series of 20 **short books** has been moved up. It means that we have **less than** two days. It's our **duty** to make sure that the project is **completed** on time and that the books are **published** free of errors. I know everyone is **busy** working on other **assignments** as well, but this publication is our **top priority** at the moment. So, I will also **approve** all requests for **overtime** if necessary. Everyone **will receive** pay for overtime worked.

Questions 4-6 refer to the following recorded message.

W: Thank you for **calling** City Transportation Company. We **are aware** of the delays currently being **experienced** on city buses 310 and 311. This is **due to** a pileup involving three cars on the Dobson Bridge, which has **led to** significant congestion **throughout** the surrounding area. **Unfortunately** we are unable to give any **updates** on when normal service will be **resumed**. Please **hold** if you would like to speak to a customer service **representative**.

CHAPTER **10** 실전 예상 문제

1. (B)	2. (A)	3. (D)	4. (D)	5. (A)	6. (C)
7. (C)	8. (C)	9. (C)	10. (B)	11. (A)	12. (A)

Questions 1-3 refer to the following announcement.

M: Attention M-Mart customers. We are pleased to announce that our tenth anniversary is fast approaching. And to mark this milestone in M-Mart history, **(1)(2) we are holding a weeklong Blowout Sale where everything in the store is 30 to 60% off!** From now until the end of September, you can save big on all merchandise. Preparing for cold winter days? Save 30% on all M-Mart brand clothes! Need a new computer? **(3) All electronics are an amazing 60% off.** Our low prices are now even lower. Don't wait. Hurry down to M-Mart and save!

남: M-Mart 고객 여러분 주목해 주세요. 저희의 창립 10주년이 빠르게 다가오고 있음을 발표하게 되어 기쁩니다. 그리고 M-Mart의 역사의 이 기념비적인 일을 경축하기 위해 상점의 모든 제품이 30~60%까지 할인되는 파격 할인 판매를 일주일 동안 단행할 것입니다. 지금부터 9월 말까지 여러분들은 모든 제품을 대폭 할인 받을 수 있습니다. 추운 겨울날을 준비하신다고요? 모든 M-Mart 브랜드 의류를 30% 할인된 가격에 구입하세요. 새 컴퓨터가 필요하시다고요? 모든 전자제품은 놀랍게도 60% 할인됩니다. 저희의 저렴한 가격이 훨씬 더 저렴해집니다. 기다리지 말고 M-Mart에 서둘러 오셔서 할인 혜택을 누리세요!

어휘 ▶ be pleased to ~해서 기쁘다 anniversary n. (연례) 기념일 approach vi. 다가오다 mark vt. ~을 기념하다 milestone n. 중요한 사건 weeklong a. 1주일의 Blowout Sale 파격 세일 save vt. ~을 절약하다 merchandise n. 상품 electronic n. 전자제품 amazing a. 놀라운

1. What is the purpose of the announcement?
   (A) To inform about new items
   (B) To inform about a discount sale
   (C) To inform about the store policy
   (D) To inform about the working hours

   공지의 목적은 무엇인가?
   (A) 신제품에 대해 알려주려고
   (B) 할인 판매에 대해 알려주려고
   (C) 상점의 정책을 알려주려고
   (D) 근무 시간에 대해 알려주려고

해설 ▶ (1) we are holding a weeklong Blowout Sale where everything in the store is 30 to 60% off!를 통해 공지의 목적이 할인 판매 안내임을 알 수 있다.

2. How long will the event last?
   (A) One week
   (B) Two weeks
   (C) Three weeks
   (D) Four weeks

   행사는 얼마나 오래 계속되는가?
   (A) 1주
   (B) 2주
   (C) 3주
   (D) 4주

해설 ▶ (2) we are holding a weeklong Blowout Sale where everything in the store is 30 to 60% off!를 통해 일주일임을 알 수 있으며 weeklong이 one week로 패러프레이징되었다.

3. How much will customers save on a television set?
   (A) Thirty percent
   (B) Forty percent
   (C) Fifty percent
   (D) Sixty percent

   고객들은 TV 구매에서 얼마나 절약할 수 있는가?
   (A) 30%
   (B) 40%
   (C) 50%
   (D) 60%

해설 ▶ (3) All electronics are an amazing 60% off.를 통해 컴퓨터와 TV를 포함한 모든 가전제품이 60% 할인된다는 것을 알 수 있다.

Questions 4-6 refer to the following announcement.

W: Dear patrons. **(4)(6) The Thompson Library will begin its summer hours from July 1. (5) From Monday to Friday, the library will be open from 9 to 9** and on Saturday from 9 to 5. The library will not be open on Sundays. Three-day rental items such as DVDs, videos and CDs taken out on Thursdays will be due back on Mondays for the duration of the summer. As always, patrons returning library materials when the library is closed may place them in the outdoor drop-box located to the right of the main entrance. **(6) Regular library hours will resume on the first of September.**

여: 친애하는 이용객 여러분. Thompson 도서관 하절기 운영 시간이 7월 1일부터 변경됩니다. 도서관은 월요일부터 금요일까지 오전 9시에서 오후 9시까지, 토요일은 오전 9시부터 오후 5시까지 개방됩니다. 일요일에는 개관하지 않습니다. 하절기에는 목요일에 대출한 DVD, 비디오, CD와 같은 3일짜리 대출 자료는 월요일에 반납하면 됩니다. 도서관이 문을 닫았을 때 대여물을 반납하려면, 평소와 같이 정문 오른쪽에 설치된 반납함에 넣으시면 됩니다. 9월 1일부터 도서관 정규 운영 시간이 재개됩니다.

어휘 ▶ patron n. 고객, 단골손님 rental a. 대여의, 대출의 due a. 반납 기일이 되는 duration n. 기간 place vt. ~을 두다[놓다] entrance n. 출입구 resume vt. ~을 재개하다

---

4. Why is the library changing its working hours?
(A) It will be under renovation.
(B) It is short of workforce.
(C) Patrons return items too late.
(D) It has seasonal operating hours.

도서관은 왜 운영 시간을 변경하는가?
(A) 수리 예정이다.
(B) 인력이 부족하다.
(C) 이용객들이 대여물을 너무 늦게 반납한다.
(D) 계절별 운영 시간이 있다.

해설 ▶ 초반부의 (4) The Thompson Library will begin its summer hours from July 1.를 통해 계절에 따라 운영 시간이 달라진다는 점을 알 수 있다.

---

5. What time does the library open its doors on weekdays?
(A) At 9 A.M.
(B) At 10 A.M.
(C) At 11 A.M.
(D) At noon

평일에 도서관은 몇 시에 개관하는가?
(A) 오전 9시
(B) 오전 10시
(C) 오전 11시
(D) 정오

해설 ▶ 초반부의 (5) From Monday to Friday, the library will be open from 9 to 9에 평일 개관 시간이 제시되고 있다.

---

6. What does the speaker imply when she says, "Regular library hours will resume on the first of September"?
(A) Regular working hours are shorter.
(B) The employees will work from home.
(C) Summer hours last for two months.
(D) Patrons are not familiar with a new policy.

"9월 1일부터 도서관 정규 운영 시간이 재개됩니다"라는 화자의 말은 무엇을 의미하는가?
(A) 정규 근무 시간이 더 짧다.
(B) 직원들은 재택근무를 할 것이다.
(C) 여름 운영 시간은 2개월 간 지속된다.
(D) 고객들은 새로운 정책에 익숙하지 않다.

해설 ▶ 초반부의 (6) The Thompson Library will begin its summer hours from July 1.와 후반부의 (6) Regular library hours will resume on the first of September.를 통해 7월 1일부터 8월 말까지는 하절기 운영 시간을 따르고 9월 1일부터는 다시 정규 운영 시간으로 운영될 것임을 알 수 있다.

Questions 7-9 refer to the following weather report.

M: (7) **It's time for the weekend weather report. I'm Jonathan Baker.** The showers we saw today will give way to partly cloudy skies overnight tonight with an increase in wind and falling temperatures. On Saturday, you may want to bundle up because it's going to be quite chilly with temperatures hovering around freezing. (8)(9) **Saturday night may bring some more rain which could be in the form of sleet or flurries so, if you are planning to go somewhere on Sunday, be sure to drive carefully.**

남: 주말 일기예보를 전해 드립니다. 저는 Jonathan Baker입니다. 오늘 소나기가 내린 후 밤 사이 부분적으로 흐린 하늘로 바뀌며 바람이 강해지고 기온이 떨어지겠습니다. 토요일에는 기온이 영하에 머물며 매우 추워지므로 옷을 따뜻하게 입으시기 바랍니다. 토요일 밤은 진눈깨비나 눈보라로 약간의 비가 더 올 수 있으니, 일요일에 외출 계획이 있다면 조심히 운전하십시오.

어휘 ▶ weather report 일기예보 shower n. 소나기 cloudy skies 흐린 하늘 overnight adv. 밤 사이에 temperature n. 기온, 온도 bundle up 따뜻하게 입다 chilly a. 추운 hover vi. 맴돌다, 유지하다 freezing n. 빙점 sleet n. 진눈깨비 flurry n. 눈보라

---

7. Who is the speaker?
(A) A city official
(B) A police officer
(C) A news reporter
(D) A talk show host

화자는 누구인가?
(A) 시청 공무원
(B) 경찰관
(C) 뉴스 리포터
(D) 토크쇼 진행자

해설 ▶ 초반부의 (7) It's time for the weekend weather report. I'm Jonathan Baker.를 통해 화자가 뉴스 리포터임을 알 수 있다.

8. When will it rain again?

(A) On Friday night

(B) On Saturday morning

(C) On Saturday night

(D) On Sunday

비는 언제 다시 올 것인가?

(A) 금요일 밤에

(B) 토요일 아침에

(C) 토요일 밤에

(D) 일요일에

해설 ▶ 중/후반부의 (8) Saturday night may bring some more rain which could be in the form of sleet or flurries를 통해 토요일 밤에 비가 올 것을 알 수 있다.

---

9. Why does the speaker say, "be sure to drive carefully"?

(A) Due to heavy rain

(B) Due to traffic congestion

(C) Due to icy roads

(D) Due to road repairs

화자는 왜 "조심히 운전하십시오"라고 말하는가?

(A) 폭우 때문에

(B) 교통 체증 때문에

(C) 얼음에 덮인 도로 때문에

(D) 도로공사 때문에

해설 ▶ 중/후반부의 (9) Saturday night may bring some more rain which could be in the form of sleet or flurries so, if you are planning to go somewhere on Sunday, be sure to drive carefully.에서 비가 눈으로 바뀔 수 있으니 일요일에 운전을 조심하라고 했으므로 눈이 내려 도로가 미끄러우니 안전 운전하라는 의미임을 알 수 있다.

Questions 10-12 refer to the following recorded message and table.

M: Hello, (10) this is Anthony Hopkins from Anthony Pizza. You visited my shop yesterday to perform an annual sanitary inspection. I'm calling because I just received your result table through my e-mail, and I need further information on it. On the left side of the table, every category checked out fine. (11) But on the right side, there is no detailed explanation regarding why my shop didn't pass the inspection. I need to know the clear reason to solve the problem quickly. (12) I'm concerned because I have to treat a group of customers this Friday. Please let me know what I should do to resume business as soon as possible.

Sanitary Inspection	
Business Name: Anthony Pizza	**Comments:** Bathroom / failed
Check Lists: ☑ Kitchen ☑ Hall ☑ Bathroom	**Inspector:** *Sarah McLean*

남: 안녕하세요. Anthony Pizza의 Anthony Hopkins입니다. 어제 연례 위생 점검을 위해 저희 가게에 방문하셨죠. 조금 전 이메일을 통해 결과표를 받았는데, 좀 더 구체적인 정보가 필요해서 전화드렸습니다. 결과표 왼쪽에는 전 영역이 양호하다고 표시되어 있습니다. 하지만 오른쪽을 보면 왜 점검에서 불합격되었는지 구체적인 설명이 없습니다. 문제를 신속히 해결하기 위해 분명한 이유를 알고 싶습니다. 제가 걱정하는 이유는 이번 주 금요일에 단체 손님이 있기 때문입니다. 가능한 한 빨리 영업을 재개하려면 무엇을 해야 하는지 알려주십시오.

위생 점검	
상호: Anthony Pizza	**평가:** 화장실 / 불합격
점검 사항: ☑ 주방 ☑ 홀 ☑ 화장실	**검사관:** Sarah McLean

어휘 ▶ perform vt. ~을 수행하다 sanitary inspection 위생 점검 result table 결과표 further a. 상세한 category n. 영역, 분야 detailed a. 상세한 explanation n. 설명 regarding prep. ~에 대한 treat vt. ~을 대접하다 resume vt. ~을 재개하다

---

10. Where does the speaker work?

(A) At a coffee shop

(B) At a restaurant

(C) At a dry cleaner

(D) At a shopping mall

화자는 어디에서 일하는가?

(A) 커피숍

(B) 식당

(C) 세탁소

(D) 쇼핑몰

해설 ▶ 초반부의 (10) this is Anthony Hopkins from Anthony Pizza. 를 통해 피자 가게, 즉 식당에서 일한다는 것을 알 수 있다.

---

11. Look at the graphic. Which category of the table does the speaker ask about?

(A) Comments

(B) Business Name

(C) Check Lists

(D) Inspector

시각자료를 보시오. 화자는 표의 어떤 영역에 대해 묻고 있는가?
(A) 평가
(B) 상호
(C) 점검 사항
(D) 검사관

해설 (11) But on the right side, there is no detailed explanation regarding why my shop didn't pass the inspection.에서 검열에 불합격이라고 표시한 이유를 묻고 있다는 것을 알 수 있다.

---

12. Why does the speaker mention Friday?

(A) He has a group reservation.

(B) He has a client meeting.

(C) He needs to be trained.

(D) He will launch a new menu.

화자는 왜 금요일을 언급하는가?
(A) 단체 예약이 있다.
(B) 고객 회의가 있다.
(C) 교육을 받아야 한다.
(D) 새로운 메뉴를 출시할 것이다.

해설 (12) I'm concerned because I have to treat a group of customers this Friday.를 통해 금요일에 단체 예약이 있다는 것을 알 수 있다.

CHAPTER **10** **Dictation Drill**

Questions 1-3 refer to the following announcement.

M: **Attention** M-Mart customers. We are **pleased** to announce that our tenth anniversary is fast **approaching**. And to mark this **milestone** in M-Mart history, **we are** holding a **weeklong** Blowout Sale where **everything** in the store is 30 to 60% off! From now until the **end of** September, you can **save big** on all merchandise. Preparing for **cold** winter days? Save 30% on all M-Mart brand clothes! Need a new **computer**? All electronics are an **amazing** 60% off. Our low **prices** are now even lower. Don't wait. Hurry down to M-Mart and save!

Questions 4-6 refer to the following announcement.

W: Dear **patrons**. The Thompson Library will **begin** its summer hours from July 1. From Monday to Friday, the **library** will be open from 9 to 9 and on Saturday from **9 to 5**. The library will not be open on Sundays. Three-day **rental items** such as DVDs, videos and CDs taken out on Thursdays will **be due** back on Mondays for the **duration** of the summer. As always, patrons **returning** library materials when the library is **closed** may place them in the outdoor drop-box **located** to the right of the main entrance. **Regular** library hours will **resume** on the first of September.

RC

PART 5

1. (C)	2. (A)	3. (B)	4. (D)	5. (B)	6. (A)
7. (C)	8. (D)	9. (B)	10. (A)		

1. ------- are required to walk through a metal detector to enter the showroom.

(A) Visitor (B) A visitor
(C) All visitors (D) Every visitor

모든 방문객들은 전시장에 들어가기 위해 금속 탐지기를 통과해서 걸어가도록 요구된다.

해설 복수동사 are를 참조할 때 복수주어 All visitors가 정답이다. visitor는 가산명사로 한정사 및 단수/복수를 꼭 표시해야 한다.

어휘 require sby to + v ∼이 …하기를 요구하다 through prep. ∼을 통하여

2. There ------- many inquiries from customers since the launch of our new product.

(A) have been (B) has been
(C) were (D) are

우리 신제품 출시 이후 고객들로부터 많은 문의가 있었다.

해설 유도부사 there가 이끄는 [동사 + 주어]의 도치 문장이다. 따라서 주어는 복수인 many inquiries이며 수 일치시킨 복수동사를 찾되 [since + 과거시점 명사](∼부터 현재까지)가 있으므로 현재완료 시제를 사용한 (A)가 정답이다.

어휘 inquiry n. 문의 since prep. ∼ 이후 (현재까지) 줄곧 launch n. 출시, 시판

3. A traffic accident ------- at the intersection of Second Avenue and Main Street.

(A) take place **(B) took place**
(C) was taken place (D) has been taken place

교통사고가 2번가와 Maine가가 만나는 교차로에서 발생했다.

해설 take place(∼이 발생하다)는 대표적인 1형식 완전자동사로 수동태로 사용할 수 없다. 주어가 3인칭 단수이므로 동사에 -s를 붙인 takes place라면 정답이 될 수 있다.

어휘 take place vi. ∼이 발생하다 intersection n. 교차로

4. We read books and magazines ------- more information about the fashion industry.

(A) for get (B) to getting
(C) gotten **(D) to get**

우리는 패션산업에 대한 더 많은 정보를 구하기 위해 책과 잡지를 읽는다.

해설 [주어 + 타동사 + 목적어]의 완전 문장에 올 수 있는 부속 성분은 부사 상당어구이다. 정답은 to부정사의 부사적 용법 중 목적(∼하기 위하여)이다.

어휘 magazine n. 잡지 get vt. ∼을 얻다[구하다] industry n. 산업

5. -------, the director called at my office when I was busy with a new project.

(A) Unfortunate **(B) Unfortunately**
(C) Unfortunateness (D) Unfounded

공교롭게 이사는 내가 새로운 프로젝트로 바쁠 때 내 사무실에 들렀다.

해설 콤마 이하의 문장 전체를 수식할 수 있는 품사는 부사가 유일하다.

어휘 unfortunately adv. 유감스럽게도, 공교롭게도 call at + 장소 ∼에 들르다

6. Mr. Gustav is a manager ------- can settle the disputes in an amicable manner.

(A) who (B) whose
(C) whom (D) what

Gustav씨는 우호적인 방법으로 그 분쟁을 해결할 수 있는 관리자이다.

해설 선행사 manager(사람)를 수식하는 형용사절을 이끌며 동사 can 앞에서 접속사와 주어의 역할을 동시에 할 수 있는 성분은 주격 관계대명사이므로 who 혹은 that을 사용할 수 있다.

어휘 settle vt. ∼을 해결하다 dispute n. 분쟁, 문제 amicable a. 우호적인, 평화적인

7. Several coffee chains announced ------- they would reduce the use of disposable cups.

(A) what (B) which
(C) that (D) whom

몇몇 커피 체인점은 일회용 컵의 사용을 줄이겠다고 발표했다.

해설 타동사 announced의 목적어인 명사절을 이끌 종속접속사가 필요하다. 종속절 구조가 완전할 때는 that을 사용하고 종속절에 주어 혹은 목적어와 같은 명사가 없는 불완전한 구조라면 의문대명사, 혹은 관계대명사 what을 사용한다.

어휘 announce vt. ∼을 발표하다 reduce vt. ∼을 줄이다 disposable a. 일회용의

8. The researchers say that they ------- carefully testing the drug for 10 months.

(A) are (B) were
(C) has been **(D) have been**

연구원들은 그들이 10개월 동안 면밀하게 그 약을 테스트해 오고 있다고 말한다.

해설 for 10 months를 참조해 현재완료 동사를 정답으로 찾되, [주어 + 동사]의 수 일치를 고려하면 (D)가 정답이다.

어휘 say vt. ∼을 말하다 test vt. ∼을 시험하다 drug n. 약, 약품

9. ------- changes to the original plan are posted online, we don't distribute handouts.

(A) Besides   **(B) Since**

(C) And   (D) So

원래 계획에 대한 변경은 온라인으로 공지되므로, 우리는 유인물을 배부하지 않는다.

▶ **해설** 주절과 종속절로 이루어진 복문 구조에서 부사절을 이끄는 종속접속사를 찾는 문제로 (C)와 같은 등위접속사는 문두에 사용할 수 없다.

▶ **어휘** since conj. ~ 때문에   post vt. ~을 공지하다   online adv. 온라인으로   distribute vt. ~을 배포하다   handout n. 유인물, 인쇄물

10. Please, notice that our tentative schedule is subject to change ------- prior notice.

(A) without   (B) to

(C) owing to   (D) due to

임시 일정표는 사전 통지 없이 바뀔 수 있다는 점을 유의하십시오.

▶ **해설** 문맥상 알맞은 전치사를 찾는 문제로 '~ 없이'의 의미를 지닌 without이 알맞다.

▶ **어휘** notice vt. ~을 주목[명심]하다   tentative a. 임시의   be subject to + n ~되기 쉽다   prior notice 사전 통지

PART 6

1. (D)   2. (A)   3. (B)   4. (B)

Questions 1-4 refer to the following memorandum.

To: O-Mart employees
From: Samuel Johnson, general supervisor
Date: September 5
Subject: Extended Working Hours

To All Employees,

1. **(D) Beginning** on September 9, we will extend our operating hours for a special promotion. Monday through Sunday, we will open one hour earlier and close one hour later than usual, so our weekday hours will be 10 A.M. to 10 P.M. and our weekend hours will be 9 A.M. to 9 P.M. Please 2. **(A) inform** Ms. Yanaki whether or not you can put in extra hours at any of these additional times. 3. **(B) Her extension number is 334.** As always, any employee who 4. **(B) works** extra hours will receive overtime payment.

수신: O-Mart 직원
발신: Samuel Johnson, 총지배인
날짜: 9월 5일
제목: 연장 근무시간

직원 여러분,

9월 9일부터 특별 판촉 활동을 위해 영업 시간을 연장합니다. 월요일부터 일요일까지 평소보다 1시간 먼저 문을 열고 1시간 더 늦게 문을 닫는데, 주중에는 오전 10시부터 오후 10시까지, 그리고 주말에는 오전 9시부터 오후 9시까지 영업을 실시할 것입니다. Yanaki 씨에게 여러분들이 이 추가 시간에 연장 근무를 할 수 있는지에 대한 여부를 알려주십시오. 그녀의 내선 번호는 334입니다. 늘 그렇듯이, 추가 근무하는 직원들은 초과 수당을 받게 됩니다.

▶ **어휘** extend vt. ~을 연장하다   special promotion 특별 판촉 활동   inform vt. ~에게 …을 알려주다   put in extra hours 초과근무를 하다   additional a. 추가의   extension n. 내선 전화   overtime payment 초과 수당

1.

▶ **해설** 날짜가 '~부터'라고 표현할 때는 [as of + 날짜], 혹은 [beginning on + 날짜]를 사용한다. 관용적 표현으로 전치사로 보는 것이 타당하다. beginning을 대신해 starting을 사용해도 무방하다.

▶ **정답** (D)

2.

▶ **해설** 간접목적어인 [~에게] 직접목적어인 [whether s + v의 사실]을 알려주다라는 의미이므로 4형식 수여동사가 필요하다. inform, notify, remind 등이 이러한 동사류에 해당된다.

▶ **정답** (A)

3.

▶ **해설** 내용 파악 문제로 앞 문장에서 추가 근무 여부를 Yanaki 씨에게 알려달라고 했으므로 그녀의 내선번호를 알려주는 표현이 정답으로 타당하다.

▶ **정답** (B)

4.

▶ **해설** 주격 관계대명사 who 이후 동사는 선행사 any employee에 수 일치시킨다.

▶ **정답** (B)

PART 7

1. (C)   2. (A)

Questions 1-2 refer to the following advertisement.

Try Indian Department Store
(1)during the annual discount event!

This Monday through Saturday, only for 6 days.
Most of the goods including outdoor and casual clothing are 20-40% off.
Come early as new and brand-name items will go fast.
Save big at any of our locations: Buffalo, Binghamton, Albany.

Note:
• Discounts exclude sports shoes and leather jackets.
• (2)During the event, we are open from 10 A.M. to 11 P.M. Our regular store hours are 10 A.M. to 9 P.M. Closed Sundays.

연례 할인 행사 기간에 Indian 백화점을 방문하세요!
이번 주 월요일부터 토요일까지 단 6일.
아웃도어 및 캐주얼 의류를 포함한 대부분의 제품이 20-40% 할인됩니다.
신상품과 유명 브랜드 제품은 빨리 소진되므로 서둘러 오세요.
Buffalo, Binghamton, Albany 지점 어디에서든 큰 할인을 받으세요:

주의:
• 스포츠 슈즈와 가죽 재킷은 할인품목에서 제외됩니다.
• 행사 기간 동안 매일 오전 10시부터 오후 11시까지 개점합니다. 정규 영업 시간은 오전 10시부터 오후 9시까지입니다. 일요일은 휴무입니다.

어휘 annual a. 연례의 including prep. ~을 포함하여 brand-name item 유명 브랜드 제품 exclude vt. ~을 제외하다 leather n. 가죽, 피혁 regular store hours 정규 영업 시간

1. How often is the event held?
(A) Once a week
(B) Once a month
(C) Once a year
(D) Twice a year
이 행사는 얼마나 자주 열리는가?
(A) 주 1회
(B) 월 1회
(C) 연 1회
(D) 연 2회

해설 첫 문장의 (1) during the annual discount event에서 annual은 이 행사가 연례 행사, 즉 연 1회 있는 행사임을 알려주는 단서이다.

2. What can be implied through the advertisement?
(A) It won't follow regular business hours.
(B) It is limited to loyal customers.
(C) It will last for a week.
(D) Running shoes are on sale for 20% off.

광고를 통해 무엇을 추론할 수 있는가?
(A) 이 행사는 정규 영업 시간을 따르지 않는다.
(B) 이 행사는 우수고객에게만 해당된다.
(C) 이 행사는 1주일간 지속된다.
(D) 운동화는 20% 할인된다.

해설 마지막 줄의 (2) During the event, we are open from 10 A.M. to 11 P.M. Our regular store hours are 10 A.M. to 9 P.M.의 내용을 통해 이 행사가 정규 영업 시간보다 2시간 더 연장해 운영된다는 것을 알 수 있다.

CHAPTER 02 실전 예상 문제

PART 5

1. (B)	2. (A)	3. (B)	4. (C)	5. (D)	6. (A)
7. (A)	8. (C)	9. (D)	10. (C)		

1. Ms. Murphy persuaded stockholders and proved ------- achievements to them.
(A) she
(B) her
(C) hers
(D) herself
Murphy 씨는 주주들을 설득하고 그들에게 자신의 성과를 입증했다.

해설 타동사(proved)의 목적어인 명사(achievements)를 수식할 수 있는 유일한 품사는 형용사로 한정사인 인칭대명사의 소유격은 명사를 수식할 수 있다.

어휘 persuade vt. ~을 설득하다 stockholder n. 주주 achievement n. 업적

2. I'd like to recommend a student of ------- if you're looking for additional help.
(A) mine
(B) me
(C) my
(D) myself
만약 추가 지원을 구하고 있다면 내 학생 중 한 명을 추천하고 싶다.

해설 전치사(of)의 목적어 자리에는 목적격(B)이 알맞지만, 이중소유격 표현이므로 정답은 (A) mine이다.

어휘 would like to + v ~하고 싶다 recommend vt. ~을 추천하다 additional a. 추가의

3. ------- application for the new projects should include detailed information.
(A) All
(B) Every
(C) Most
(D) Those
신규 프로젝트를 위한 모든 신청서는 상세한 정보를 담고 있어야 한다.

해설 ▶ 문장의 주어인 단수명사(application)를 수식할 수 있는 한정사는 (B) Every가 유일하다.

어휘 ▶ application n. 신청서　include vt. ~을 포함하다　detailed a. 상세한

---

4. Treatment programs are also available for ------- who become addicted to drugs.

   (A) them   (B) these
   (C) those   (D) that

치료 프로그램은 약물 중독자들도 이용 가능하다.

해설 ▶ 전치사(for)의 목적어로 관계대명사(who)가 이끄는 형용사절의 수식을 받을 수 있는 유일한 대명사는 (C) those이다. 통상 관계대명사가 이끄는 형용사절은 대명사를 수식할 수 없다.

어휘 ▶ treatment n. 치료　available a. 이용 가능한　be addicted to + n ~에 중독되다

---

5. It will take some time ------- new employees to be ready for more mature roles.

   (A) with   (B) of
   (C) on   **(D) for**

신입 사원들이 좀 더 분별 있는 역할을 할 수 있는 준비가 되려면 시간이 걸릴 것이다.

해설 ▶ to부정사의 의미상 주어는 [for + 목적격]이다.

어휘 ▶ be ready for + n ~할 준비가 되다　mature a. 성숙한, 분별 있는　role n. 역할

---

6. We have to enhance our competitiveness by ------- various marketing programs.

   (A) developing   (B) development
   (C) develop   (D) developer

우리는 다양한 마케팅 프로그램을 개발함으로써 경쟁력을 강화해야 한다.

해설 ▶ 전치사(by)의 목적어 자리에는 동명사가 올 수 있으며, 동명사로 쓰인 동사가 타동사라면 뒤에는 타동사의 목적어인 명사가 필요하다. (B) development를 사용할 경우 [명사 + 명사] 사이에 형용사가 올 수 없고 명사와 명사를 연결하는 전치사가 필요하다.

어휘 ▶ enhance vt. ~을 강화하다　competitiveness n. 경쟁력 develop vt. ~을 개발하다

---

7. Green Autonet Co., recently announced ------- it would merge with its rival.

   (A) that   (B) what
   (C) which   (D) whom

Green Autonet Co.는 경쟁 회사와 합병하겠다는 사실을 최근 발표했다.

해설 ▶ 타동사(announced)의 목적어 자리에 명사절을 이끄는 알맞은 종속접속사를 찾는 문제이다. 종속절 문장이 완전하므로 (A) that이 정답이다. 나머지 보기는 모두 불완전한 문장에 사용될 수 있다.

어휘 ▶ announce vt. ~을 발표하다　merge with + n ~와 합병하다

---

8. We had a discussion about ------- to get cheaper land and labor in the area.

   (A) what   (B) whatever
   (C) how   (D) however

우리는 그 지역에서 더 저렴한 토지와 노동력을 구할 방법에 대해 토론했다.

해설 ▶ 전치사(about)의 목적어 자리에 알맞은 명사구를 찾는다. 타동사(get)의 목적어를 갖춘 완전 구조에는 how, 타동사의 목적어가 없다면 what이 알맞다.

어휘 ▶ have a discussion 토론하다　land and labor 토지와 노동력

---

9. The problem was deemed impossible to solve, but they handled it -------.

   (A) itself   (B) on our own
   (C) by them   **(D) by themselves**

그 문제는 해결이 불가능해 보였지만 그들은 스스로 그 일을 해결했다.

해설 ▶ 재귀대명사의 관용적인 용법인 by oneself를 사용한 경우로 주어가 they이므로 by themselves를 사용해야 한다.

어휘 ▶ deem vt. ~을 …으로 여기다　handle vt. ~을 해결하다

---

10. We will provide ------- information about the company through our intranet.

   (A) every   (B) each
   (C) much   (D) many

우리 내부 전산망을 통해 회사에 대한 많은 정보를 제공할 것이다.

해설 ▶ 타동사(provide)의 목적어인 불가산명사 information을 수식할 수 있는 한정사는 보기 중 (C) much가 유일하다.

어휘 ▶ provide vt. ~을 제공하다　through prep. ~을 통해　intranet n. 내부 전산망

PART 6

1. (C)	2. (A)	3. (A)	4. (D)

Questions 1-4 refer to the following e-mail.

From: Oscar Simpson <osimpson@homever.com>
To: Jonathan Wild <wild99@gmail.net>
Subject: Shipping Error
Date: March 10

Dear Mr. Wild,

1. (C) I'm really sorry that you received a wrong item. Please rest assured that it is a rare case that we send our customers the incorrect order. We

33

usually double-check all of the orders **2. (A) before** we ship them to their destinations. We apologize for the **3. (A) oversight** that negatively affected your experience. In addition to sending you the correct item that you ordered, we will **4. (D) provide** you with a coupon for 15% off your next order as a token of our sincere apology for the inconvenience. If you have any questions or concerns, don't hesitate to call me at 1-714-800-6000.

Oscar Simpson
Customer Services, Homever

발신: Oscar Simpson ⟨osimpson@homever.com⟩
수신: Jonathan Wild ⟨wild99@gmail.net⟩
제목: 배송 오류
날짜: 3월 10일

친애하는 Wild 씨께,

잘못된 물품을 받으셨다니 진심으로 죄송합니다. 저희가 고객께 잘못된 물품을 보내드리는 일은 드문 경우이니 안심하십시오. 저희는 보통 목적지로 배송품을 보내기 전에 모든 주문품을 재확인합니다. 귀하의 거래에 불편함을 초래한 이번 실수에 대해 사과드립니다. 주문하신 정확한 제품을 보내드릴 뿐 아니라 불편에 대한 진심 어린 사과의 표시로 다음 주문에 사용할 수 있는 15% 할인 쿠폰을 제공하겠습니다. 질문이나 용건이 있으시면 주저 없이 1-714-800-6000번을 통해 저에게 전화 주십시오.

Oscar Simpson
고객서비스 부서, Homever

어휘 ▶ **wrong item** 잘못된 물건 **assured** a. 확신에 찬 **rare** a. 드문, 희귀한 **order** n. 주문(품) **double-check** vt. ~을 재확인하다 **destination** n. 목적지 **apologize for + n** ~을 사과하다 **oversight** n. 간과, 실수 **provide A with B** A에게 B를 제공하다 **deprive A of B** A로부터 B를 빼앗다 **as a token of** ~의 징표로서 **hesitate to + v** ~하기를 망설이다

1.

해설 ▶ 내용 파악 문제이다. 이메일의 제목이 배송 오류이고 빈칸 이후의 내용이 고객에게 잘못된 물품을 보내는 일은 아주 드물고 배송 전 물건을 꼼꼼히 살펴본다는 내용과 이번 실수에 사과한다는 표현이 있으므로 배송이 잘못된 데 대한 사과의 표현이 있어야 한다.

정답 ▶ (C)

2.

해설 ▶ 문장과 문장을 연결하는 접속사를 찾는 품사 문제이다. 전치사인 (C)와 (D)를 제외하고 해석상 주소지로 배송 '전에' 주문품을 재확인한다는 접속사를 찾아야 한다.

정답 ▶ (A)

3.

해설 ▶ 단순 해석 문제로 전치사 for의 목적어 자리에는 '실수, 오류, 간과'라는 의미의 명사 (A) oversight이 알맞다.

정답 ▶ (A)

4.

해설 ▶ 해석해 보면 'A에게 B를 제공하다'라는 표현이 필요한데, 'A with B'와 같이 전치사 with를 취할 수 있는 동사는 (D) provide이다.

정답 ▶ (D)

PART 7

1. (B)   2. (D)

Questions 1-2 refer to the following article.

Oregon (September 20) — The Smith Convention Center hosted its first event last Saturday since its closure in July. **(1) The facility was temporarily closed due to damage caused by Hurricane Cindy that struck the state on July 15.**

The event titled "The 2nd Annual National Sustainable Energy Symposium" drew almost 500 participants from across the country. Donna Carlton, the organizer of the event, said she had reserved the convention center a year in advance. "I was pleased to hear that the facility could reopen just in time for our symposium. I'm not sure what we would have done otherwise. We had last year's event here and the participants liked this place a lot."

(2) During the closure, the owner of the facility renovated the damaged parts of the building and refurbished its interior spaces with the latest audiovisual equipment. This facility has 10 large conference rooms and each of them can accommodate up to 100 people. The event organizer added that the event was successful and the general opinion from the participants of the newly renovated facility was quite favorable.

Oregon (9월 20일) — Smith 컨벤션 센터가 7월 폐관 이후 지난주 토요일에 첫 행사를 개최했다. 이 시설은 7월 15일 우리 주를 강타한 허리케인 Cindy로 인한 파손 때문에 일시적으로 폐관했다.

"제2회 연례 지속 가능한 에너지 전국 심포지움"이라 명명된 이 행사는 전국에서 약 500명의 참여자들을 불러모였다. 행사의 주관자인 Donna Carlton은 1년 전에 컨벤션 센터를 예약했다고 말했다. "우리 심포지움에 딱 맞는 때에 시설이 재개장한다는 소식을 들어 기뻤습니다. 그러지 않았다면 어떻게 해야 할지 몰랐을 거예요. 작년 행사도 여기에서 개최했는데 참석자들이 이곳을 무척 좋아했습니다."

폐쇄 기간 동안 시설의 소유주는 건물의 손상된 부분을 보수하고 최신 시청각 장비로 실내 공간을 재단장했다. 이 시설에는 10개의 대회의장이 있으며 각 회의장은 최대 100명을 수용할 수 있다. 행사 주관자는 행사가 성공적이었고 새로이 보수된 시설에 대한 참석자들의 대체적인 견해도 대단히 호의적이었다고 덧붙였다.

어휘 host vt. ~을 개최하다 closure n. 폐쇄 facility n. 시설 temporarily adv. 일시적으로 strike vt. ~을 강타하다 sustainable energy 지속 가능한 에너지 organizer n. 주관자 in advance 미리 renovate vt. ~을 보수하다 refurbish vt. ~을 재단장하다 audiovisual equipment 시청각 장비 accommodate vt. ~을 수용하다 favorable a. 호의적인

---

1. According to the article, what happened in July?

(A) An annual conference

(B) A natural disaster

(C) A building renovation

(D) A regional event

기사에 따르면, 7월에 어떤 일이 있었는가?

(A) 연례 회의

(B) 자연재해

(C) 건물 보수

(D) 지역 행사

해설 (1) The facility was temporarily closed due to damage caused by Hurricane Cindy that struck the state on July 15의 내용을 통해 7월에는 허리케인, 즉 자연재해가 있었음을 알 수 있다.

---

2. What did the owner of the facility do during the closure?

(A) He expanded the facility.

(B) He built a new convention center.

(C) He rented a new building.

(D) He carried out facility upgrades.

시설의 소유주는 폐쇄 기간 동안 무엇을 했는가?

(A) 시설을 확장했다.

(B) 새로운 컨벤션 센터를 지었다.

(C) 신축 건물을 임대했다.

(D) 시설을 개선했다.

해설 (2) During the closure, the owner of the facility renovated the damaged parts of the building and refurbished its interior spaces with the latest audiovisual equipment의 내용을 통해 건물주는 재해로 손상된 건물을 보수하고 최신 시청각 설비를 들여놓았다는 것을 알 수 있다.

PART 5

1. (B)	2. (C)	3. (D)	4. (B)	5. (A)	6. (C)
7. (A)	8. (C)	9. (D)	10. (B)		

1. We maintain a register of consultants who ------- a high level of technical knowledge.

(A) demonstrates   **(B) have demonstrated**

(C) has demonstrated   (D) demonstrating

우리는 고도의 전문지식을 입증한 자문역들의 목록을 가지고 있다.

해설 주격 관계대명사 who의 선행사는 consultants, 즉 복수이므로 복수동사를 사용한 (B)가 정답이다.

어휘 maintain vt. ~을 보존[유지]하다 register n. 등록부, 명부 demonstrate vt. ~을 증명[입증]하다

---

2. Customer information ------- not distributed to the third parties without prior consent from the customers.

(A) will be   (B) be

(C) is   (D) are

고객 정보는 고객의 사전 동의 없이 제3자에게 유포되지 않는다.

해설 [단수주어 + 단수동사]로 [주어 + 동사] 수를 일치한 (C)가 정답이다. (A)가 정답이 되기 위해서는 [will not be + p.p.]의 구조를 취해야 한다.

어휘 distribute vt. ~을 유통[유포]시키다 third party 제3자 prior a. 사전의, 앞선 consent n. 동의, 승낙

---

3. Most accountants require their clients ------- a detailed list of assets and liabilities.

(A) providing   (B) provided

(C) provides   **(D) to provide**

대부분의 회계사들은 자신들의 의뢰인들에게 자세한 자산과 부채 목록을 제공해줄 것을 요구한다.

해설 5형식 불완전타동사 구문인 [require + sby + to + do sth]으로, 동사 require는 목적격보어로 to부정사(형용사적 용법)를 취한다.

어휘 accountant n. 회계사 asset n. 자산 liability n. 부채, 의무

---

4. Some of the new sales representatives ------- to live up to our expectations.

(A) included   **(B) failed**

(C) considered   (D) delayed

신입 영업사원 중 몇 명은 우리의 기대를 충족시키지 못했다.

(A), (C), (D)는 모두 완전타동사로 통상 목적어로 동명사를 취하는 반면, fail은 to부정사를 목적어로 받는다.

representative n. 대표자, 직원 fail vt. (to부정사를 목적어로 취해) ~에 실패하다 live up to + n (기대 등에) 부응하다

---

5. The catalog recently published will help shoppers ------- products which meet their needs.

(A) choose (B) chose
(C) chosen (D) choice

최근 발행된 카탈로그는 구매객들이 자신들의 욕구를 충족하는 제품을 고르도록 도움을 줄 것이다.

[준사역동사 help + 목적어 + 보어(원형부정사/to부정사)] 구문을 이해해야 한다.

catalog n. (상품 등의) 목록서, 편람 choose vt. ~을 고르다 [선택하다] meet vt. ~을 충족시키다 need n. 욕구, 필요, 수요

---

6. MAX Electronics ------- one of the top makers of appliances such as televisions and refrigerators for a decade.

(A) is (B) was
(C) has been (D) had been

MAX 전자는 10년간 텔레비전, 냉장고와 같은 가전제품을 만드는 최고의 업체들 중 하나였다.

동사의 시제 문제로 시간 표시 부사 for a decade(10년 동안)를 참조하여 현재완료 시제를 선택해야 한다.

electronics n. 전자, 전자기술 appliance n. 가전제품 such as prep. ~와 같은 decade n. 10년

---

7. We will have a meeting to ------- about the financial situation of the company.

(A) talk (B) discuss
(C) announce (D) mention

우리는 회사의 재정 상황에 대해 토론하기 위해 회의를 열 것이다.

to부정사의 부사적 용법 중 목적(~하기 위하여)을 의미하는 문장이다. 보기는 모두 동사의 원형으로 전치사 about이 필요한 자동사는 (A)이고, 나머지는 모두 타동사이다. 타동사는 전치사 없이 목적어인 명사를 바로 취한다.

talk vi. ~이 말하다 discuss vt. ~을 논하다 mention vt. ~을 언급하다

---

8. ------- students with various educational programs has been our top priority.

(A) Provisional (B) Provided
(C) Providing (D) Provision

학생들에게 다양한 교육 프로그램을 제공하는 것이 우리의 최우선 사항이다.

동사가 단수형인 has been이므로 주어도 단수명사인 동명사가 필요하다. 동명사의 동사가 타동사이므로 목적어로 명사(students)를 취한다.

provide vt. ~을 제공하다 priority n. 최우선 사항 provisional a. 임시의, 일시적인 provision n. 조항, 규정

---

9. Creativity is essential ------- the fashion designers to come up with new outfits.

(A) to (B) of
(C) with (D) for

새로운 의상을 구상하는 데 창의성은 패션 디자이너들에게 필수적이다.

to부정사의 의미상 주어인 [for + 목적격]을 찾는 문제로 정답은 (D)이다.

essential a. 필수적인 come up with + n ~을 생각해 내다 outfit n. 의상

---

10. They are looking forward to ------- a $20 million high-speed rail project to connect the major cities.

(A) launched (B) launching
(C) be launched (D) being launched

그들은 주요 도시들을 연결하는 2천만 달러짜리 고속철도 공사 착수를 고대하고 있다.

동명사 관용어구인 [look forward to + -ing] 구문을 묻는 문제이다. 목적어인 a ~ project가 있는 만큼 능동형 동명사인 (B)가 정답이다.

look forward to + -ing ~을 고대[갈망]하다 launch vt. ~을 발매[발주/시작]하다

PART 6

| 1. (C) | 2. (B) | 3. (C) | 4. (B) |

Questions 1-4 refer to the following article.

OTTAWA — The Ottawa Symphony Orchestra announced its program for the upcoming season which 1. (C) will preserve its strong reputation as "one of the premier orchestras". 2. (B) In addition to performances of the works of several promising young composers, the new program consists of the classics by the famous Schubert, Beethoven, and Strauss. The first performance will be broadcast live through a major music channel. 3. (C) This is the first time in the history of the orchestra. Tickets will be sold at the box office from 10 A.M. to 5 P.M. daily 4. (B) during the season.

OTTAWA - 오타와 심포니 오케스트라는 다가오는 시즌을 맞아 "최고의 오케스트라 중 하나"라는 확고한 명성을 유지시켜 줄 프로그램을 발표했다. 새 프로그램은 몇몇 전도유망한 젊은 작곡가들의 작품 공연 이외에 유명한 슈베르트, 베토벤, 슈트라우스의 고전작품으로 구성되어 있다. 첫 공연은 주요 음악 채널을 통해 생중계될 예정이다. 이는 오케스트라 역사상 처음 있는 일이다. 티켓은 시즌 중 매일 오전 10시부터 오후 5시까지 매표소에서 판매된다.

PART 5, 6 & 7

CH 01
CH 02
CH 03
CH 04
CH 05
CH 06
CH 07
CH 08
CH 09
CH 10

어휘 ▶ article n. (신문 등의) 기사 upcoming a. 다가오는 preserve vt. (명성 등을) 유지하다, 보존하다 premier a. 최고의 in addition to + n ~뿐만 아니라 promising a. 전도유망한 composer n. 작곡가 consist of + n ~으로 구성되다 classic n. 고전 broadcast vt. ~을 방송하다

1.

해설 ▶ 주격 관계대명사 which 이후 동사를 찾는 문제로 (B)는 동사 자격이 없고 (D)는 태가 맞지 않는다. 다가오는 시즌은 미래이므로 명성을 '유지시켜 준' 시즌이 아니라 명성을 '유지시켜 줄' 시즌이다. 따라서 미래 시제가 정답이다.

정답 ▶ (C)

2.

해설 ▶ '~의 작품뿐만 아니라 …으로 구성되어 있다'라는 문맥에 알맞은 전치사는 (B) In addition to이다.

정답 ▶ (B)

3.

해설 ▶ 내용 파악 문제로 초연이 TV로 생중계된다는 내용이 있고 그 사실을 받아 추가로 설명을 이어가도록 지시대명사 This로 시작하는 표현이 적절하다.

정답 ▶ (C)

4.

해설 ▶ '~하는 동안'이라는 의미의 전치사는 정확한 숫자가 있다면 for, 정확한 기간을 모르면 during을 사용한다. (C) while은 접속사이기 때문에 부적절하다.

정답 ▶ (B)

PART 7

1. (C) 2. (A) 3. (D)

Questions 1-3 refer to the following text message chain.

Group Chat (Oswald, Darla, Cain, Eduardo)

8:14 A.M.
Cain: Hi, guys. (1) There is a big traffic jam on Route 89. Avoid this way!

8:15 A.M.
Oswald: I just checked the traffic report. A truck caught fire, but they are clearing it up now.

8:20 A.M.
Darla: I am leaving my house now. How is the traffic?

8:20 A.M.
Cain: (3) It's still bumper to bumper.

8:45 A.M.
Eduardo: I just arrived at the office. If you guys are going to be late, I can call Pam and ask that we delay the 9:10 A.M. meeting until you get here. Maybe 9:30 A.M.?

8:45 A.M.
Darla: I've just parked my car. I'll be there soon.

8:46 A.M.
Oswald: I'm taking East Ave. I think I will be there in 10 minutes.

8:46 A.M.
Cain: I'll be there before 9 A.M. (2) We can meet Pam as scheduled.

단체 대화 (Oswald, Darla, Cain, Eduardo)

8:14 A.M.
Cain: 여러분 안녕. 89번 도로에 교통 체증이 심각해요. 이 길은 피하세요!

8:15 A.M.
Oswald: 방금 교통 뉴스를 들었어요. 트럭에 불이 났는데 지금 상황을 정리 중이래요.

8:20 A.M.
Darla: 지금 집에서 출발하려고요. 교통 상황은 어때요?

8:20 A.M.
Cain: 아직도 정체예요.

8:45 A.M.
Eduardo: 막 사무실에 도착했어요. 만일 늦을 것 같으면 제가 Pam에게 전화해서 오전 9시 10분 회의를 여러분이 도착할 때까지 미루자고 요청할게요. 오전 9시 30분 정도로?

8:45 A.M.
Darla: 지금 막 주차했어요. 사무실에 곧 들어갑니다.

8:46 A.M.
Oswald: East 가를 타고 있어요. 10분 뒤에 도착합니다.

8:46 A.M.
Cain: 오전 9시 전까지 갈 수 있어요. 우리가 예정대로 Pam을 만날 수 있겠네요.

어휘 ▶ group chat 단체 대화 traffic jam 교통체증 avoid vt. ~을 피하다 leave vt. ~을 떠나다, 출발하다 bumper to bumper 교통이 정체된 delay vt. ~을 뒤로 미루다[연기하다] as scheduled 예정대로

1. What is the message mainly about?

(A) The results of a meeting

(B) The purchase of a vehicle

(C) The morning commute

(D) A fire on the road

주로 무엇에 관한 메시지인가?

(A) 회의 결과

(B) 자동차 구매

(C) 아침 통근

(D) 도로 위 화재 사건

해설 ▶ (1) There is a big traffic jam on Route 89. Avoid this way의 내용을 참조할 때 주된 내용이 아침 출근길 교통 상황이라는 것을 알 수 있다.

---

2. What will happen to the meeting?

(A) It will go on as planned.

(B) It will be postponed.

(C) It will be canceled.

(D) It will be held via the chat forum.

회의는 어떻게 될 것인가?

(A) 예정대로 진행될 것이다.

(B) 연기될 것이다.

(C) 취소될 것이다.

(D) 채팅방에서 열릴 것이다.

해설 ▶ (2) We can meet Pam as scheduled를 볼 때 회의가 예정대로 진행될 것임을 알 수 있다.

---

3. At 8:20 A.M., what does Cain mean when he writes, "It's still bumper to bumper"?

(A) The road is under construction.

(B) The road is being repaved.

(C) The road has fire debris.

(D) The road is congested.

오전 8시 20분에 Cain이 "아직도 정체예요"라고 한 말은 무엇을 의미하는가?

(A) 도로 공사 중이다.

(B) 도로가 재포장 중이다.

(C) 도로에 화재 잔해가 있다.

(D) 도로에 교통 체증이 있다.

해설 ▶ (2) It's still bumper to bumper는 차량이 꼬리에 꼬리를 물고 있다는 뜻으로 아직 교통 정체가 있다는 표현이 정답이다.

PART 5

1. (C)	2. (B)	3. (A)	4. (D)	5. (A)	6. (C)
7. (B)	8. (D)	9. (B)	10. (D)		

1. New employees should guard against becoming ------- due to their simple tasks.

(A) disappoint (B) disappointing

(C) disappointed (D) disappointment

신입사원들은 자신들의 단순한 업무로 인해 실망하지 않도록 조심해야 한다.

해설 ▶ 불완전자동사 becoming의 보어 자리에 알맞은 형용사는 (C) disappointed이다. 신입사원들은 능동의 입장에서 목적어를 실망시키는 주체가 아니라 단순 업무로 실망하게 되는 수동의 대상이다.

어휘 ▶ guard against + n ~을 조심하다[경계하다] disappoint vt. ~을 실망시키다 task n. 업무

---

2. We, at *The Sun Herald*, provide ------- more accurate information than other major newspapers.

(A) evenly **(B) much**

(C) single (D) very

우리 〈The Sun Herald〉는 다른 주요 신문사에 비해 훨씬 더 정확한 정보를 제공한다.

해설 ▶ 타동사 provide의 목적어인 명사를 수식하는 비교급 형용사 more accurate을 수식할 수 있는 강조부사는 (B) much이다.

어휘 ▶ provide vt. ~을 제공하다 accurate a. 정확한 major a. 주요한

---

3. Mr. Clooney is a writer ------- writes books that can bring us hope and courage.

(A) who (B) whose

(C) whom (D) what

Clooney 씨는 우리에게 희망과 용기를 가져다주는 책을 쓰는 작가이다.

해설 ▶ 선행사로 사람 a writer를 받을 수 있는 주격 관계대명사는 who와 that인데, that이 없으므로 정답은 (A) who이다.

어휘 ▶ bring vt. ~에게 …을 가져다주다 courage n. 용기

---

4. Sugary drinks are ------- for the increasing obesity rate throughout the world.

(A) similar (B) conscious

(C) eligible **(D) responsible**

설탕이 포함된 음료는 전 세계의 증가하는 비만율에 대한 책임이 있다.

해설 ▶ be동사의 보어 자리에 알맞은 형용사를 찾는 어휘 문제이다. [be responsible for + 명사]처럼 한 덩어리의 관용어구로 암기해 둔다.

어휘 ▶ sugary a. 설탕의 be responsible for + n ～에 책임이 있다 obesity rate 비만율 throughout prep. (공간) ～ 전역에서, (시간) ～ 내내

5. It is ------- that the container be shaken several times before being opened.
  (A) important   (B) importance
  (C) of the importance   (D) importantly

개봉 전 용기를 몇 번 흔들어야 한다는 것은 중요하다.

해설 ▶ it ~ that 가주어/진주어 용법에서 be동사의 보어를 찾는 문제로 문맥상 형용사 important가 적절한 답이다.

어휘 ▶ important a. 중요한 container n. 통, 용기, 그릇 shake vt. ～을 흔들다

6. In addition to making calls, smartphones perform a ------- variety of functions.
  (A) width   (B) widen
  (C) wide   (D) widely

전화를 거는 것 이외에 스마트폰은 다양한 기능을 수행한다.

해설 ▶ 한정사 a의 수식을 받는 variety는 명사이고, 이 명사를 수식할 수 있는 유일한 품사는 형용사 (C) wide밖에 없다.

어휘 ▶ in addition to + n ～ 이외에 make a call 전화 걸다 perform vt. ～을 수행하다 function n. 기능

7. This special medical kit allows the patients ------- in oxygen and breathe out carbon dioxide.
  (A) take   **(B) to take**
  (C) taking   (D) taken

이 특수 의료용 키트는 환자들이 산소를 들이마시고 이산화탄소를 배출하도록 한다.

해설 ▶ 5형식 불완전타동사 구문인 [allow + sby + to do sth]으로 to부정사의 형용사적 용법이 목적어인 명사 the patients를 수식한다.

어휘 ▶ medical a. 의료의 kit n. (도구) 한 세트, 장비 take in + n ～을 흡수하다 carbon dioxide 이산화탄소

8. According to the spokesperson, there have been ------- requests for the service.
  (A) every   (B) a lot
  (C) much   **(D) numerous**

대변인에 따르면 이 서비스에 대한 요청이 많았다.

해설 ▶ there로 시작하는 문장의 주어인 복수명사 requests를 수식할 수 있는 것은 (D) numerous이다.

어휘 ▶ according to + n ～에 따르면 spokesperson n. 대변인 numerous a. 많은 request n. 요청, 요구

9. The employer's daughter is ------- to criticism for her moral hazard.
  (A) subjective   **(B) subject**
  (C) subjecting   (D) subjection

그 고용주의 딸은 도덕적 해이로 비난을 면할 수 없는 처지에 있다.

해설 ▶ be동사의 보어에 알맞은 형용사 (B) subject를 찾는 문제로 관용어구인 [be subject to + 명사]를 아는 것이 관건이다.

어휘 ▶ employer n. 고용주 be subject to + n ～을 당하기 쉽다, ～을 면할 수 없다 criticism n. 비난 moral hazard 도덕적 해이 subjective a. 주관적인 subjection n. 복종, 종속

10. The difficult part of writing the book was to make the contents as ------- as possible to beginners.
  (A) comprehend   (B) comprehension
  (C) comprehensive   **(D) comprehensible**

그 책을 쓸 때 어려웠던 점은 초보자들에게 가능한 한 알기 쉽도록 내용을 만드는 일이었다.

해설 ▶ as ~ as 동등비교 구문에서 불완전타동사 make의 목적격보어 자리에 알맞은 형용사를 찾아야 하는 문제이다. (C)와 (D) 중 의미상 적절한 형용사가 필요하다.

어휘 ▶ content n. 내용물 comprehensible a. 알기 쉬운 comprehensive a. 포괄적인

PART 6

1. (C)	2. (A)	3. (D)	4. (B)

Questions 1-4 refer to the following e-mail.

To: sean90@galaxy.com
From: jkrasinski@grelec.com
Subject: Confirmation
Date: April 23

Dear Mr. Sean,

I'm sending this e-mail to **1. (C) confirm** your order. The order number for your electric stove is 09584. Our records show that you requested our latest product, HX-33. We have **2. (A) enough** stock on hand, so we guarantee your order will get to its destination on time. We will attach a bill to the shipment and you have to pay the bill **3. (D) within** 5 business days of your receipt. The shipment should arrive at your address on April 26. **4. (B) Our deliveryman will give you a call before he visits your address.** We need your signature to confirm that the shipment has been received, so you should be in your house at the appointed time.

Best regards,
John Krasinski, Manager
Sales Department

수신: sean90@galaxy.com
발신: jkrasinski@grelec.com
제목: 확인
날짜: 4월 23일

친애하는 Sean 씨께,

귀하의 주문 확인을 위해 이메일을 보내드립니다. 귀하의 전기난로 주문번호는 09584입니다. 기록에 따르면 귀하는 최신 제품인 HX-33을 요청하셨습니다. 충분한 재고를 확보하고 있어 귀하의 주문품이 제때에 목적지에 도착할 것임을 보증합니다. 배송품에 청구서를 첨부할 예정이니 귀하는 수령 이후 5일 이내에 비용을 정산해야 합니다. 배송품은 주소지에 4월 26일에 도착할 것입니다. 배송기사가 주소지를 방문하기 전에 전화를 드릴 것입니다. 배송품이 도착했다는 확인 서명이 필요하니 약속된 시간에 댁에 계셔야 합니다. 감사합니다.

John Krasinski
판매부 매니저

어휘 confirm vt. ~을 확인하다 order n. 주문 electric stove 전기난로 request vt. ~을 요청하다 stock n. 재고 on hand 수중에 guarantee vt. ~을 보증하다 destination n. 목적지 attach vt. ~을 첨부하다 bill n. 청구서 receipt n. 수령 address n. 주소(지) appoint vt. (약속 등을) 정하다

1.

해설 이메일을 보내는 목적은 수신자의 주문을 '확인'하기 위해서라는 의미의 (C) confirm이 가장 적당하다.

정답 (C)

2.

해설 타동사 have의 목적어인 명사 stock을 수식하는 알맞은 수량형용사를 찾는 문제로 (B), (C), (D)는 가산명사의 복수형을 수식하는 수량형용사이다. (A) enough는 가산명사/불가산명사를 모두 수식할 수 있다.

정답 (A)

3.

해설 전치사 문제로 수령한 지 5일 '이내에' 비용을 정산하라는 의미의 within이 정답이다.

정답 (D)

4.

해설 내용 파악 문제로 수령 확인을 위해 서명이 필요하니 약속한 시간에 집에 있으라는 내용이 이어지기 위해서는 약속 시간을 잡기 위해 배송기사가 방문 전 미리 전화를 줄 것이라는 내용이 필요하다.

정답 (B)

PART 7

1. (C)   2. (A)

Questions 1-2 refer to the following invitation.

[2] The College of Education at the University of Pennsylvania will hold a reception on the night of July 1 in honor of [1] Steve Thatcher who will be retiring after 31 years of loyal service at the organization. Anyone is welcome, so come and show your respect for his achievements and contributions.

• Date and Time: 7:00-9:00 P.M., Monday, July 1
• Place: Carlton Hall, 1st floor, Crystal Convention Center
• Dinner party, live music, casual attire, free parking

For further information regarding the event, contact Tony Simpson, dean's assistant at 815-799-3749.

펜실베이니아 대학교 사범대학은 31년간 성실히 근속하고 퇴임하는 Steve Thatcher를 기념하는 연회를 7월 1일 저녁에 개최할 것입니다. 누구든 환영하오니 오셔서 그의 업적과 노력에 경의를 표하여 주십시오.

• 날짜와 시간: 7월 1일, 월요일, 오후 7:00 ~ 9:00
• 장소: Crystal Convention Center, 1층, Carlton Hall
• 저녁 파티, 라이브 음악, 캐주얼 복장, 무료 주차

이 행사에 관한 자세한 정보가 필요하시면 학장님의 비서인 Tony Simpson의 전화 815-799-3749로 연락 주십시오.

어휘 hold vt. ~을 개최하다 in honor of + n ~에게 경의를 표하여 retire vi. ~이 은퇴하다 loyal a. 충성스러운 achievement n. 업적 contribution n. 기여 attire n. 복장 regarding prep. ~에 관하여 dean n. (대학의) 학장

1. What kind of event will be held on July 1?

(A) A graduation

(B) An inauguration

(C) A retirement

(D) An alumni reunion

7월 1일에는 어떤 행사가 열리는가?

(A) 졸업식

(B) 취임식

(C) 퇴임식

(D) 동창회

해설 (1) Steve Thatcher who will be retiring after 31 years of loyal service at the organization의 내용을 참조할 때 사범대학에서 31년간 근속했던 교육가 혹은 교수를 기념하는 퇴임식 행사가 열린다는 것을 알 수 있다.

PART 5,6&7

CH 01
CH 02
CH 03
CH 04
CH 05
CH 06
CH 07
CH 08
CH 09
CH 10

2. Who most likely is Mr. Thatcher?

(A) An educator

(B) An office worker

(C) A researcher

(D) The president of a university

Thatcher 씨는 누구겠는가?

(A) 교육자

(B) 사무직 직원

(C) 연구원

(D) 대학 총장

해설▶ (2) The College of Education at the University of Pennsylvania will hold a reception on the night of July 1 in honor of Steve Thatcher who will be retiring after 31 years of loyal service at the organization의 내용을 참조할 때 Thatcher는 사범대학에 31년간 근속했던 교육가 혹은 교수라는 것을 추론할 수 있다.

CHAPTER **05** 실전 예상 문제

PART 5

1. (A)	2. (B)	3. (D)	4. (B)	5. (C)	6. (B)
7. (D)	8. (B)	9. (D)	10. (B)		

1. ------- a team leader, Mr. Yang has to report to the head office once a week.

(A) As (B) To

(C) As for (D) By

팀장으로서 Yang 씨는 일주일에 한 번 본사에 보고해야 한다.

해설▶ 완전한 문장을 수식하는 전명구, 즉 부사구를 이끄는 알맞은 전치사를 찾는 문제이다. 단순 전치사 문제가 아니라, 문장 전체를 수식하는 부사구의 기능적인 역할을 이해해야 한다. 팀장이라는 '자격'을 나타내는 전치사는 (A) As이다.

어휘▶ as prep. (자격) ~으로서 head office 본사(= headquarters)

2. New employees are asked to look over the employee handbook -------.

(A) careful **(B) thoroughly**

(C) effective (D) effectively

신입사원들은 직원 편람을 철저히 검토하도록 요구된다.

해설▶ 문장이 완벽하므로 문맥상 알맞은 부사를 찾는 문제이다. 문맥상 정답은 (B) thoroughly이고 동사 look over를 후치 수식한다.

어휘▶ ask + sby + to + v ~에게 …을 요구하다 look over vt. ~을 검토하다 thoroughly adv. 철저하게, 꼼꼼히

3. ------- you insist your products are high in quality, please show the excellence in detail.

(A) In case of (B) In addition

(C) Unless **(D) If**

귀사 제품의 품질이 뛰어나다고 주장하려면, 그 우수성을 상세히 보여주십시오.

해설▶ 주절과 종속절로 나뉘어진 복문에서 부사절을 이끌며, 의미상 알맞은 접속사를 찾는 문제이다. 단순 접속사 문제처럼 보이지만, 실상 부사절을 이해하고 부사절 접속사를 알아야 해결되는 문제이다.

어휘▶ insist vt. ~을 주장하다 quality n. 품질 in detail 상세하게

4. The chef was sure that the food was ------- prepared to satisfy demanding customers.

(A) greatly **(B) expertly**

(C) increasingly (D) frequently

주방장은 까다로운 고객을 만족시키기 위해 음식이 솜씨 좋게 차려졌다고 확신했다.

해설▶ [be + p.p.] 구조에서 본동사의 역할을 하는 p.p.를 수식할 수 있는 품사는 부사가 유일하다. 문맥상 알맞은 (B) expertly가 정답이다.

어휘▶ expertly adv. 능숙하게, 세련되게 prepare vt. ~을 준비하다 demanding a. 까다로운

5. ------- the terms of the contract, we are going to add a few more clauses to it.

(A) To clarifying (B) To clarification

(C) To clarify (D) To clarified

계약 조건을 분명하게 해두기 위해 우리는 계약서에 몇 가지 조항을 덧붙일 것이다.

해설▶ 콤마 이하의 완전한 문장을 수식하는 to부정사의 부사적 용법 중 목적, '~하기 위하여'가 필요한 경우이다.

어휘▶ clarify vt. ~을 분명히 하다 term n. 조항, 조건 contract n. 계약(서) add vt. ~을 덧붙이다 clause n. 조항, 문구

6. A study shows that ------- 10 percent of the residents use wireless online services.

(A) hardly **(B) only**

(C) approximate (D) increasingly

한 연구는 주민들 중 단 10%만이 무선 인터넷 서비스를 이용하고 있다는 사실을 보여준다.

해설▶ 수사인 10은 일종의 형용사이고 형용사를 꾸밀 수 있는 품사는 부사가 유일하다. 문맥상 알맞은 (B) only가 정답이다.

어휘▶ resident n. 거주민 wireless a. 무선의

7. The burden of the current workforce to support old people has increased -------.

(A) consider (B) to consider

(C) considering **(D) considerably**

노년층을 부양하는 현재 노동 인구의 부담이 상당히 늘어났다.

증감동사를 수식하는 알맞은 부사를 찾는 문제로 해당되는 품사는 (D) considerably이다.

어휘 **burden** n. 짐, 부담 **work force** 노동력 **support** vt. ~을 지지하다[부양하다] **increase** vi. ~이 증가하다 **considerably** adv. 상당히, 꽤

---

8. Ms. Yanaki has been ------- recommended for the position due to her excellent interpersonal skills.

(A) high   **(B) highly**
(C) sharp   (D) sharply

Yanaki 씨는 뛰어난 대인관계 능력 덕분에 그 직책에 강력히 추천되고 있다.

해설 [has been + p.p.] 구조에서 본동사 기능을 하는 p.p.를 수식할 수 있는 유일한 품사는 부사이다. 문맥상 (B) highly가 정답이다.

어휘 **recommend** vt. ~을 추천하다 **interpersonal skill** 대인관계 능력

---

9. Mr. Schneider was promoted to manager for having worked ------- of all the team members.

(A) hard   (B) hardly
(C) harder   **(D) the hardest**

Schneider 씨는 모든 팀원들 중에서 가장 열심히 일했기 때문에 관리직으로 승진했다.

해설 1형식 완전자동사 worked를 후치 수식할 수 있는 품사는 부사가 유일하다. 통상 부사의 최상급에는 정관사 the를 사용하지 않는 것이 원칙이지만, 예외적으로 사용되는 경우가 정기 시험에 출제된 바 있다.

어휘 **promote** vt. ~을 승진시키다 **work** vi. ~이 일하다

---

10. His body condition was serious enough -------
additional surgery for treatment.

(A) undergo   **(B) to undergo**
(C) undergoing   (D) undergone

그의 몸 상태는 치료를 위해 추가 수술을 받아야 할 만큼 대단히 심각했다.

해설 일명 [형용사 + enough + to do + sth] 용법으로 to부정사의 부사적 용법 중 부사를 수식하는 용법이다.

어휘 **serious** a. 심각한 **undergo** vt. ~을 겪다 **additional** a. 추가의 **surgery** n. 수술

PART 6

1. (B)	2. (A)	3. (D)	4. (D)

Questions 1-4 refer to the following instructions.

Read the following instructions carefully before starting to use this portable heater.

Keep your heater on a ¹· **(B) flat** surface. If not, it could cause a fire. The heater has ²· **(A) buttons** for regulating the temperature and shuts down automatically when the temperature of a room reaches a certain point. ³· **(D) Enclosed in the package is a filter.** Securely attach it to the back of the heater. The filter is for filtering dust out and requires ⁴· **(D) periodic** washing.

휴대용 히터를 사용하기 전 다음 설명을 주의 깊게 읽어주십시오.

히터는 평평한 표면 위에 두십시오. 그렇지 않으면 화재를 유발할 수 있습니다. 히터에는 온도 조정 버튼이 있으며, 실내온도가 일정 지점에 다다르면 자동으로 꺼집니다. 상품에는 필터가 동봉되어 있습니다. 히터의 뒷면에 필터를 단단히 부착하십시오. 이 필터는 먼지를 거르기 위한 것으로 주기적인 세척이 필요합니다.

어휘 **instruction** n. 안내, 지시 **flat** a. 평평한 **surface** n. 표면 **cause** vt. ~을 야기하다 **regulate** vt. ~을 조정하다 **temperature** n. 온도 **shut down** 꺼지다 **automatically** adv. 자동으로 **reach** vt. ~에 다다르다 **securely** adv. 단단히 **attach** vt. ~을 붙이다 **filter** vt. ~을 거르다

1.

해설 한정사 이하에 명사를 수식하는 자리는 대부분 형용사이다. 보기가 모두 형용사이므로 문맥상 알맞은 (B) flat이 정답이다.

정답 **(B)**

2.

해설 타동사 has의 목적어 자리에 형용사의 후치 수식을 받는 알맞은 명사를 찾는 문제이다. 답은 (A) buttons로 가산명사이기 때문에 반드시 한정사 혹은 복수의 -s/-es가 있어야 한다.

정답 **(A)**

3.

해설 내용 파악 문제로 이후에 히터 뒷면에 이것(it)을 단단히 붙이라고 했으며, 필터가 먼지도 거르고 주기적인 세척도 필요하다고 했다. 따라서 필터를 언급한 진술이 정답이다.

정답 **(D)**

4.

타동사의 목적어인 명사 washing을 수식하는 알맞은 형용사를 찾는 문제로 문맥상 '주기적인' 세척이 필요하다는 의미가 적절하다.

정답 (D)

PART 7

1. (B) 2. (C) 3. (A)

Questions 1-3 refer to the following memo.

From: Human Resources
To: All Employees
Subject: Important Notice

(1)For the past couple of years, our profit and loss accounts have shown that we did not achieve our projected revenue. It means that we have been operating at a loss for two straight years. —[1]—.

(3)The overall economy has suffered recently and this affected most companies in our industry. —[2]—. Also, an unusually high number of new competitors have entered the market cutting our share of customers.

(2)The management has come to the decision that we will be making reductions within the workforce. There will be a total of 80 members of staff that will be let go. —[3]—. We will be giving a very generous severance package to those affected. —[4]—.

We are sorry for bringing this news to you and we are working hard to return the company back to the top.

Serena Cameron
Human Resources Manager
J and J Insurance

보낸 사람: 인사과
받는 사람: 전 직원
제목: 중요한 공지

지난 몇 년 동안 우리의 손익계정은 예상 수익을 달성하지 못했다는 사실을 보여주었습니다. 이는 우리가 2년 연속 적자 운영을 해 왔다는 의미입니다. 이런 침체에는 몇 가지 이유가 있습니다.

최근 경기는 전반적으로 어려웠으며, 이는 동종 업계에 속한 대부분의 기업들에게 영향을 미쳤습니다. 또한, 이례적으로 많은 새로운 경쟁자들이 시장에 뛰어들면서 자사 고객점유율을 잠식했습니다.

경영진은 인력 감축을 해야 한다는 판단에 이르렀습니다. 해고될 총 인원은 80명입니다. 이에 해당하는 분들께는 사측에서 퇴직 수당을 넉넉하게 드릴 예정입니다.

이런 소식을 전하게 되어 유감스럽게 생각하며, 회사를 다시 최고의 자리로 올려놓기 위해 열심히 노력하고 있다는 사실을 알려드립니다.

인사과장, Serena Cameron
J and J Insurance

어휘 Human Resources 인사과 important notice 중요 공지 profit and loss account 손익계정 achieve vt. ~을 달성하다 revenue n. 수익 suffer vi. ~이 고전하다 affect vt. ~에 영향을 미치다 competitor n. 경쟁업체(자) share n. (시장) 점유율, 지분 reduction n. 감소, 축소 workforce n. 인력 severance package 퇴직[해직] 수당

1. What can be implied in the memo?

(A) The company will be bankrupt.

(B) The company was short of its goals.

(C) All the employees will lose their jobs.

(D) They are opening a new market.

회람에서 무엇을 알 수 있는가?
(A) 회사는 파산할 것이다.
(B) 회사는 목표를 달성하지 못했다.
(C) 모든 직원이 실직할 것이다.
(D) 이들은 새로운 시장을 개척하고 있다.

해설 (1) For the past couple of years, our profit and loss accounts have shown that we did not achieve our projected revenue의 내용을 참조할 때 회사가 매출 목표를 달성하지 못했다는 내용이 정답이다.

2. What will the management do next?

(A) Hire a new CEO

(B) Sell out the company

(C) Restructure human resources

(D) Combine several departments

경영진은 다음에 무엇을 할 것인가?
(A) 새 CEO 고용
(B) 회사 매각
(C) 인력 구조조정
(D) 몇 개의 부서 통합

해설 (2) The management has come to the decision that we will be making reductions within the workforce. There will be a total of 80 members of staff that will be let go의 내용을 볼 때 인력 감축이 있을 것임을 알 수 있다.

3. In which of the positions marked [1], [2], [3], and [4] does the following sentence best belong?

"This downturn is attributed to a number of reasons."

(A) [1]
(B) [2]
(C) [3]
(D) [4]

글에 표시된 [1], [2], [3], [4] 중 다음 문장은 어디에 가장 어울리는가?

"이런 침체에는 몇 가지 이유가 있습니다."

(A) [1]
(B) [2]
(C) [3]
(D) [4]

해설 ▶ (3) The overall economy has suffered recently and this affected most companies in our industry. — [2] —. Also, an unusually high number of new competitors have entered the market cutting our share of customers가 침체의 원인이므로 예시문이 들어갈 자리는 본 내용이 나오기 전인 (A)이다.

CHAPTER **06** 실전 예상 문제

PART 5

1. (C)	2. (B)	3. (A)	4. (A)	5. (D)	6. (D)
7. (A)	8. (C)	9. (B)	10. (C)		

1. The president's visit to the branch office was canceled ------- his schedule conflicts.

(A) despite
(B) because
(C) due to
(D) beyond

사장의 지점 방문은 겹치는 일정 때문에 취소되었다.

해설 ▶ 완전한 문장 이하의 명사구(his schedule conflicts)를 부사구로 만드는 전치사가 필요한 문제이다. 문맥상 이유의 전치사 (C) due to가 정답이다.

어휘 ▶ branch office 지점 cancel vt. ~을 취소하다 schedule conflict 겹치는 일정

---

2. Most public offices ------- the country will conduct an energy conservation campaign.

(A) between
(B) throughout
(C) during
(D) except

그 나라 전역의 관공서 대부분은 에너지 절약 캠페인을 실시할 것이다.

해설 ▶ 명사와 명사를 연결하는 전치사를 찾는 문제이다. '~ 전역에서'라는 의미의 전치사는 (B) throughout이며, 같은 의미의 전치사로는 in, across, (all) around, (all) over 등이 있다.

어휘 ▶ public office 관공서 conduct vt. ~을 행하다 conservation n. 보존, 절약

---

3. Several leading automakers will release their new products ------- May 23.

(A) on
(B) in
(C) while
(D) for

몇몇 주요 자동차 생산업체는 5월 23일에 신제품을 출시할 것이다.

해설 ▶ 뒤에 정확한 날짜가 이어지므로 (A) on이 정답이다. on은 정확한 날짜와 요일에 사용되는 대표적인 전치사이다.

어휘 ▶ leading a. 주요한 automaker n. 자동차 생산업체 release vt. ~을 출시하다

---

4. The investors should be careful and patient ------- choosing stocks for purchase.

(A) in
(B) on
(C) of
(D) by

투자자들은 구매할 주식을 선택하는 데 있어 신중하고 인내심이 있어야 한다.

해설 ▶ 형용사와 동명사를 연결하는 알맞은 전치사를 찾는 문제이다. '구매를 위한 주식을 선정하는 데 있어서'처럼 '~하는 데 있어'라는 의미의 전치사는 (A) in이다.

어휘 ▶ investor n. 투자가 patient a. 인내하는 choose vt. ~을 고르다

---

5. ------- extensive expertise in software, Mr. Muller has an excellent sense of business.

(A) Through
(B) Beside
(C) Thanks to
(D) In addition to

Muller 씨는 소프트웨어 분야의 폭넓은 전문성뿐만 아니라, 뛰어난 사업 감각을 가지고 있다.

해설 ▶ 콤마 이하의 완전한 문장을 수식하는 전명구(부사구)를 이끄는 전치사가 필요한 문제이다. 문맥상 알맞은 전치사는 (D) In addition to이다.

어휘 ▶ extensive a. 폭넓은 expertise n. 전문성 sense n. 감각

---

6. ------- the presentation, the participants will have a chance to meet with the speaker.

(A) Considering
(B) Despite
(C) Regarding
(D) Following

발표 이후 참석자들은 연사와 만날 기회를 가질 것이다.

해설 ▶ 문맥상 문장 전체를 수식하는 전명구(부사구)를 이끄는 전치사를 찾는 문제이다. '~ 이후'라는 의미의 전치사는 after와 (D) Following이다. 단 after는 전치사, 접속사로 모두 사용되지만, following은 전치사로만 사용된다.

어휘 ▶ presentation n. 발표 participant n. 참석자

7. Ms. Pincheon has served ------ a consultant for a real estate company for over 10 years.

(A) as   (B) in
(C) with   (D) to

Pincheon 씨는 10년이 넘도록 부동산 회사의 자문역으로 근무해 오고 있다.

해설 ▶ 자동사 served 이하에서 '~으로서 일하다'의 '~으로서'라는 자격 표시를 나타내는 전치사는 (A) as이다.

어휘 ▶ serve vi. 근무하다, 일하다   consultant n. 자문역   real estate 부동산

---

8. Our ingredients may differ from those in the menu depending ------ the season and availability of them.

(A) to   (B) for
(C) on   (D) after

우리 식재료는 계절과 구입 가능성에 따라 메뉴판에 있는 식재료와 다를 수 있다.

해설 ▶ '~에 따라'라고 할 때 자동사 depending 뒤에 사용될 수 있는 전치사는 (C) on이다.

어휘 ▶ ingredient n. 식재료   differ vi. ~이 다르다   depend on + n ~에 달려 있다

---

9. They will try to improve the economy and increase jobs ------ the next five years.

(A) about   (B) over
(C) along   (D) toward

그들은 향후 5년 동안 경제를 개선하고 일자리를 늘리기 위해 노력할 것이다.

해설 ▶ 명사와 명사를 연결하는 알맞은 전치사를 찾는 문제로 문맥상 '~ 동안'이라는 의미의 전치사 (B) over가 필요하다.

어휘 ▶ improve vt. ~을 개선시키다   increase vt. ~을 증가시키다

---

10. Since we started importing rice, the domestic price of grains has decreased ------ 20 percent.

(A) to   (B) until
(C) by   (D) above

우리가 쌀을 수입하기 시작한 이후, 국내 곡물 가격이 20%까지 하락했다.

해설 ▶ 정도나 차이에서 '~까지'를 나타내는 전치사는 (C) by이다.

어휘 ▶ import vt. ~을 수입하다   domestic a. 국내의   grain n. 곡물 decrease vi. ~이 하락하다

PART 6

1. (D)   2. (B)   3. (D)   4. (C)

Questions 1-4 refer to the following notice.

To all production facility employees:

You should be aware already of the changes **1. (D) planned** to the procedure for installing car bumpers. These changes will take effect **2. (B) on** July 1. To summarize, we are making a transition from the current procedure of installing bumpers manually to having them installed by robots. **3. (D) This change to our way of working will lead to greater efficiency.** You will be able to spend more time on issues requiring your attention and less on the repetitive task of bumper installation. Also from July 1, the bumpers will no longer be made up of multiple components, and will be single pieces, **4. (C) which** can be easily installed by robots.

생산시설 전 직원에게:

자동차 범퍼 설치 절차 변경 계획에 대해서는 여러분들 이미 알고 계실 것입니다. 변경은 7월 1일부터 실시됩니다. 요약하자면, 현재 수작업으로 범퍼를 부착하는 과정이 로봇 부착 작업으로 전환됩니다. 작업 방식의 이러한 변화는 더 큰 효율로 이어질 것입니다. 여러분들은 집중력이 필요한 문제에 더 많은 시간을 쓰고 범퍼 부착과 같은 반복 작업에 더 적은 시간을 쓰게 되는 것입니다. 또한 7월 1일부터 범퍼는 다수의 부품으로 구성되는 것이 아니라 단일 부품이 될 것이며, 단일 부품은 로봇에 의해 쉽게 설치될 수 있습니다.

어휘 ▶ production facility 생산시설   employee n. 직원   be aware of + n ~을 알다   procedure n. 과정, 절차   install vt. ~을 설치하다   take effect 발효되다   transition n. 전환   manually adv. 손으로, 수동으로   lead to + n ~으로 이어지다   efficiency n. 효율성   attention n. 집중력   repetitive a. 반복적인   be made up of + n ~으로 구성되다   multiple a. 다수의   component n. 부품   piece n. 조각

1.

해설 ▶ the changes (which are) planned to ~에서 주격 관계대명사와 be동사가 생략되고 분사 형용사가 changes를 바로 후치 수식하는 구조이다. 나머지 보기는 모두 목적어를 필요로 하는 형태이다.

정답 ▶ (D)

2.

해설 ▶ July만 보고 in을 사용해서는 안 된다. '몇 월 며칠'처럼 정확한 날짜, 요일이 있는 경우에는 전치사 on을 사용해야 한다.

정답 ▶ (B)

3.

해설 ▶ 내용 연결 문제로 '수동 작업이 자동 작업으로 전환된다 → 업무 효율이 더 좋아진다 → 집중력이 필요한 일에 더 많은 시간을 사용할 수 있다'의 논리적인 구조가 되려면 정답은 (D)이다.

정답 ▶ (D)

4.

해설 ▶ 사물인 single pieces를 선행사로 취하며, 동사 앞에 오는 주격 관계대명사를 찾는 문제로 what, that은 콤마가 있는 계속적 용법에는 사용할 수 없다. 선행사가 사물이므로 which가 정답이다.

정답 ▶ (C)

PART 7

1. (B)   2. (D)

Questions 1-2 refer to the following advertisement.

Olive Tree

Fine Mexican Cuisine
334 Washington Street
Tel: 455-8385
Specialties in Regional Mexican Cuisine

Opening Hours
Tuesday – Thursday 12:00 P.M. – 11:00 P.M.
Friday – Saturday 12:00 P.M. – 11:30 P.M.
Sunday 12:00 P.M. – 9:00 P.M.
Closed Mondays

(1) **Take-out Hours (pick-up or delivery)**
Tuesday – Thursday 5:00 P.M. – 10:00 P.M.
Friday – Saturday 5:00 P.M. – 9:30 P.M.
Sunday 3:00 P.M. – 8:00 P.M.

(2) **10% off orders on presentation of this brochure (eat-in only)**

Olive Tree

고급 멕시칸 음식
Washington가 334
전화: 455-8385
멕시코 지역 음식 전문

영업시간
화요일 – 목요일 정오 – 오후 11시
금요일 – 토요일 정오 – 오후 11시 30분
일요일 정오 – 오후 9시
매주 월요일 휴무

테이크 아웃 시간 (방문 수령 혹은 배달)
화요일 – 목요일 오후 5시 – 오후 10시
금요일 – 토요일 오후 5시 – 오후 9시 30분
일요일 오후 3시 – 오후 8시

광고 전단을 제시하면 주문에서 10% 할인 (매장 식사만 가능)

어휘 ▶ fine a. 고급의 cuisine n. 음식 specialty n. 전문 regional a. 지역의 opening hour 영업시간 pick-up 찾아가기 delivery n. 배달 order n. 주문품 presentation n. 제시, 보여주기 brochure n. 홍보물, 전단

---

1. According to the advertisement, what is NOT true about the restaurant?
(A) It is closed on Mondays.
(B) It delivers food at lunch time.
(C) It offers delivery services.
(D) It serves local Mexican food.

광고에 따르면 식당에 대해 잘못된 것은 무엇인가?
(A) 월요일에 문을 닫는다.
(B) 점심 시간에 음식을 배달해준다.
(C) 배달 서비스를 제공한다.
(D) 멕시코 지역 음식을 제공한다.

해설 ▶ (1) Take-out Hours (pick-up or delivery)의 내용을 보면 배달 서비스는 화요일부터 토요일까지는 오후 5시부터, 일요일은 오후 3시부터 시작하므로 음식을 점심 시간에 배달해준다는 (B)는 사실이 아니다.

---

2. How can customers get a discount?
(A) By ordering takeout
(B) By visiting the restaurant over the weekend
(C) By spending more than 30 dollars
(D) By showing the promotional material

고객들은 어떻게 할인받을 수 있는가?
(A) 테이크 아웃으로 주문해서
(B) 주말에 식당을 방문해서
(C) 30달러 이상을 사용해서
(D) 홍보물을 제시해서

해설 ▶ 마지막 문장, (2) 10% off orders on presentation of this brochure (eat-in only)의 내용을 통해 전단을 제시하면 할인받는다는 사실을 알 수 있다.

PART 5

1. (A)	2. (D)	3. (C)	4. (A)	5. (C)	6. (B)
7. (C)	8. (D)	9. (B)	10. (C)		

1. They will showcase ancient relics from next month, some of ------- are as old as 1,000 years.
   (A) which　　　　　(B) that
   (C) what　　　　　(D) them

그들은 다음 달부터 고대 유물을 전시할 예정인데, 일부 유물은 무려 1,000년이나 된 것이다.

해설▶ 콤마 이하에 적절한 종속절 접속사를 찾는 문제이다. 전치사 of의 목적어가 되는 명사인 동시에 접속사가 될 수 있다면 관계대명사나 의문대명사가 가능하지만, 선행사가 ancient relics이므로 정답은 관계대명사 (A) which이다. 전치사 다음에 관계대명사 (B) that은 쓸 수 없다. 통상 전치사의 목적어 자리에는 선행사가 사람인 경우 whom, 사물이면 which를 사용한다.

어휘▶ showcase vt. ~을 전시하다　ancient relics 고대 유물

2. We tried to reach an agreement; -------, the negotiation was broken off due to a conflict of opinions.
   (A) otherwise　　　　　(B) therefore
   (C) furthermore　　　　**(D) however**

우리는 합의에 이르기 위해 노력했지만, 의견 차이 때문에 협상은 결렬되었다.

해설▶ 문장과 문장을 연결하는 접속부사를 찾는 문제이다. 보기가 모두 접속부사인 만큼 해석으로 접근해야 한다.

어휘▶ try vt. ~을 노력하다　reach an agreement 합의에 이르다　break off vt. ~을 중단하다

3. Mr. Gomez ------- we have worked with for years is one of the best accountants in the company.
   (A) what　　　　　(B) whose
   (C) whom　　　　　(D) which

우리와 수년간 일해 온 Gomez 씨는 회사 내 최고의 회계사 중 한 명이다.

해설▶ 선행사는 Mr. Gomez이고 종속절의 전치사 with 이하에 목적어가 없는 것으로 보아 목적격 관계대명사를 찾아야 하는 문제이다. 사람을 선행사로 하는 목적격 관계대명사는 (C) whom이다.

어휘▶ work with + 사람 ~와 일하다　accountant n. 회계사

4. The senior programmer who ------- working on the new project will be given a promotion.
   (A) has been　　　　(B) have been
   (C) had been　　　　(D) is to

새 프로젝트 작업을 해 온 수석 프로그래머는 승진될 것이다.

해설▶ 주격 관계대명사 who 이후 동사는 3인칭 단수인 선행사 senior programmer에 수 일치한 (A) has been을 골라야 한다.

어휘▶ senior a. 선임의, 수석의　promotion n. 승진

5. Some online games can ------- be harmful to juveniles but lead to social problems as well.
   (A) neither　　　　　(B) both
   (C) not only　　　　(D) either

몇몇 온라인 게임은 청소년들에게 해로울 뿐만 아니라 사회 문제도 유발할 수 있다.

해설▶ [not only A but B as well] 구문을 이해해야 해결할 수 있는 문제로, not only A but also B의 변형이다.

어휘▶ harmful a. 해로운　juvenile n. 청소년, 연소자　lead to + n ~으로 이어지다

6. The investigation team identified ------- was the cause of the problem.
   (A) that　　　　　**(B) what**
   (C) whether　　　　(D) when

조사팀은 문제의 원인이 무엇인지 밝혀냈다.

해설▶ 타동사 identified 이하의 목적어에 해당하는 명사절을 이끄는 종속접속사를 찾되, 접속사와 대명사로서 주어 역할을 해야 동사 was가 뒤따를 수 있다. 이런 조건을 충족시키는 보기는 의문대명사 (B) what이다.

어휘▶ investigation n. 조사　identify vt. ~을 밝히다

7. We are planning on hiring ------- meets our strict terms and conditions of employment.
   (A) someone　　　　(B) anyone
   (C) whoever　　　　(D) whom

우리의 엄격한 고용 조건을 충족시키는 사람이면 누구든 채용할 것이다.

해설▶ 타동사 hire가 취하는 목적어절의 주어 자리이므로 anyone who의 축약형인 (C) whoever가 정답이다. whoever는 복합관계대명사로 접속사와 사람 주어의 역할을 동시에 수행하며, 타동사의 목적어인 명사절을 이끌 수 있다.

어휘▶ hire vt. ~을 고용하다　strict a. 엄격한　terms and conditions 조건

8. ------- the construction is finished as scheduled, we should pay the costs at the end of the month.
   (A) Whether　　　　(B) That
   (C) Unless　　　　　**(D) If**

만약 공사가 예정대로 끝나면, 우리는 그 비용을 이달 말에 지불해야 한다.

해설▶ 주절과 종속절로 나누어진 복문에서 종속절을 이끄는 알맞은 종속접속사를 찾는 문제이다. 문맥상 어울리는 접속사를 찾아야 한다.

어휘▶ construction n. 공사　pay vt. ~을 지불하다　cost n. 비용

9. ------- the two companies will merge into a giant business or not still remains to be seen.

(A) If   **(B) Whether**
(C) What   (D) However

그 두 회사가 하나의 거대 기업으로 합병할지는 두고 보아야 안다.

해설 ▶ 문장의 동사는 remains이므로 주어인 명사절을 이끄는 종속접속사가 필요하다. if절은 동사의 목적어로만 쓰이므로 문장의 주어를 이끌 수 있는 명사절 접속사인 (B) Whether가 정답이다. (C) What의 경우 명사절을 이끌 수 있지만, 대명사이기 때문에 문장 필수 요소 중 명사 하나가 없는 불완전한 절을 이끌어야 한다.

어휘 ▶ merge vi. ～이 합병하다 remain vi. ～ 않은 채로 남아 있다

10. ------- several directors noticed that the plan was controversial, the CEO tried to push ahead with it.

(A) And   (B) In case
(C) Although   (D) Since

비록 몇몇 이사는 그 계획에 논란의 여지가 있다는 것을 알았지만, 사장은 그 계획을 밀어붙이려 했다.

해설 ▶ 문맥상 알맞은 종속접속사를 찾는 문제이다. (A) And와 같은 등위접속사는 문두에 사용하지 않는다.

어휘 ▶ notice vt. ～을 알아차리다 controversial a. 논란의 여지가 있는 push ahead with + n ～을 추진하다[밀고 나가다]

PART 6

1. (B)   2. (D)   3. (B)   4. (A)

Questions 1-4 refer to the following article.

New Season for Paris Youth Choir

The Paris Youth Choir is ready to start [1.]**(B) another** season of brilliant recitals. The choir has made a name for itself during the past few years, receiving positive reviews from many critics. This year promises to be [2.]**(D) even** better, so it's a good idea to reserve your seats now. The choir will also hold an appreciation night after the first show of the season. [3.]**(B) Participants at the event will be presented with various souvenirs**. If you book your tickets online this week, you can get them [4.]**(A) at** a 10% discount.

Paris 청소년 합창단을 위한 새 시즌

Paris 청소년 합창단이 멋진 리사이틀로 이루어진 또 다른 시즌을 시작할 준비가 됐습니다. 합창단은 많은 비평가들로부터 긍정적인 평을 받으며 지난 몇 년간 명성을 떨치고 있습니다. 올해는 훨씬 더 좋은 공연을 약속드리니 지금

자리를 예약하는 편이 좋습니다. 합창단은 또한 시즌 첫 공연 후 감사의 밤 행사를 개최할 것입니다. 행사 참가자들에게는 다양한 기념품이 제공될 것입니다. 이번 주에 온라인으로 티켓을 예약하면 10% 할인된 가격으로 구입할 수 있습니다.

어휘 ▶ choir n. 성가대, 합창단 be ready to + v ～할 준비가 되다 brilliant a. 뛰어난, 훌륭한 recital n. 독주회 make a name 이름을 떨치다 critic n. 비평가 reserve vt. ～을 예약하다 hold vt. ～을 개최하다 souvenir n. 기념품

1.

해설 ▶ 타동사 start 이후 목적어인 season을 수식하는 알맞은 한정사를 찾는 문제로 one more의 의미를 지닌 (B) another가 정답이다.

정답 ▶ (B)

2.

해설 ▶ to be 이하의 be동사의 보어 자리에 형용사의 비교급 better가 있으므로 비교급을 수식하는 강조부사 (D) even이 정답이다.

정답 ▶ (D)

3.

해설 ▶ 내용 파악 문제로 앞 부분이 시즌 첫 공연 이후 감사의 밤 행사를 개최한다는 내용이므로 그 다음으로는 식사나 선물 등이 제공된다는 내용이 알맞다.

정답 ▶ (B)

4.

해설 ▶ 단순 전치사 문제로 할인율 등을 나타내는 전치사는 (A) at이다.

정답 ▶ (A)

PART 7

1. (B)   2. (A)

Questions 1-2 refer to the following invoice.

Best Office Supplies
[(1)]**Tribeca Branch**
534 Central Street, Wayne
Tel 485-5039-3983

Invoice

Invoice Number: 39478
Date: 24th September 2017
Client: Julian Dilton

Delivery Address: Dilton Law Office, 3489 Park Ave., Wayne

Regular Size Paper 300 Sheets × 10	$25.00
QCR 200 Series Toner × 1	$150.00
Board Marker(black, red, blue) × 3	$18.00
Standard Stapler(middle size) × 3	$30.00
Subtotal	$223.00
(2) Redeemable Voucher	$20.00
Tax	$26.45
Total	**$229.45**

Thank you for ordering from Best Office Supplies. We look forward to your continued business.

Best 사무용품
Tribeca 지점
Central Street가 534, Wayne
전화 485-5039-3983

송장

송장번호: 39478
날짜: 2017년 9월 24일
의뢰인: Julian Dilton
배송 주소: Dilton 법률사무소, Park가 3489, Wayne

규격 용지 300장×10개	25달러
QCR 200 시리즈 토너×1개	150달러
보드 마커(검정, 빨강, 파랑)×3개	18달러
일반 스테이플러(중간 크기)×3개	30달러
소계	223달러
현금 교환 가능 쿠폰	20달러
세금	26.45달러
합계	229.45달러

Best 사무용품에서 주문해 주셔서 감사합니다. 귀하의 지속적인 거래를 기대합니다.

> **어휘** office supplies 사무용품 branch n. 지점 invoice n. 송장 client n. 의뢰인 subtotal n. 소계 redeemable a. 현금으로 교환 가능한 voucher n. 할인권, 우대권 look forward to + n ~을 고대하다

1. What is implied about Best Office Supplies?

(A) It recently opened a new office.

(B) It has more than one branch.

(C) It usually deals with paper products.

(D) It often delivers orders to Dilton Law Office.

Best 사무용품에 대해 무엇이 암시되는가?
(A) 최근 새 사무실을 개점했다.
(B) 1개 이상의 지점이 있다.
(C) 주로 종이 제품을 취급한다.
(D) 종종 Dilton 법률사무소에 주문품을 배달한다.

> **해설** 나머지 보기는 진위를 파악할 수 없는 정보이고, 주소 정보에서 Best Office Supplies, (1) Tribeca Branch를 볼 때 최소한 하나 이상의 지점이 있다는 것을 추측할 수 있다.

2. According to the invoice, what is the total discount?

(A) $20.00

(B) $26.45

(C) $223.00

(D) $229.45

송장에 따르면, 총 할인 금액은 얼마인가?
(A) 20달러
(B) 26.45달러
(C) 223달러
(D) 229.45달러

> **해설** 정답이 패러프레이징된 경우로 (2) Redeemable Voucher $20.00은 현금으로 교환할 수 있는 쿠폰, 즉 할인권을 말한다.

CHAPTER 08 실전 예상 문제

PART 5

| 1. (A) | 2. (B) | 3. (A) | 4. (C) | 5. (D) | 6. (C) |
| 7. (B) | 8. (C) | 9. (B) | 10. (C) | | |

1. We have been working with a client ------- has discriminating tastes in renovating her building.

(A) who   (B) which

(C) whose   (D) whom

우리는 건물을 보수하는 데 있어 뛰어난 안목을 가진 고객과 일해오고 있다.

> **해설** 주절과 종속절로 나누어진 문장에서 사람인 선행사(a client)를 주격으로 받아 동사 has를 이끌 수 있는 관계사는 (A) who이다. 한정적 용법이므로 who를 대신해 that을 사용해도 무방하다. who 이하는 형용사절로 선행사 a client를 수식한다.

> **어휘** client n. 의뢰인 discriminating a. 뛰어난, 안목 있는 taste n. 안목, 입맛 renovate vt. ~을 보수[수리]하다

2. Jang Motors has a contingency plan ------- can deal with unexpected recalls.

(A) how   **(B) which**

(C) what   (D) of which

Jang Motors는 예상치 못한 리콜을 처리할 수 있는 긴급 대책이 있다.

> **해설** 주절과 종속절로 나누어진 복문에서 선행사인 사물(a contingency plan)을 취해 [접속사 + 주어]로 동사 can을 받을 수 있는 보기는 (B) which이다. 한정적 용법이므로 which는 that으로 바꾸어 사용해도 무방하며, 주격 관계대명사가 형용사절을 이끌어 선행사 a contingency plan을 수식한다.

어휘 ▶ contingency plan 유사시 대책 deal with + n ~을 처리하다 recall n. 리콜, 제품 회수

3. I'd like to express my thanks for ------- you have done for me over the past few years.

(A) what (B) which
(C) that (D) whether

지난 몇 해 동안 베풀어 주신 은혜에 감사의 뜻을 표하고자 합니다.

해설 ▶ 주절과 종속절로 이루어진 문장에서 전치사 for의 목적어로 사용될 수 있는 명사절 접속사를 찾는 문제이다. 종속절의 본동사 have done이 타동사이고 뒤에 목적어가 없으므로 단순 명사절 접속사가 아닌 관계대명사 혹은 의문대명사를 찾아야 한다. 문맥상 '~하는 것'에 해당하는 보기는 (A) what이다. 여기서 what은 목적격 관계대명사로 풀어서 쓰면 the thing which이다.

어휘 ▶ would like to + v ~하고 싶다 express vt. ~을 표현하다 over prep. ~ 동안

4. We will hold the retirement party for the president at the hotel ------- it is famous for its Korean cuisine.

(A) which (B) how
(C) where (D) even if

우리는 한식으로 유명한 호텔에서 사장 은퇴 기념 파티를 열 것이다.

해설 ▶ 주절과 종속절로 이루어진 문장에 알맞은 접속사를 찾는 문제이다. 문맥상 the hotel을 수식하는 형용사절 접속사가 필요한데, (C) where는 관계부사로 완전한 문장을 이끌고, (A) which는 관계대명사로 명사 하나가 없는 불완전한 문장을 이끈다. 완전 문장이므로 정답은 (C) where이다.

어휘 ▶ hold vt. ~을 개최하다 retirement n. 은퇴 cuisine n. 음식

5. Customers can return their purchases within a month with ------- they are not satisfied.

(A) what (B) that
(C) whom (D) which

고객들은 만족스럽지 못한 구매품을 1개월 이내에 반품할 수 있다.

해설 ▶ 주절과 종속절로 이루어진 문장에서 전치사 with의 목적어(목적격)이자 접속사 역할을 할 수 있는 보기는 (D) which이다. what은 선행사 없이 쓰이며, that은 전치사의 목적어로 사용할 수 없고 선행사가 사물(purchases)이므로 정답은 (D) which이다.

어휘 ▶ return vt. ~을 되돌려 보내다 purchase n. 구매(품) vt. ~을 구매하다

6. ------- remote the destination may be, we guarantee the same day delivery service.

(A) Whenever (B) Wherever
(C) However (D) Whatever

목적지가 아무리 멀지라도 우리는 당일 배송을 보증한다.

해설 ▶ 콤마 이하에 주절과 종속절(부사절)로 이루어진 문장에서 형용사(remote)를 수식할 수 있는 유일한 품사는 부사이다. 복합관계부사 (A), (B), (C) 중 문두에서 형용사 혹은 부사를 수식하며 부사절을 이끌 수 있는 경우는 (C) However가 유일하다.

어휘 ▶ however(= no matter how) adv. 아무리 ~할지라도 remote a. 원격의, 거리가 먼 destination n. 목적지 guarantee vt. ~을 보증하다

7. ------- intends to attend this year's finance conference must contact Mr. Hill by July 1.

(A) Someone (B) Whoever
(C) Anyone (D) Whom

올해 열리는 금융회의에 참여하려는 사람은 누구든 7월 1일까지 Hill 씨에게 연락해야 한다.

해설 ▶ 주절과 종속절로 나누어진 문장에서 종속절의 동사 intends의 주어이자 동시에 접속사 기능을 할 수 있는 보기는 (B) Whoever이다. whoever는 복합관계대명사로 관계사는 접속사 기능을, 대명사는 주어의 기능을 하되 사람을 대신하는 대명사이다.

어휘 ▶ intend vt. ~할 의도가 있다 finance conference 금융회의 contact vt. ~에게 연락하다

8. The newly hired consultant ------- we met today is well known for his expertise.

(A) whose (B) which
(C) whom (D) what

우리가 오늘 만났던 신규 고용 컨설턴트는 전문성으로 유명하다.

해설 ▶ 주절과 종속절로 이루어진 문장에서 종속절을 이끄는 접속사를 찾되, 선행사가 사람(consultant)이고 종속절 타동사 met의 목적어가 없으므로 선행사를 사람으로 하는 목적격 관계대명사 (C) whom이 정답이다. 이하 종속절은 선행사를 수식하는 형용사절이다. 한정적 용법이므로 whom을 생략할 수도 있고 that으로 바꾸어 사용해도 무방하다.

어휘 ▶ consultant n. 컨설턴트, 자문역 be known for + n ~으로 유명하다 expertise n. 전문성

9. We recently purchased new office equipment, some of ------- is not working properly.

(A) what (B) which
(C) that (D) them

우리는 최근 새 사무 장비를 구입했는데, 그 중 일부는 제대로 작동되지 않고 있다.

해설 ▶ 주절과 종속절로 이루어진 문장에서 전치사 of의 목적어로 사용되는 목적격 관계대명사가 필요한데 선행사가 사물(office equipment)이므로 정답은 (B) which이다.

어휘 ▶ recently adv. 최근에 office equipment 사무 장비 properly adv. 적당하게, 알맞게

10. The police didn't exercise strict control over car exhaust fumes, ------- was customary at that time.

(A) what (B) that
(C) which (D) whom

경찰은 자동차 배기가스를 엄격하게 통제하지 않았는데, 그것은 당시의 관행이었다.

해설 주절과 종속절로 이루어진 문장에서 콤마 이하에서 주격 관계대명사로 앞 문장 전체의 사실을 받을 수 있는 관계대명사는 (C) which이다.

어휘 exercise vt. ~을 행하다[행사하다] control n. 통제 exhaust fumes 배기가스, 매연 customary a. 관습의, 일반적인

PART 6

1. (A) 2. (B) 3. (C) 4. (B)

Questions 1-4 refer to the following letter.

Toronto Daily Star

PO Box 334
Toronto, Rosedale 3458

Dear Mr. Moore

I am writing to inform you that your subscription rate will be changed from $30.00 to $33.00 per month. I ^{1.} **(A) sincerely** regret any financial burden this may cause for your subscription, but this change is unavoidable ^{2.} **(B) due to** our rising payroll costs. ^{3.} **(C) The increase will go into effect next month.** We, at *Toronto Daily Star*, appreciate your loyalty for the past few years and we will be committed to ^{4.} **(B) offering** timely and informative information to our subscribers. Feel free to contact us at 080-348-9485 with any questions.

Sincerely,
David Monroe, Director
Circulation Department

Toronto Daily Star

사서함 334
Rosedale가 3458, Toronto

친애하는 Moore 씨께,

귀하의 구독료가 월 30달러에서 33달러로 변경된다는 것을 알려드리고자 이 편지를 씁니다. 이번 변경이 귀하의 구독에 야기할 수 있는 어떤 재정적인 부담에 대해서는 유감스럽게 생각합니다. 하지만 상승하는 인건비 때문에 이번 조치는 피할 수 없는 일입니다. <u>이번 인상은 다음 달부터 실시됩니다.</u> 〈Toronto Daily Star〉는 지난 몇 년 동안 귀하의 신의에 감사드리며 구독자들께 시의적절하며 유익한 정보를 제공하는 데 전념할 것입니다. 질문이 있으시면 080-348-9485로 연락 주십시오.

감사합니다.

판매 이사, David Monroe

어휘 inform vt. ~에게 …을 알리다 subscription n. 구독 regret vt. ~을 유감으로 생각하다 burden n. 부담, 짐 cause vt. ~을 유발하다 unavoidable a. 피할 수 없는 payroll cost 인건비, 급여 go into effect 효력이 발생하다 appreciate vt. ~에 감사하다 loyalty n. 충성, 의리 timely a. 시기적절한 informative a. 유익한 contact vt. ~와 연락하다

1.

해설 동사를 수식하는 단순 부사를 찾는 문제로 보기가 모두 부사이므로 문맥상 알맞은 의미의 어휘를 찾아야 한다.

정답 (A)

2.

해설 but 이하의 완전한 문장 다음에 오는 부사구(전명구)를 완성하는 알맞은 전치사를 찾는 문제로 보기가 모두 전치사이므로 문맥상 알맞은 (B) due to가 정답이다.

정답 (B)

3.

해설 내용 파악 문제로 상승하는 인건비 때문에 구독료가 인상된다는 내용이 있으므로 그 다음에는 인상 시점이 이어져야 한다.

정답 (C)

4.

해설 동명사 관용어구 문제로 [be committed to + -ing](~에 전념하다, 몰두하다, 헌신하다)를 알고 있으면 쉽게 해결되는 문제이다. [be devoted(dedicated) to + -ing]도 같은 뜻으로 사용된다는 점을 기억한다. 목적어 information가 있으므로 능동 구조의 동명사 (B) offering이 정답이다.

정답 (B)

PART 7

1. (C) 2. (D)

Questions 1-2 refer to the following memo.

MEMO

To: All Employees
From: Margo Milton, President
Date: May 23
Subject: New Online System

The payroll department will transfer employee working information into a new online timekeeping

PART 5,6&7

CH 01
CH 02
CH 03
CH 04
CH 05
CH 06
CH 07
CH 08
CH 09
CH 10

system from June 1. ⁽²⁾**The system will be operational starting on June 20.**

From the date, ⁽¹⁾**all employees have to enter their working hours into the online system every day,** so June 19 is the last date when the payroll office will receive the paper timesheets. Julia Simpson, the manager of the payroll department will lead a training session on the new system at the main auditorium on June 15. All employees should be there mandatorily.

회람

수신: 전 직원
발신: Margo Milton, 사장
날짜: 5월 23일
제목: 새로운 온라인 시스템

급여 부서는 6월 1일부터 직원 근무 정보를 새로운 온라인 시간 기록 시스템으로 옮길 예정입니다. 이 시스템은 6월 20일부터 운영됩니다.

이날부터 모든 직원들은 근무 시간을 매일 온라인 시스템에 입력해야 하며, 이에 따라 6월 19일이 급여 부서가 서류로 작성된 근무시간표를 받는 마지막 날입니다. 급여 부서의 매니저 Julia Simpson이 6월 15일에 대강당에서 새로운 시스템에 대한 연수를 진행할 것입니다. 모든 직원들은 의무적으로 참석해야 합니다.

어휘 ▶ payroll department 급여 부서 transfer vt. ~을 바꾸다 timekeeping system 시간 기록 시스템 operational a. 사용할 준비가 갖춰진 timesheet n. 근무시간 기록표 training session 연수 auditorium n. 강당 mandatorily adv. 의무적으로

---

1. What are the employees asked to do?
   (A) Be ready to move into a new facility
   (B) Keep their personal belongings in the locker
   (C) Input their working hours through a new system
   (D) Check the new work schedule daily

직원들은 무엇을 하라고 요청 받는가?
(A) 새로운 시설로 옮겨 갈 준비하기
(B) 개인 소지품을 사물함에 보관하기
(C) 근무 시간을 새 시스템으로 입력하기
(D) 매일 새로운 근무 일정을 확인하기

해설 ▶ 회람 중반부의 (1) all employees have to enter their working hours into the online system every day의 내용을 토대로, (C) Input their working hours through a new system이 정답이라는 것을 알 수 있다.

---

2. When will the new policy be effective?
   (A) On May 23
   (B) On June 15
   (C) On June 19
   (D) On June 20

새로운 정책은 언제부터 유효한가?
(A) 5월 23일
(B) 6월 15일
(C) 6월 19일
(D) 6월 20일

해설 ▶ 회람 초반부의 (2) The system will be operational starting on June 20를 통해 (D) On June 20가 정답이라는 것을 알 수 있다.

PART 5

1. (A)	2. (D)	3. (B)	4. (C)	5. (A)	6. (D)
7. (B)	8. (D)	9. (A)	10. (C)		

1. Most of the respondents chose the city of Liverpool as the most ------- place.
   (A) inviting   (B) invited
   (C) invitation   (D) invite

대부분의 응답자들은 Liverpool을 가장 매력적인 장소로 선택했다.

해설 ▶ 전치사(as)의 목적어 자리에서 명사(place)를 수식하는 형용사를 찾는 문제이다. 능동의 의미로 사람들을 끌어들이고 초대하는 장소를 나타내는 현재분사 (A) inviting이 알맞다.

어휘 ▶ choose vt. ~을 선택하다 inviting a. 초대하는, 솔깃한, 매력적인(= attractive)

---

2. If it is strictly -------, the new quality control system will be an innovative solution.
   (A) follow   (B) follows
   (C) following   **(D) followed**

엄격하게 지켜진다면, 새로운 품질관리 시스템은 혁신적인 해결책이 될 것이다.

해설 ▶ be동사의 보어 자리에 알맞은 분사형 형용사를 찾는 문제이다. 통상 [be + -ing]는 능동, [be + p.p.]는 수동이다. 타동사 follow는 능동일 때 목적어를 취해야 하고 수동은 목적어를 취하지 못한다. 목적어가 없으므로 (D) followed가 정답이다.

어휘 ▶ strictly adv. 엄격하게 follow vt. ~을 지키다 innovative a. 혁신적인

---

3. Unemployment and lack of job stability is a particularly ------- problem in the nation.
   (A) worry   **(B) worrying**
   (C) worried   (D) worries

실업과 고용 안정성의 부족은 이 나라에서 특히 우려되는 문제이다.

PART 5,6&7

CH 01

CH 02

CH 03

CH 04

CH 05

CH 06

CH 07

CH 08

CH 09

CH 10

해설 ▶ 명사 problem을 수식하는 형용사 자리이다. worry는 통상 자동사/타동사로 모두 사용되지만 분사로 쓰일 경우 사물을 수식하면 현재분사 -ing를, 사람을 수식하면 과거분사 -ed를 사용한다. 통상 [사람 주어 + be worried about ~]으로 사용된다.

어휘 ▶ unemployment n. 실업 stability n. 안정 worrying a. 귀찮은, 성가신, 괴롭히는

---

4. ------- a train tomorrow morning, you have to leave home early enough to avoid traffic jams.
(A) To taken   (B) Take
(C) Taking   (D) Taken

내일 아침에 기차를 타려면 교통 체증을 피할 수 있을 만큼 일찍 집을 나서야 한다.

해설 ▶ 조건 부사절을 분사구문화시킨 문장으로 타동사 take 이하에 목적어 a train이 있으므로 능동의 현재분사 (C) Taking이 정답이다.

어휘 ▶ take a train 기차를 타다 avoid vt. ~을 피하다

---

5. The test results ------- by the laboratory researchers were sent to the headquarters.
(A) confirmed   (B) confirm
(C) are confirming   (D) were confirmed

실험실 연구원들에 의해 확인된 테스트 결과는 본사로 보내졌다.

해설 ▶ The test results (which were) confirmed ~에서 [주격 관계대명사 + be동사]가 생략된 경우이다. 능동의 의미로 목적어를 확인하는 경우라면 현재분사를, 수동의 의미로 누군가에게 확인된 결과라면 과거분사를 사용해야 한다.

어휘 ▶ confirm vt. ~을 확인하다[입증하다] laboratory n. 실험실 headquarters n. 본사

---

6. ------- the office last, you should remember to lock the doors and set up the alarm system.
(A) Exit   (B) Having exited
(C) Exited   (D) Exiting

마지막으로 사무실을 나갈 때는 문을 잠그고 경보기를 설정해야 한다는 것을 기억해야 한다.

해설 ▶ 시간/조건의 부사절이 분사구문으로 처리된 문장이다. 주절의 주어는 능동의 의미로 사무실을 떠나는 것이므로 현재분사 -ing가 정답이다. 또한 exit이 타동사로 목적어(the office)를 취하고 있으므로 능동의 -ing를 사용해야 한다.

어휘 ▶ exit vt. ~에서 빠져 나가다 lock vt. ~을 잠그다 set up vt. ~을 설치하다[설정하다]

---

7. The new researcher ------- our department next week has expertise in the financial sector.
(A) joins   (B) joining
(C) will join   (D) will be joining

다음 주에 우리 부서에 합류하는 신임 연구원은 금융 분야에 전문지식을 가지고 있다.

해설 ▶ the new researcher (who is) joining ~에서 who is가 생략된 형태이다. join이 타동사이고 목적어(our department)가 있으므로 능동의 현재분사 (B) joining이 정답이다.

어휘 ▶ expertise n. 전문지식 financial a. 금융의, 재정의

---

8. The man ------- a magazine has been waiting for you for about an hour since you went out.
(A) reads   (B) read
(C) to read   (D) reading

잡지를 읽고 있는 그 남자는 당신이 나간 이후 약 1시간 동안 당신을 기다리고 있다.

해설 ▶ The man (who is) reading ~에서 who is가 생략된 형태이다. read가 타동사이고 목적어(a magazine)가 있는 것으로 보아 능동의 현재분사 (D) reading이 정답이다.

어휘 ▶ magazine n. 잡지 wait for + 사람 ~을 기다리다 since conj. ~ 이후 줄곧

---

9. The city is known for being a major spot on the Silk Road ------- the East and the West.
(A) connecting   (B) connected
(C) for connect   (D) connects

그 도시는 동양과 서양을 연결하는 실크로드의 주요 거점으로 유명하다.

해설 ▶ the Silk Road (which is) connecting ~에서 which is가 생략된 형태이다. connect가 타동사이고 목적어(the East and the West)가 있으므로 능동의 현재분사 (A) connecting이 정답이다.

어휘 ▶ be known for + n ~으로 유명하다 major spot 주요 거점 connect vt. ~을 이어주다

---

10. He does not always provide ------- answers to reporters expecting something special.
(A) satisfy   (B) satisfaction
(C) satisfying   (D) satisfied

그가 특별한 것을 기대하는 기자들에게 항상 만족스러운 답변을 제공하는 것은 아니다.

해설 ▶ 명사 answers를 수식하는 형용사 자리이다. 감정동사의 분사용법으로 감정동사의 분사는 사람을 수식하는 경우 수동의 -ed, 사물(answers)을 수식하는 경우는 대부분 능동의 -ing가 정답이다.

어휘 ▶ satisfy vt. ~을 만족시키다 expect vt. ~을 예상하다[기대하다]

PART 6

1. (B)　2. (D)　3. (B)　4. (D)

Questions 1-4 refer to the following memo.

To: All Employees

A Christmas Party for You!

Christmas is just around the corner and we are going to have a Christmas party at Papa John's Steak House **1. (B) on** December 24. The party starts at 7:00 P.M. and lasts until 10:00 P.M. When you come, please **2. (D) prepare** a small gift for the children our company is supporting. **3. (B) You can bring your family and friends.** Please e-mail Ms. Gibson at barbara@gmail.com and let her **4. (D) know** how many guests you are inviting.

Ben Johnson
President

수신: 전 직원

여러분들을 위한 크리스마스 파티!

크리스마스가 곧 다가옴에 따라 12월 24일 Papa John's Steak House에서 크리스마스 파티를 열 예정입니다. 파티는 저녁 7시에 시작되어 10시까지 지속됩니다. 오실 때는 우리 회사가 후원하고 있는 아이들을 위해 작은 선물을 준비해 주십시오. 여러분들은 가족과 친구를 동반할 수 있습니다. Gibson 씨의 이메일 barbara@gmail.com으로 여러분들이 얼마나 많은 손님들을 초대하는지 알려주십시오.

사장, Ben Johnson

어휘 (be) just around the corner (비격식) 임박하다, 다가오다 last vi. ~이 지속되다 support vt. ~을 후원하다 bring vt. ~을 가져오다[모시다] guest n. 손님 invite vt. ~을 초대하다

1.

해설 월(December)에는 전치사 in을 사용하지만 '몇 월 며칠'처럼 날짜가 있는 경우라면 on을 사용해야 한다.

정답 (B)

2.

해설 주절이 시작되는 부분이다. 부사 please를 참조할 때 주어(you)가 생략된 명령문이고 명령문의 시작은 동사의 원형이다. 보기 모두 동사 원형이므로 의미를 통해서 정답을 찾아야 한다.

정답 (D)

3.

해설 의미 파악 문제로 뒤에 얼마나 많은 손님을 초대하는지 알려달라는 내용이 이어지므로 손님을 초대할 수 있다는 내용이 선행되어야 한다.

정답 (B)

4.

해설 사역동사 make, have, let 뒤에 나오는 능동의 목적어(사람) 다음에는 원형부정사가 목적격보어로 사용된다. 이때 원형부정사가 know처럼 타동사라면 타동사의 목적어에 해당하는 명사 상당어구가 필요하다.

정답 (D)

PART 7

1. (B)　2. (B)

Questions 1-2 refer to the following review.

Visitors to Grand Blue restaurant in Seattle are satisfied overall. Many people love the location since it has wonderful scenery overlooking a beautiful lake that is gorgeous both day and night. Grand Blue includes a selection of Italian cuisine as well as gourmet coffee. **(2) The chef, Mr. Pedro, finished culinary school in Rome, Italy** and has been the head chef here for the past 20 years. However, **(1) the restaurant does not offer discounts for daily specials.**

Seattle에 있는 Grand Blue 식당의 손님들은 전반적으로 만족합니다. 많은 사람들은 밤낮으로 아름다운 호수가 내려다보이는 환상적인 경치 때문에 이 식당을 좋아합니다. Grand Blue 식당에는 엄선된 이탈리아 음식과 맛있는 커피가 있습니다. 요리사인 Pedro 씨는 이탈리아 로마에서 요리학교를 마쳤으며 지난 20년간 이곳의 수석 요리사였습니다. 그러나 이 식당은 일일 특선요리에 대해서는 할인을 제공하지 않습니다.

어휘 visitor n. 방문객 overall adv. 전반적으로 scenery n. 경치 overlook vt. ~을 내려다보다 include vt. ~을 포함하다 cuisine n. 음식 gourmet n. 미식가 a. 미식가를 위한, 맛있는 chef n. 요리사 culinary school 요리학교 offer vt. ~을 제공하다 discount n. 할인 daily special (그날의) 특선요리

1. What is NOT true about the restaurant?
(A) It serves various kinds of Italian food.
(B) House specials can be discounted.
(C) People can enjoy tasty coffee.
(D) It is located near a lake.

이 식당에 대해 사실이 아닌 것은 무엇인가?
(A) 다양한 이탈리아 음식을 제공한다.
(B) 특선 요리가 할인된다.
(C) 사람들은 맛있는 커피를 즐길 수 있다.
(D) 호수 근처에 위치하고 있다.

해설 ▶ 마지막 줄, (1) the restaurant does not offer discounts for daily specials의 내용을 참조할 때 (B) House specials can be discounted가 사실이 아닌 진술이다.

---

2. What is mentioned about the chef?

(A) He picked up a special recipe on his own.

(B) He went to a culinary training school.

(C) He has his own restaurant in Rome.

(D) He has previous experience as a restaurant owner.

요리사에 대해 무엇이 언급되는가?

(A) 스스로 특별 요리법을 익혔다.

(B) 요리학교를 다녔다.

(C) 로마에 자신의 식당을 가지고 있다.

(D) 식당을 운영한 경험이 있다.

해설 ▶ 중반부의 (2) The chef, Mr. Pedro, finished culinary school in Rome, Italy의 내용을 참조하면 (B) He went to a culinary training school을 정답으로 찾을 수 있다.

CHAPTER 10 실전 예상 문제

PART 5

1. (D)	2. (B)	3. (D)	4. (A)	5. (A)	6. (D)
7. (C)	8. (D)	9. (D)	10. (B)		

1. The temporary workers asked that they ------- fully paid for their overtime hours.

(A) are   (B) were

(C) has been   **(D) be**

임시직 노동자들은 자신들의 초과 근무 시간에 대해 전액을 지불 받아야 한다고 요구했다.

해설 ▶ 주장, 제안, 요구, 요청의 동사 asked가 사용되었으므로 that절에서는 should가 생략되고, 동사의 원형을 사용해야 한다.

어휘 ▶ temporary a. 임시의 be paid for + n ~에 대한 수당을 받다 overtime hour 초과 근무 시간

2. Should you ------- any questions or concerns, please don't hesitate to contact my office.

(A) has   **(B) have**

(C) having   (D) have to

만일 질문이나 용건이 있으면 망설이지 말고 제 사무실로 연락해 주십시오.

해설 ▶ 가정법 미래의 if절에서 if가 생략되면서 [동사 + 주어]로 도치된 경우이다. 조동사 should가 사용되었으므로 [should you + 본동사 원형] 구조인 (B) have를 사용해야 한다.

어휘 ▶ concern n. 걱정, 우려, 관심 hesitate to + v ~을 망설이다

3. If we had carried out maintenance checks regularly, we ------- that kind of problem.

(A) can avoid   (B) could avoid

(C) have avoided **(D) could have avoided**

우리가 정기적으로 정비 점검을 했다면 그런 문제는 피할 수 있었을 텐데.

해설 ▶ If절의 동사가 [had + p.p.]이므로 주절의 동사는 (D) could have avoided를 사용해야 가정법 과거완료 문장이 완성된다.

어휘 ▶ carry out + n ~을 수행하다 maintenance check 정비 점검 regularly adv. 정기적으로 avoid vt. ~을 피하다

4. We could not have achieved our goals ------- the commitment of our staff members.

(A) without   (B) with

(C) but that   (D) if not

우리 직원들의 헌신이 없었다면 우리는 목표를 달성하지 못했을 것이다.

해설 ▶ 가정법 과거완료 문장의 if절을 대신하는 전치사는 (A) without이다. [If it had not been for + n]의 의미이다.

어휘 ▶ achieve vt. ~을 달성하다 commitment n. 노력, 헌신

5. ------- with this letter are two packages of our samples that you may be interested in.

(A) Enclosed   (B) Enclosing

(C) Enclosure   (D) Encloser

귀하께서 관심 있어 할 샘플 두 통이 이 편지와 함께 동봉되어 있습니다.

해설 ▶ 형용사 보어가 문두에 사용된 경우 문장의 형태는 [동사 + 주어]의 도치 문장이 된다.

어휘 ▶ enclose vt. ~을 동봉하다[첨부하다] be interested in + n ~에 관심이 있다

6. ------- the achievements of our company was the expansion of business to South America.

(A) Never   (B) Under

(C) Between   **(D) Among**

우리 회사의 성과 중에는 남아메리카 사업 확장이 있었다.

해설 ▶ 알맞은 전명구의 전치사를 찾는 문제이다. 통상 문미에 사용되는 전명구(부사구)가 강조를 위해 문두에 사용된 경우, 문장은 [동사 + 주어]로 도치된다.

어휘 ▶ among prep. ~ 중에 achievement n. 성과 expansion 확장

7. ------- you told us that you were interested in art, we would have arranged for a trip to the art museum.

(A) Has   (B) Have

(C) Had   (D) Having

만일 당신이 미술에 관심이 있다고 우리에게 알려주었다면, 우리는 미술관 견학을 준비했었을 텐데.

해설 가정법 과거완료 문장의 if절에서 if를 생략하고 [동사 + 주어]로 도치된 경우로 정답은 (C) Had이다.

어휘 art n. 미술, 예술 arrange for + n ~을 준비하다 art museum 미술관

---

8. Some dentists suggest that people ------- about 10 minutes before brushing their teeth.

(A) waited   (B) waiting

(C) waits   **(D) wait**

몇몇 치과의사들은 사람들이 이를 닦기 전 약 10분을 기다려야 한다고 제안한다.

해설 주장/제안의 동사 suggest가 이끄는 that절에서는 should가 생략되고 동사의 원형을 사용해야 하므로 정답은 (D) wait이다.

어휘 dentist n. 치과의사 wait vi. ~이 기다리다 brush vt. ~을 닦다 tooth n. 치아

---

9. ------- they built more homes at that time, housing problems wouldn't have been so serious.

(A) If   (B) Should

(C) Has   **(D) Had**

만일 그들이 그 당시 더 많은 주택을 지었더라면, 주택 문제는 그렇게 심각하지 않았을 텐데.

해설 가정법 과거완료 문장에서 if를 생략하고 [동사 + 주어]로 도치된 경우로 정답은 (D) Had이다.

어휘 build vt. ~을 짓다 housing problem 주택 문제 serious a. 심각한

---

10. It is imperative that all employees working in the field ------- the safety regulations.

(A) follows   **(B) follow**

(C) following   (D) followed

현장에서 일하는 모든 직원들은 반드시 안전 규정을 따라야 한다.

해설 이성/판단의 형용사 imperative가 이끄는 that절에서는 should가 생략되고 동사의 원형을 사용해야 한다.

어휘 imperative a. 긴박한, 필수의 follow vt. ~을 따르다 safety regulation 안전 규정

PART 6

| 1. (A) | 2. (B) | 3. (C) | 4. (D) |

Questions 1-4 refer to the following article.

T-Max Technology announced that it lowered the price on its newest tablet computer. Its newest tablet computer, the G7 model, **1. (A) features** free video telephoning between users using cells or tablet computers manufactured by T-Max. T-Max could save production costs **2. (B) because** some of its assembly lines became fully automatized. As a result, retail prices came down by five percent compared to last year. **3. (C) Consumers welcomed the news.** However, competitors showed negative opinions on the move and there were some protests by some of the employees who lost their jobs **4. (D) due to** the automatized production facilities.

T-Max사는 최신 태블릿 컴퓨터 가격을 인하했다고 발표했다. 최신 모델 G7은 T-Max사가 제조한 휴대전화 혹은 태블릿 컴퓨터를 사용하는 이용자들 사이의 무료 영상통화가 특징이다. T-Max사는 생산 라인의 일부가 완전히 자동화되었기 때문에 생산 비용을 절약할 수 있었다. 그 결과, 소비자 가격은 작년에 비해 5% 저렴해졌다. 소비자들은 이 소식을 반겼다. 하지만, 경쟁사들은 이번 조치에 대해 부정적인 견해를 드러냈고 자동화 생산설비 때문에 직업을 잃은 직원들 중 일부가 몇 차례 시위를 벌였다.

어휘 announce vt. ~을 발표하다 lower vt. ~을 인하하다[줄이다] feature vt. ~을 특징으로 하다 free video telephoning 무료 영상통화 manufacture vt. ~을 제조하다 assembly line 생산 라인 automatize vt. ~을 자동화시키다 retail price 소매가 negative a. 부정적인 due to prep. ~ 때문에

1.

해설 모두 문장의 주어인 3인칭 단수(tablet computer)에 수 일치시킨 보기이므로 문맥상 알맞은 어휘를 찾는다.

정답 (A)

2.

해설 주절과 종속절의 인과관계를 묻는 접속사 문제이다. 해석상 '~했기 때문에 …할 수 있었다'가 가장 자연스럽다.

정답 (B)

3.

해설 내용 파악 문제로 설비 자동화로 가격이 인하되었다는 내용 이후에는 이를 반기는 소비자들의 반응이 가장 적절하다.

정답 (C)

4.

해설 알맞은 전치사를 찾는 문제이다. 자동사 생산설비로 인해 실직을 했으므로 원인이나 이유를 나타내는 '~ 때문에'에 해당하는 due to가 정답이다.

정답 (D)

PART 7

Questions 1-2 refer to the following advertisement.

Company Logo Sales

Just drop by for all of your company logo needs!

(1)Come in today for a personalized logo for your company! Our expert designers will help you come up with a customized logo that will match your company's personality.

(2)We offer the following services:
- Free basic design help from our expert designers
- Consultation of the materials and inks used
- Fast production
- Logos printed on any surface or material

We guarantee the lowest prices. If you find a lower price, we will match the price and give you a 25% discount!

Call or come in today for your FREE consultation!

Logo Mania
1255 East Mont Rd.
Tel. 472-124-9850

회사용 로고 판매

귀사의 로고가 필요하다면 들러 주십시오!

귀사를 위한 맞춤형 로고를 제작하려면 오늘 방문하십시오! 전문 디자이너들이 귀사의 특징에 꼭 맞는 맞춤형 로고를 제작할 수 있도록 도와드립니다.

다음과 같은 서비스를 제공합니다:
- 전문 디자이너의 무료 기본 디자인 지원
- 사용되는 재료와 잉크에 대한 상담
- 신속한 제작
- 로고는 어떤 표면, 어떤 재료에도 인쇄 가능

최저가를 보장합니다. 만일 더 낮은 가격을 찾으신다면, 그 가격으로 맞추어 드리고 25% 할인까지 제공합니다!

무료 상담을 원하시면 오늘 전화 주시거나 방문해 주십시오!

Logo Mania
East Mont가 1255
전화 472-124-9850

어휘 drop by vi. ~이 들르다 personalized a. 맞춤형의 expert a. 숙달된 come up with + n ~을 떠올리다 customized a. 맞춤형의 match vt. ~에 어울리다 personality n. 특징 consultation n. 상담 material n. 재료, 원료 guarantee vt. ~을 보증하다

1. For whom is this advertisement most likely intended?
(A) **Business owners**
(B) Expert designers
(C) Company workers
(D) Executive members

이 광고는 누구를 대상으로 한 것이겠는가?
(A) 사업주들
(B) 전문 디자이너들
(C) 회사 직원들
(D) 임원들

해설 (1) Come in today for a personalized logo for your company! Our expert designers will help you come up with a customized logo that will match your company's personality의 내용을 참조할 때 간판, 로고 등을 제작할 사업주가 광고의 주된 대상임을 알 수 있다.

2. What is NOT available at Logo Mania?
(A) Consultations
(B) Logo creation
(C) **Equipment rentals**
(D) Fast production

Logo Mania에서 이용할 수 없는 것은 무엇인가?
(A) 상담
(B) 로고 제작
(C) 장비 대여
(D) 신속한 제작

해설 (2) We offer the following services 이하의 내용을 보면 상담, 신속한 제작 등 제공되는 서비스가 열거되어 있지만 장비 대여에 대한 언급은 없다.